胡思亂想的爆發力

修補、淺嘗、塗鴉

跳脫框架的練習，
讓你的專注力更敏銳，
工作更有效率

Tinker Dabble Doodle Try:
Unlock the Power of the Unfocused Mind

斯里尼・皮雷 醫學博士 ——著
Srini Pillay M.D.

謝樹寬 ——譯

在專心與分心之間自由切換

——方寸管顧首席顧問／醫師　楊斯棓

學校老師若說：「你的小孩在學校很專心。」做媽媽的一定會泛起笑靨。學校老師若說：「你的小孩很容易分心。」做媽媽的一定會非常焦慮。

在我成長過程中，專心不可能不是稱讚，而分心一詞幾乎就是一句指控。開始對分心一詞改變觀念是讀到學者謝伯讓幫《跟著大腦去旅行：分心時，大腦到底神去哪裡》一書寫的推薦文字：「分心真的一無是處嗎？分心的能力，主要是來自大腦對於多方資訊的同時關注能力。除了專心於當下最重要的資訊之外，大腦也要同時留意其他次要的資訊，因為在瞬息萬變的環境中，這些次要的資訊可能隨時會竄升成為最重要的資訊。在殺機重重的原始森林中，如果我們想要存活，就必須在專心和分心之間找到適當的平衡點。」謝老師的詮釋，讓分心有了不一樣的定義，分心不等於不專心。分心在這裡的意思甚至更接近：同時專心於幾件事，不只是眼前一件事。

哈佛心理系助教丹尼爾・西蒙斯（Daniel Simons）跟學生克里斯・查布利斯（Christopher Chabris）曾做過一個經典實驗「大猩猩就在你身邊」：他們拍攝一段短片：兩隊球員在場中傳球。一隊白衫，一隊黑衫，遊戲規則是黑傳黑，白傳白。受試者收到指令：「一邊觀看短片，一邊在心中默數白衣球員傳球的次數，但不理會黑衣球員的傳球數。」

影帶播完，受測者被要求回報傳球數。在完整影帶中，正確答案應該是三十五次，但這不是重點。要求受測者計算傳球數，有一個強烈的目的是刻意要他把注意力聚焦在傳球動作上，但重頭戲在此：影片中曾出現有一名女學生，著連身大猩猩裝，走到中間，面向鏡頭，仰天搥胸，歷時九秒。統計實驗結果時，竟然有高達半數的受測者無視大猩猩的存在。這種感知上的錯誤是源自於：「對某個意料之外的物體缺乏注意力」所造成的，它的專有名稱是：「不注意視盲」（inattentional blindness）。

本書作者醫學博士斯里尼・皮雷是一位精神科醫師，在哈佛完成受訓，專擅大腦影像相關研究。他目前是哈佛醫學院助教，也任教哈佛商學院及杜克企業教育學院。他先前曾出版過《你的大腦和生意：卓越領導人的神經科學》（Your Brain and Business）、《生命解鎖：克服恐懼的七堂革命性》（Life Unlocked），後者曾獲獎，這次這本《胡思亂想的爆發力》，詮釋從「專心」頻道切換到「分心」頻道的諸多意義。

作者詰問：「如果專心會讓你看不到大猩猩，生活中還有哪些會讓你看不到的事情？」

他舉例：「也許你會太過專注於發展自己的公司，以致忽略了在知名的事業部門已出現強力的競爭對手。」這讓我想到數位相機廠商們最後不是敗給同行，而是敗給智慧型手機。

他又舉例：「或者你深深愛著某人，以致到分手的最後一刻前你都沒注意到他們行為上早已出現的變化。」這讓我想到跟另一半相處，要時常關心對方，感謝、道歉的話都要及時說出口，不能看似行禮如儀，卻總是撥弄手機。

作者提醒：「極度專心可能會讓我們錯過了真正重要的事。」

我得到幾點反思：

◆家庭主婦太專心照顧孩子，沒有分心照顧自己。

◆小學老師太專心教書，沒有分點心，留心學校人數的變化，減班也不以為意，最後要滅校了才急著找工作。

◆診所醫師太專心看診（同樣那群病人，同樣那幾種病），沒有分點心看看櫃台、街景、市景、產業、國家、國外的樣貌是不是悄然改變？

書中還有個段落是這麼說的：「舉個現實生活的例子，想像一位快餐廚師，他必須腦子裡同時處理好幾道菜，同時注意不停湧入的訂單，一邊打蛋、給鬆餅和薯餅翻面、切菜，還要煎培根、香腸和漢堡，同時在不時的空檔指揮補充食材。準備過感恩節大餐的人都知道，同時間做幾件事情會讓人快速耗盡精力（然後發誓明年一定要換別人來做）。也難怪印象中，快餐廚師總是脾氣暴躁。」

台中有間非常知名的排隊店赤鬼牛排，我覺得店老闆張世仁一定深諳多工耗能的道理，他的開放式廚房內，每種肉品各有專屬爐台，員工各司煎烤、夾肉、擺盤、出菜。張老闆的觀點是：「每人專烤一樣肉品，較不易出錯。」

那我又想，為什麼 7-11 的員工也超級多工卻不易出錯，你我不都見識過可以同時賣香菸、泡咖啡、取拍賣、應付運輸大哥送貨的超強小七店員？

原來勝任多工狀態，少部分人確實天賦異稟，但多數人可以靠訓練養成。

作者比喻專心和分心於多工狀態是兩套不同的設定。專心是聚攏的光束，照亮正前方。分心是範圍寬廣而遙遠的光束，讓人看到邊緣視野。兩種光束單獨使用時都有其局限性。結合兩者能讓人電量維持最久，還能讓人在黑夜清楚方向。

大前研一曾寫了本《OFF 學》，他把下班時間稱為 OFF，而把下班時間安排好的功夫，就是一門 OFF 學。這本《胡思亂想的爆發力》可以視為一本「on/off 學」，跑百米個人賽的時候，switch on，開啟專心模式，跑大隊接力的時候，switch off，開啟分心模式。用最好的狀態，迎接人生的每一刻。

本書獻給世上所有勇於發掘自我天賦才智，
無懼反對，探索自身最大、
最真心感受的可能性的人們。

目錄

導言——告別專心的迷思

每當我倚榻而臥，
心神空茫或滿腹沉思，
它們就閃現心靈，
那是孤獨中的至福；
於是我心滿盈愉悅，
同水仙翩然起舞。

——威廉・華茲華斯〈我孤獨漫遊如浮雲〉

一九八三年一個星期五的夜晚，一名男子開車載著女友沿加州一二八高速公路從柏克萊前往蒙多西諾，他正在這裡搭建一座森林小屋。天色已晚，旅程漫長，他腦子有些昏沉恍惚。女友在駕駛座旁打盹的同時，這男子開始回想到工作上的事——他做的是DNA的研究。

照他的說法：「我的銀色本田小汽車帶我們翻山越嶺，我雙手順著道路彎曲轉折。我的心漂蕩回到了實驗室。去氧核醣核酸的長鏈漂浮扭曲，帶電分子艷麗的藍色與粉紅色影像就在我雙眼和遠山之間顯現。」

像是解開項圈的興奮小狗，他的思緒開始來回奔馳，斟酌、比較、連結各種片斷訊息。突然之間某個新東西在他腦中浮現。他把車子停到路邊——準確來說，路邊里程標示是46.58，他找出並開始連結他腦中的片段想法。科學史就此改寫。

這名男子是卡利．班克斯．穆利斯博士（Dr. Kary Banks Mullis）。再過十年之後，這位生物化學家將因為發明聚合酶鏈鎖反應（polymerase chain reaction，或簡稱PCR）贏得諾貝爾化學獎。這個製造人造DNA的方式，從婦產科到鑑識科學等諸多領域皆被證實至關重大。它是在那個騷動不安的深夜公路旅程中，從他腦中集結的各種念頭以嶄新而奇特的方式重組而成。稍後他會重新整理和精煉他在心神漂蕩時所蒐集的靈感。這個過程的魔法——包括如何蒐集和整理——將是本書的內容。

身為一個醫師、心理醫師、以及企業教練，我有機會參與見證了人們期待改變以及對尋求改變策略的渴望。在所有的諮詢活動中，不管是在會議室或是診療床上，不管內容是關於工作流程和職場效率、領導力、學習、子女養育、婚姻或是減重，所有人都想知道如何克服障礙、達成目標、領先群倫。和我討論的人們多半相信更多專注力——指的或許是更好的組織、更周詳的計畫、或是更高的學歷——會是解決他們問題的答案。他們運用各種有助專心的工具——工作計畫表、待做事項清單、行事曆提醒、還有阻絕噪音的耳機——不過他們往往最後會發現這些方法對生活品質改善或生產力的提升，效果並不如他們的預期。

有些人研讀過正念冥想以及發展這類當今的「心理肌肉」對健康及提升生產力的功效。他們試著把它融入生活當中，但未必都能成功。也有些人來找我時，籠統地表達自己容易分心、拖延、有注意力不足過動症（ＡＤＨＤ），或凡事無法堅持到底的問題。許多人甚至希望我能給他們正式的診斷書和處方藥以便正常運作。這些人相信他們自己的問題是無法專心和不能維持專注力。

無法維持專注力

多數情況專心似乎正是他們所需要的（不過藥物往往被過度使用）。的確，專心有可能是功效巨大的作用劑。它讓你鎖定目標直到工作完成，讓你能協調思考、情緒和動作來執行並完成工作。小孩子們在傳統式學校上一整天的課需要大量的專心；領導者需要專注於團結人們共同進行一項任務或達成一個目標；公司企業需要專注於擴展市場的占有率。少了專心，就別想要拿線穿針、或按步驟做出食譜的菜、或是完成「部分零件需自行組裝」的家具。

長期來看，專心可以選擇性地——而且往往帶來益處——鍛鍊你的興趣。除非你是像米開朗基羅這樣博學多藝的天才（我不禁要想：像他這種人如果活在今天需不需要吃藥？），興趣廣泛可能讓你變成一個雜學而不精的半調子。專注於專業領域給予你更深刻的理解、洞見、實作和體驗。時間一久，你對自己能力會更有自信，也讓他人對你更有信心。如果你要做心臟繞道手術，你要選擇一個做過一千次繞道手術的外科醫生？還是一個做過三百次心臟繞道手術、三百次腸切除術、還有四百次腦部手術的醫生？在企業的領域，專心在某一個特定市場的公司往往是最能符合需求的公司。

神經學上來說，專心對於把訊息維持在你的腦中——這是個影響深遠，價值難以量化衡量的過程——扮演著重要角色。在你完成一個任務的同時，你的腦正忙著轉接和傳遞訊息到你的短期記憶，它的位置在稱作背外側前額葉皮質（dorso-lateral prefrontal cortex）的區域。我喜歡把這個區域稱之為「記憶杯」（the memory cup），因為它蒐集了我們完成一項任務時所需的資訊。專心是判斷哪些資訊相關的關鍵決定因素之一（另外兩個關鍵因素是情緒和直覺），它也可以讓我們在未來處理同樣任務時更快、更好、更順利、更靈巧。

不過，由於專心在這些「清楚」的好處上，我相信我們很多人（在不知不覺中）落入了專心的迷信：把專心當成是所有能力當中最重要的、應努力追求的核心競爭力。事實上，如果把專心獨立開來，它其實會妨害、削弱你的能力。

不妨這麼想：專心是你腦子裡的手電筒。如果你需要看的是前面，用明亮而集中的光柱照著你的正前方可能非常有幫助，不過你的視野邊緣以及讓你看清昏暗所需的中距離光線該如何處理？在極端的情況下，這種「警示燈視野」會形成心理學家所稱的「不注意視盲」（inattention blindness），讓你對某些東西視而不見，因為你不可能同時注意所有的東西；你的腦會選擇要專注於什麼東西，有時這給你帶來了損失。

舉例來說，在一九九五年一名波士頓警察在跑步追逐嫌犯的過程中，經過了另一起嚴重的鬥毆事件。這名警員宣稱他沒有注意到這個事件，但是陪審團認為他的說法難以採信。他們認定他涉及偽證和妨害司法，警員被判處了兩年多的徒刑外加罰款。一批研究人員對於這名警員是否可能經歷「不注意視盲」——在這案例裡，他可能因為過度熱切於逮捕嫌犯而導致專注力過載——感到興趣，於是他們進行了模擬實驗，結果發現許多接受實驗者同樣會遺漏在他們邊緣視野發生的暴力事件。在夜間，只有35%的受試者注意到打鬥事件；在白天，注意到的比例則是56%。

看不見的大猩猩

專心影響我們接收相關訊息並導致選擇性注意的一個較有趣例子是「看不見的大猩猩」的實驗。在網路上搜尋「看不見的大猩猩」，你就可以自己體驗看看。參與這項研究的實驗者觀看一場籃球賽的影片，兩隊球員分別穿著白色和黑色球衣。研究人員要求受試者計算白色球衣的球員互相傳球多少次。一個穿著大猩猩道具服的人就從球場中間走過。不過大部分的受試者都專注在看白球衣的球員，滿腦子想著計算他們的傳球次數，結果就看不到穿著猩猩裝的人。

如果專心會讓你看不到大猩猩，生活中還有哪些會讓你看不到的事情？

也許你會太過專注於發展自己的公司，以致忽略了在知名的事業部門已出現強力的競爭對手。或者你深深愛著某人，以致到分手的最後一刻前你都沒注意到他們行為上早已出現的變化——你悲傷地訴說：「我都沒看出那些跡象。」或者，假如你是個心理醫師，你可能完全投入於解開病患的焦慮症在情感上的根源，而忽略去檢查是否病患的腎上腺才是問題的真正原因。就像俗語說的，拿著鎚子的人（或者某個醫學專業的人），所有東西看起來都像釘子（或者做出專業偏見的診斷）。

與警示燈視野和選擇性注意相關的問題是太過於專心或所謂極度專心（hyperfocus）。極度專心會讓你錯過了對你真正重要的事。在大學裡，你可能太過全心投入課業然後「忘記」參與社交或是約會，事後才發現要找到人生的伴侶是件不容易的事。身為心理治療師，我經常碰到這類情況。它也有個科學上的名稱，叫做「長期折扣」（long-term discounting）。它指的是未來的事情因為距離遙遠，你的腦子會傾向於把它們的重要性減至最小。許多研究顯示長期折扣是人腦的預設模式。在我看來，它也是我們會對某些事情感到後悔的最主要原因之一——因為我們沒有能力按照自己需要變換進出長遠的觀點來考量事情。

極度專心的另一個後果是心理學家所說的「關懷喪失」（loss of caring）。對此現象的一項研究裡，實驗的受試者被要求專心觀看一個女子談話的影片。他們也被要求不要去注意螢幕下方角落每十秒鐘就會出現的文字。即使不小心分神了，也必須儘快重新注意觀看那個女子。另一組的受試者以比較輕鬆正常的方式觀看影片，事先沒有指示他們不能看螢幕文字。在看過影片之後，所有的受試者被徵詢是否自願協助近期一場不幸事件中的受害者。研究人員發現極度專心的實驗組人員比較不樂於擔任志工，較不願意慷慨伸出援手，也比較容易喪失關懷的心。為什麼會這樣？極度專心消耗腦部的前額葉皮質（prefrontal cortex，簡稱ＰＦＣ），它的功能是協助我們做道德的抉擇。換句話說，極度專心可能消耗了你腦中對自身的疲憊感與對他人提供幫助之間維持平衡所需要的資源。

專心也可能阻礙創新。商學教授羅莎貝絲・摩絲・坎特（Rosabeth Moss Kanter）在《哈佛商業評論》的一篇文章裡指出了創新的視野受限與太過於專心的相關問題。舉例來說，吉列公司（Gillette Company）有牙刷部門（歐樂B），有電器部門（百靈），還有電池部門（金頂電池），但是卻做不出一把電動牙刷，每個部門都太過專注於自己的產品和作業。不過我們的腦有與生俱來的能力可以做出連結，只要我們能從看似不相關的領域裡找到它們的共同之處。

那麼，到底我們要怎麼做到？讓你發光發熱的專注力和讓你想法僵化疲憊的專注力之間，它的「甜蜜點」在哪裡？在集中式的觀點和一個較為全景式的看法中間，要怎麼達成一個可運作的平衡？答案就在發展我稱之為「分心」（unfocus）的能力。

分心不是半調子

當我對客戶和病患提出分心的概念時，通常會碰到一些自然的反彈：他們會以為我的意思是要他們寬鬆自我標準或者漫無目的地隨想。他們並不想成為（或者是繼續當）一個半調子；他們希望成為具生產力、能解決問題的人。提出修補、淺嘗、塗鴉、試一試這些觀念也會引發類似的反應。修修補補的人做事往往有頭無尾；凡事淺嘗的人做事只沾一點邊而不完全投入；隨意塗鴉只是小孩子的遊戲。凡事嘗試很重要——我們是如此告訴我們的孩子——但是往往唯有嘗試成功了才算有價值，遺憾的是一旦我們成為大人，只會越來越在意成功。

我明白：分心聽起來像是負面的用詞。不過先不管它的語意，讓我們回到手電筒的比喻。專心和分心是兩套不同的設定。專心是貼近和聚攏的光束，要照亮正前方的路；分心是範圍寬廣而遙遠的光束，讓人看到邊緣視野。兩種光束單獨使用能提供的幫助都有局限。結合兩者能讓你電池使用量維持最久，還能讓你在黑夜裡更清楚自己的方向。

許多重要的發現都是來自看似分心的職涯軌跡。舉例來說，如果你想要效法穆利斯博士的人生路徑達成他的發現，照理來說可能你應該學業表現優異，取得生物化學的博士學位，然後有系統地研究ＤＮＡ複製的問題。不過從穆利斯博士的個人史來看，他最後的重大發現和上述這些幾乎都無關。如果真要說的話，他達標之旅的特色正是不斷從筆直狹隘的路徑偏離歧出。

他完成博士學位之後，離開科學界寫起了小說。接著他又放棄寫作成為生化學家。之後他辭掉生科職務經營了兩年的麵包店。等他再重回科學界，也完全說不上專心一致。更早之前，在他打算製造ＤＮＡ之前他想做的是火箭。他的人生大部分時候，情感生活也是波折起伏如雲霄飛車。目前他進入第四段的婚姻。這些可能是我們會略而不談的部分，但是它們對他的洞見和學術發展上，可能和他在生物化學的實際研究工作同樣重要。這些是你模仿不來的。不過，你的內在也有個尚未被訴說的分心的故事，等著你來述說。

每次經驗對腦部發展都有貢獻。從筆直狹隘的路徑偏離歧出可能帶來未曾預想到的洞見，對同一議題提供新的觀點，同時打造你需要的性格，以增強追逐熱情所需的力量。我們無從得知如果穆利斯博士更早一步成為生物化學家、堅守他的第一段婚姻、從沒在麵包店工作，會出現什麼情況。絕少成功的人是由直線般的路徑達到他們的目標，即使事後回顧看似如此。

而且這種專心一致的職涯路徑未必讓人期待。如倫敦商學院的林達．葛瑞騰教授（Lynda Gratton）在《一百歲的人生戰略》書中指出，在這個長壽的年代，我們必須重新思考如何打造我們的生活。專心或許是理解人們如何達成目標簡單方便的說法。但是在許多時候，這種說法不過是具強大說服力的虛構故事。

心智的一體兩面

學習分心以及專心可以讓你更為有效率、更有生產力、更靈活的思考者和解決問題的人。進入這個有意識的新節奏，是通向我們追求生產力、創造力、獨創性以及普遍幸福的關鍵。

事實上，練習分心一個看似矛盾的副作用是它讓你在需要專心時，專注力變得更加敏銳。原因在於二者是心智上一體的兩面。（順道一提，如果你看這本書是要印證你已經很夠分心了——假如有人批評你有這種特質——你應該很開心聽到分心是個極具價值的技能。對你而言，重點是學習精煉和駕馭它，而不是讓它在你的生命裡撒腿狂奔。）

設想在一個樂團，每個成員都得練習以熟習掌握自己的部分（這是專心）。不過在演奏會上，樂團成員必須能把自己的專業和樂音融合入更大的整體（這是分心）。他們專心程度要剛好足夠跟著樂譜演奏他們的音樂，同時他們要足夠分心來彼此互動和聽到彼此的音樂（更不用說不時眼睛要注意著指揮者）。放鬆緊繃的專注力把聲音融入周遭他人的音樂，這確實是個技能。

運動比賽也是如此。舉例來說，如果你要成為偉大的網球選手（先預設有良好的體適能），你需要練習眾多特定的、專心的技能：每一種擊球要如何抓住球拍，連續動作如何完成，你的雙腳與身體的相對位置，發球時拋球的高度，抽球需要用多大力道讓球到達你要的位置。同時，你必須持續不斷打球培養你的球感。你需要無數小時反覆練習專心讓它成為習慣動作，不過所有花的這些時間，將成為刻在你腦海裡的藍圖，如果你信任它的話，比賽時你只需要觀察球讓你的身體去做它已學會做的事。你容許分心來接管。在這種心態狀況下，你的身體會進行很多必要的細微調整，讓球到它應該到的位置，而不需要你的腦子主動思考整個過程。

從最基本和最廣泛的意義來說，分心是放鬆腦部的過程，以便讓腦可以在你需要時隨時待命、重新充電、協調配合、具備創意。這並不是一廂情願的妄想，而是經過驗證的神經學。分心會降低杏仁核活動並產生安定感。它啟動前額極皮質（frontopolar cortex）並提升創造力。它增加前腦島（anterior insula）活動並強化自我感。它限制腦部楔前葉（precuneus）——也就是讓我們自我意識的「觀察的自我」（observing ego）——的活動。（這基本上就是我討論小提琴家或是網球選手「自由發揮」的能力。）它恢復前額葉皮質（prefrontal cortex）的活動，讓我們可以重新恢復思考的精力，較少心智疲憊的情況。它提升長期記憶和回想相關經驗的能力。而且，它最具一致性也最深遠的效應在於它增加「預設模式網絡」（default mode network，簡稱ＤＭＮ）的活動——ＤＭＮ是幾個腦部區域，它們在我們休息狀態下活躍，在執行專心任務時則通常被關閉。我們將把ＤＭＮ稱之為「分心網絡」（unfocus network），不過它對專心也具關鍵的重要性。舉例來說，如果這個網絡在執行專心的任務時沒關閉，則會破壞你的專注力。

分心讓腦部放鬆

令人遺憾的是，這種情況會出現在阿茲海默症這類的疾病上。這類的病患他們的預設模式網絡並未同步——打個比方，就是這個網絡的不同部位在黑暗中隨意開槍。分心網絡連結性的減低也和其他幾個神經失調和精神失調影響思考的問題有關聯，其中包括自閉症、額顳葉型失智症、多發性硬化症，以及嚴重腦部受損的人們能感受部分刺激但無意識的植物狀態。研究顯示，如果你透過訓練腦部專心和分心活動來建立認知儲備（cognitive reserve），等於你在某些部分出現問題時可以擁有一個備份。簡單來說，分心在生命的各個歷程中可以保護你思考的腦。而且，如果你改變你的生活方式，並訓練大腦讓分心來為你服務，你可以得到比預期還要快的改變成效。

就我看來，沒有任何東西——絕對沒有——比不斷修修補補的腦更美妙的事物。

腦部掃描器可以透過影像捕捉參與活動的迴路和腦部區域之間血液的流動——這是腦中數十億神經元勤奮工作的明確跡象。我們可以把神經元想像成現代舞者，以無法預期的方式一同出現、來回移動、相互推擠、突如其來地改變方向。不過，它們並不是只有雙手雙腳，這些輕盈而且勻稱的舞者有數百萬計的臂膀以驚人的數量擴增連結和互動的方式。每個新的想法或行動釋放出電子的迸裂，比最華麗燦爛的煙火秀都更令人眩目。而這種迸發會在腦部的迴路啟動和運輸訊息。這種血液流量變化所點亮的影像就像是不斷閃爍的星空，這個圖像叫人目眩神迷。

這些腦部迴路基本上按照功能來安排，有些迴路感知訊息，有些取回訊息，另外還有些則設想訊息可能是什麼。不過雖然這些功能各自獨立，它們在我們思考時同時出現——它們發揮創造力、學習、一次做多樣事情，或是解決問題。這些功能讓神經元的「手」和「腳」以靈活而優雅的方式向外伸展並相互糾纏。有時你腦中的舞者們會輪流執行它們的功能、保存能量、並相互依賴。每一個新的感應、回應和行動的時刻，都會改變神經元的溝通和連結——也就是整套的編舞。不管你正在專心（看書準備考試）或是分心（做白日夢或是想像你會拿到的成績！），專注於渙散的韻律決定了我們腦中的舞者們在何時、何處、會如何升起或降落、休息或行動、連結或脫離，同時它決定哪一組的神經元會站上舞台的中央。

你就是編舞者

在這神奇而神祕的大腦之舞中，邏輯尋得了棲身之所。你從中學會如何烘焙麵包、處理情人的拒絕、追尋盤據你想像的興趣、信仰上帝、或打造你夢想的事業。這場神祕的魔術，指揮者無以名之、或未曾現身。不過，對於血液如何在不同區域流動，你仍有一些掌控權。至少，你是個編舞者。

一旦你學會在專心和分心之間來回轉換，你處理壓力和風險的方式和你理解人生的方式，將出現一些深遠的變化。你會發現自我存在著過去自己從不曾知道的驚人部分。甚至，你會就此不再厭惡自己的不專心。要做到這一點，你分心的方式必須是有目的、有技巧，並將它融入你的日常活動之中。或許你曾偶然湊巧這樣做——也許是無意中正好想出了有創意的想法——不過，這本書會教你如何主動操控、或至少是自己導引這個過程。

當人們在工作坊或我的私人的診療室和行政指導課裡，嘗試我提出的一些方法，他們往往恍然大悟，體驗到「啊哈！我發現了」的時刻。幾乎每個人都有工作到一半，突然發現自己心思漂蕩到窗外的經驗。如果能知道如何駕馭這個傾向來達到正面效果，不是很美妙的事嗎？啊哈！確是如此。

第一章

腦子裡的節拍

思考是心智的勞動，
幻想則是其樂趣所在。
用幻想取代思考等於以毒藥混淆養分。

——維克多．雨果

在醫學院第二年之前，我一直是拿全A成績的學生，不過在那一年，隨著學業負擔不斷加重，我的成績突然下滑。

儘管我熬夜苦讀，依然不見成效。我伏案苦讀幾個鐘頭的大體解剖學，試著要記住肌肉連結的位置和神經與血管行經的人體路線。不只一次，我筋疲力竭，醒來時頭上堆著人體骨骼。

沒有人比我花更多時間在讀書和研究，但是我越是專心用功，似乎成效就越差。我壓根沒注意自己運作大腦的方式就像個第一次開車的青少年，以猛烈的速度起動，接著再突然煞車急停，最後的結果就是煞車板和離合器磨損嚴重。

我努力想要理出頭緒。直到我從二年級升三年級的暑假，我才猛然發覺自己身體上的疲憊。於是我決心要做出一些改變。

絕望之餘，我決定做事的方法要更聰明一點，而不是一味埋頭苦讀。我把學業上的失敗當成必須破解的密碼，於是我調整生活習慣，改變自己的作息。儘管這違反自己的工作紀律，我還是讓自己讀書四十五分鐘就做短暫的休息。我努力擺脫課業，花更多時間和朋友相處。每當我準備好好用功之前會先睡個好覺。此外，由於常聽聞冥想對恢復能量具神奇效果，我開始一天兩次花二十分鐘冥想。

我的成績進步了，我的能量提升了，最終我又回到了班上的第一名。我並不確切知道生活習慣的改變如何發揮功效，不過我對結果當然是很滿意，因此在往後的醫學院生涯我都會嘗試運用這些策略——它帶來了很好的結果。

不過我並沒有從這個事件學到真正的教訓。隨後我在精神科住院醫師的入門階段又受到震撼教育，重新又開始了沒完沒了的熬夜人生。我在醫院裡花好幾個小時和病人相處，熱切想要投入他們的案例。回到家之後，我脫下醫師袍服，吃過晚餐，開始貪婪地閱讀書籍和精神科期刊。在我第一輪的門診值班之後，我對指導醫師給我的評論充滿期待。

不過這次的會面和我的預期大不相同。「你真的是很認真的醫生，」他說：「想必你會有點挫折，你的知識背景遠比同儕更深厚。也許你找不到適當的人和你對話，對不對？」我倒沒有這樣的感覺，不過我以為我聽到的是正面的回饋，於是開心地接受。但接下來聽到的評論讓我終生難忘。

「我們有點擔心你在住院病房花太多時間。如果你一直如此，我擔心你腦子裡會塞滿了訊息，但這樣就無法接受更高深的教育。這應該不是你當初進哈佛的目的吧？」

不誇張地說，這問題有些諷刺且有點恐怖，我明白自己又回到了過去的壞習慣。我受困於企圖心的錯誤預設之中，讓自己又再次身心俱疲。

我的指導老師解釋，休息喘一口氣，讓思想凝結是真正的教育中最重要的面向之一。他建議我中午到林子裡散步，多花點時間和同事們在公園長椅閒坐，甚至接受心理諮商診療，重新調整生活步調並發展新的想法。

如今，研究過腦部如何管理專心和分心後，我已能理解我的指導者當時就知道的事：我的認知節律缺乏變化。

一提到偉大的韻律，我們可能最先想到的是音樂——比如說麥可·傑克森或是貓王普里斯萊的舞步——或者你腦海浮現吉他手吉米·罕醉克斯（Jimi Hendrix）、科特·柯本（Kurt Cobain）、基斯·理查茲（Keith Richards）的彈奏。以上這些例子裡，有一整組的音符或是運動以規律的方式重複——有明確進出時間的節拍。演奏〈巫毒小孩〉（*Voodoo Child*）、〈如你本色〉（*Come as You Are*）、或是〈跳躍傑克閃電〉（*Jumpin' Jack Flash*），你馬上就可以非比尋常的韻律和它連結呼應。

不過韻律不只是音樂的概念，它在你身體裡也同樣至關重要。你的心臟必須按時舒張和收縮，你必須非常規律地呼氣和吐氣，同時你也擺脫不了睡眠和清醒循環裡的晝夜規律。認知節律是讓專心與分心用最有效方式交互配合（其開啟和關閉的時機）的能力。

不管在任何一天，你都必須依據生活的波動起伏預先準備和做出回應：持續的發動、停止，跟「路障」妥協，並改變方向。一如我在醫學院的發現，如果專心是你思考的工具箱裡唯一的工具，你很快就會疲憊不堪。你的大腦會提前關機。這絕不是最佳狀況，較好的方法是你主動學會在它當機之前就避免它發生。不僅如此，研究顯示，即使你自身未察覺，你整天有將近一半的時間會脫離手邊的工作，做小小的心智漫遊。這種自發性的波動，對於腦力使用的效率而言，並不會比你完全筋疲力竭關機時的效率更差。

就像是電燈泡燒壞保險絲和降低亮度節省能源之間的不同，耗盡腦力和把你的腦調到較昏暗模式有著巨大的差別。按照這個比喻，後者在你需要或想要的時候就可以調回原來的亮度。至於前者，你就暫時完全無能為力了！

在你的腦波上衝浪

儘管一個腦細胞的電壓比一個AA電池還要小，不過電流通過細胞膜會產生巨大力量——大約每公尺一千四百萬伏特，是暴風雨中產生閃電所需力量的四倍有餘。把它乘以一千億個腦細胞，就等於你腦力的規模！不管怎麼說都是相當可觀。

從出生的那一刻開始，你的腦就在它結構複雜的領域裡持續產生這些電脈衝。脈衝以電波形式出現，每一個思考、感受和行為都對應一套這類電波的不同組合。注意力也不例外。把注意力的波想像成音符有助於理解——長號的低音、長笛的高音，還有介於這中間的各種音調。即使在基線，腦的注意力也會波動，以驚人的速度、力量和準確性要達成不同音調之間的和諧。就跟用心電圖（EKG）偵測你的心跳節奏一樣，醫生也可以用腦電圖（EEG）偵測到這些「音符」。我們觀察人們產生的所有腦波時，它們頻率由高到低、也就是從快到慢以連續體的方式呈現。

β波是「專心」波。每當你的眼睛緊盯著正在進行的任務，它們就會在你的腦電圖上出現。在β波的「音階」底下依序是α波、θ波、δ波，一個比一個速度要慢一些，反映從純粹放鬆到進入冥想、到深度睡眠不同程度的分心狀態。γ波比較奇特，它頻率比β波更快，但是它們不論在你專心或分心都會出現，這意味著專心與分心並沒有像我們想像那般相互分離。

這些腦波的每一個「組合」對應著不同的腦部功能。不論做什麼事——管家、教師、執行長、棋手、研究員，要成為巔峰表現者就需要知道何時以及如何在不同的組合之間轉換。同時，最重要的是，要了解這些波如何共用運作，創造腦的最佳狀態來執行正在進行的任務。

你的迴路同步中

有些人的腦筋出奇地清楚。他們永不倦怠的生產力和剃刀般鋒利的清醒叫人嘆服。舉例來說，泰勒曼（Georg Philipp Telemann）兩年之間創作了兩百部序曲，而富蘭克林（Benjamin Franklin）則發明了避雷針、彈性導管、雙焦距眼鏡和其他各種事物。他們是額頂葉皮質（frontoparietal cortex）、或是我稱之為「專心迴路」（focus circuit）的大師。他們隨時待命，可以始終保持專心狀態。

專心迴路是更大的「中央執行網絡」（central executive network，簡稱ＣＥＮ）的一部分，它讓你可以應付任務，即使你無法做到像泰勒曼或富蘭克林那般極致，但不管你是按照食譜做菜或是執行複雜的程序、填寫稅務單或是行經陌生區域時聆聽ＧＰＳ的指示，你的專心網絡就像手電筒一樣，照亮你正前方的路徑。

不過遺憾的是，這個功能仍嚴重不足，而且光靠它，像剃刀般鋒利的清醒可能還是有點淺薄；這就像彈鋼琴的人把所有琴鍵都按對了，但卻沒把感情放進去。如果你演奏過泰勒曼的音樂，你肯定知道他創造出的音樂靠的絕不只是專心。不同於泰勒曼，這種只有專心的淺薄，也展現在生活其他領域許多人身上：官僚系統的長官、只注意在最後期限如期交差的人、報告內容準確卻沒深度的認真同事。他們的說明清楚分明，但少了我們想要的微妙細節。如果延伸一下GPS的比喻：你想知道的是你旅程更遠處有些什麼。你至少想知道未來的一些中間過程，或是預期下一個鐘頭的行程，而不只是看到你眼前的道路。

差異和深度需要融合專心的手電筒光束，好讓你同時能看到邊緣視野的重要物件和細節。腦中讓你擴展視野的迴路是預設模式網絡（DMN），我把它稱之為「分心迴路」（unfocus circuit）。在科學界理解DMN的真正功能之前，它被當成是「不怎麼做事」的迴路。不過如今我們已經知道，它是腦裡最大的能量消耗者之一。不僅如此，它和專心迴路有著廣泛的連結，出現腦波的溢流和整合。專心與分心就像是好的紅醬，我們很難分辨究竟是肉添增了醬的風韻還是醬讓肉更有滋味，它們純粹是混在一起發揮作用。

在腦部，混合的腦波為了特定的功能進入和離開迴路時會有某個類型的波較占優勢。舉例來說，在分心的最頂峰，α波可能會出現在DMN，不過δ波也可能出現在某些分心區域，同時它們可能和β波混合，因為專心的迴路和分心的迴路彼此持續不斷在「對話」。同樣地，在專心迴路裡β波可能比δ波更多，以導引你的專注力。不過只有一種波單獨出現的情況卻很少見。這也就是為何我們說專心迴路和分心迴路其實是一個錯誤的二分法，它們同時間作用，並被設定要一起合作，只有在我們過度專心時才會阻斷了這種腦部的自然連結。

音樂家演唱悲傷歌曲時連結到過去的不幸往事，會更加牽動我們的心弦。這並不是光靠聲音的技巧達成讓人讚嘆的演出，它同時結合了音樂的技巧性與準確性，把過去與未來、自我與他人融合在一起。分心迴路會帶來這種豐富的複雜性與真誠感，而且它們也可以透過訓練達成。

出生於匈牙利的二十世紀指揮家弗里茲·雷納（Fritz Reiner）是史上最偉大的指揮家之一。芝加哥交響樂團能登上世界級頂尖地位，許多人把它歸功於他的領導。觀賞他的工作情況想必是賞心悅目的事：他整個身體投入，用雙手為弦樂部起音，輪到銅管部時他會鼓著腮，當他眼睛看著左手邊，要樂團右手邊部門休止時則會踢踢腳。見證他的傑出指揮，波士頓大眾交響樂團的指揮亞瑟·費德勒（Arthur Fiedler）欣賞芝加哥交響樂團在波士頓的一場演出之後，對著樂手們說：「你們不是人。你們簡直是神。」

雷納是令人讚嘆的指揮家，在大部分的報導裡他也是一個暴君。他無法忍受不完美，與樂團彩排時，他不准有人閒閒無事。當你在他手下演奏，就必須表現完美。你必須專心注意他的指示。稍一差錯，你就有麻煩。當你安靜不演奏，你必須注意聆聽不可分心。

你可以想像，在雷納或任一個嚴格的指揮家底下的音樂家都要面對認知挑戰，一方面他們必須有足夠的內在連結，讓演奏能發自內心深處，但同時他們也要敏銳感受其他人的演奏和指揮者的要求。太過投入演奏中的音樂家可能會錯過了提示或確實聽到其他人的演奏。太過專心於其他樂手或是指揮者的要求，可能會較無法投入情緒和情感。腦部必須或多或少維持專心與分心之間巧妙的平衡。

但是在我們的日常生活當中，我們有時會忘記了這一點，就像演奏時只注意弗里茲．雷納卻沒有注意其他樂手演奏的音樂家。我們可能聚精會神投入一項任務而對其他事渾然未覺。領導者、為人父母者、運動團隊的選手也面臨同樣的挑戰：要進入「絕佳狀態」（in the zone），同時清楚自己的周遭環境——同時記住要專心和分心。

預設模式網絡（DMN）的諸多音符

只要能理解到腦中DMN連結的品質和範圍，專心和分心的「共同合作」就更顯而易見。它扮演阻絕分心的過濾器：聽來有些弔詭，分心迴路對於保持專心扮演了主動而關鍵的角色；它們就如海綿，在你進行短期任務時吸收掉會分心的事物。

它打造心智的彈性：分心迴路功能如同樞紐，幫你把注意力從眼前的任務轉移到下一個任務。與你的分心迴路充分互動，你的思考確實會變得更有彈性。

它讓你與自我以及與他人更深刻的連結：分心迴路連接到你腦中儲存人生故事元素的各個部位。它們就是你的自傳的主筆。由於你的分心迴路可以同時間將它們啟動，你個人的特質和自我反思都可成為某個當下的一部分。分心迴路可以觸及你儲存記憶的更深處，讓你的過去歷史提供訊息到每個專心的時刻。就這層意義來說，它們把你傳送到你的自我。

深度分心也會啟動「社會連結」（social connection）的迴路。因此領導發展的課程裡會告訴你，身為領導者最根本的特質就是成為你自己。也因如此，發聲教練會告訴你要找到你自己的聲音。也正因如此，每個偉大的教育者都會鼓勵人們去發現自己的原創性。深度自我連結把你的腦連結至當下與自我之外，更深遠、廣泛的事物。

它整合過去、現在、和未來：過去、現在、和未來都是此刻在你的腦中「發生」。過去被儲存為記憶；現在是透過你的五種感官來體驗；而未來則是以計畫和想像呈現。你的DMN會把它們同時帶出來，幫助你理解你所不斷開展的故事。它將你生命的時間軸上的點連結成線。

它幫助你表達你的創造力：由於分心迴路連結你腦部如此廣大的區域，它們可幫助你發展出獨特的聯想和原創性。如此一來，你也會更有自發性。

它幫助你挖掘非具體的記憶：DMN可以幫你整合存於專注力以外的記憶。想像一下，經驗豐富的廚師做出難以言喻的美味料理，那是因為他們不僅是按照食譜逐字逐句來烹調。小時候觀察祖母做料理，長大後的大廚自然學會沒有任何食譜能傳授的東西。它的祕訣可能藏在攪拌紅醬的節奏，或是撒起司在燉砂鍋，或是揉玉米粉餅時手指頭準確的動作。DMN能夠蒐羅到的就是這類的情緒。

一個好例子是我最喜歡的義大利肉丸食譜。在網路搜尋鍵入「安東尼的肉丸」（Anthony's meatballs），你可以自己見識到他在製作過程中召喚一堆非具象的事物。除了食材的清單與按部就班說明該用多少分量、如何混合和調理之外，它也包含了「播放義大利背景音樂」來培養正確情緒這類的指示！其結果是比字面上食譜所提供還要神奇且加倍美味的晚餐。

你的韻律剋星

雖然說分心——或者說善用你的DMN——對你的腦和你的生活大有幫助，不過已經內建在你的生活裡的一些系統和預設，可能對你的認知節律帶來挑戰。要小心這些韻律剋星，並且把它們當成是對你的腦按下重啟鍵的訊號——這是在這本書裡你將鍛鍊的一項技能：

習慣：你的腦喜歡維持現狀。它徜徉在慣性、熟悉的行為時最感到自在。嘗試要做出習慣上或是態度上有意義的改變會引發心智上的壓力，或稱為「認知失調」（cognitive dissonance），這可透過腦部掃描看出來。你的腦試圖在兩者之間取得和解：一方面是你想要改變，但是改變必然會帶來心理上的不適感。

以專心的習慣為例。儘管所有腦部的生物學研究都指出分心的價值，但是由於你習慣於專心以便獲得生產力，你的腦會抗拒或避免做出改變；分心並不在你理性的、習於專心的大腦估算內。

即使你做了一些分心的練習，你腦中的預設回應仍會回到它原本的作法，繼續你習慣性的行為。這是它安頓下來的情況。為了改變，你需要付出代價，同時你必須樂於付出。這叫做「轉移成本」（switch cost）。

轉移成本以恐懼、不確定感、以及不熟悉感的形式呈現。你的腦不喜歡這些東西：它們是「昂貴的」。你需要確定讓腦的重新充電物有所值，並說服你的腦相信你目前生活的架構運作失效（就如當初我改變我的讀書習慣）。

一個選項（A選項）是維持目前的狀況——用耶誕購物為例，就是抱著「一直血拼到掛」這樣的心態。另一個選項（B選項）則是做出改變——先吃個午餐或喝個咖啡，或是把購物分散成好幾天。B選項優於A選項的好處越是明顯，你的腦就越可能同意配合。這也稱為「選擇擴散」（spreading of alternative，簡稱SOA），A與B選項之間明顯的差異必須清楚強調。當兩者差別清楚，「選擇擴散」（SOA）就解決了認知失調的問題。你甚至可以從腦部掃描看出這個決心。腦部血液流動離開了衝突中心（conflict center），回到了可幫你完成日常任務的區域。

不確定感：一般而言，不確定感對腦帶來負面作用，不光是因為不確定本身，同時也因為它製造偏見，讓你相信「天要塌下來了」。

你在不確定的時候，所有的目標都感覺游移不定。驚慌失措下，你可能再度依賴專心，期待能察覺出你面前可能出現的危險，並達成你必須達成的目標。不過不確定感比表面看起來還要複雜。

放射科教授沙林諾普魯斯（Issidoros Sarinopoulos）與同事們在二〇一〇年檢驗不確定感如何影響腦。他們讓人們觀看一些會帶動情緒的人臉表情圖片——有的是中性的、有的則是可怕的。在中性的圖片出現之前，會先展示一個〇的符號，而在恐怖的圖片之前，則先出現一個×。某些實驗中，他們也會先給受試者一個?符號，代表著接下來不知會出現什麼圖案。當人們看到?圖案時，比他們看到×圖案時更加害怕。

接著受試者被問到：「你認為下一張臉會是什麼樣子?」在?這組的受試者完全預測不準。75%的人猜測下一張會有威脅性，實際上卻猜錯。他們不確定感的腦總是期待最壞的結果。這些人的腦部的衝突中心（前扣帶迴皮質，anterior cingulate cortex）和厭惡中心（腦島，insula）過度作用。

最重要的基本事實是，不確定感會撼動你的腦，扭曲你看待世界的方式。不過一旦你了解到這個事實，你便知道不確定感其實是雷聲大雨點小。以分心來矯正這個偏見應當是合理的第一步。

專心成癮：有時候專心會施展魔咒，這是因為當你進入專心的狀態，你可以完成非常多的事。此外，重新回到習慣的想法和避免認知失調，你用習慣的方式，同時也是你唯一知道的方式——也就是透過專心——來完成一天的工作，在心理上遠遠要舒適許多。不過，雖然我們期待凡事順利，但我們也要小心人生會就此停滯、一成不變。

反過來說，我們應了解專心對腦的影響，可能和其他成癮症一樣嚴重。你會因此筋疲力竭，思慮單一，感覺心力耗弱，無法做清楚的思考。另一方面，在分心的狀態你的腦有時間復原，同時它可以讓你再回到專心狀態，重新找回能量和活力。

專心復發：想像你自己剛從悠閒的、能量飽滿的、心境放鬆的假期回來。但是現在等著你的是一大堆工作，以及要完成這些工作的壓力。於是你又重回到極度專心的狀態，依賴你休假之前一大早出門、加班到很晚、中午不吃飯休息的習慣。這種大反轉重回專心的情況很常見——同時往往也很有幫助——你必然可以很快趕上進度，處理一大堆待完成工作。不過在必然的忙亂之後，你又再度陷入心力交瘁。如此一來，休假到底有什麼用處？

與其如此，即使你重回工作崗位後，也不該忘了要同時牢記專心與分心。這會讓你完成任務，同時不至於在過程中筋疲力盡。

腦袋卡住了的初期徵兆

沒有人能始終維持健康的認知節律。就像我在醫學院時的大夢初醒，我經歷了成績和能量直線下滑，或是像我在一開始擔任住院醫師時，指導教授指出我的想法太過狹隘，最終你會發現自己的運作已經脫離節奏。不過如果你能知道腦袋卡住了的初期徵兆，你就可以在自己脫序失控前自我矯正。

不像原本那麼精力充沛：如果你覺得自己比往常精力透支，你可能已開始失去你的認知節律，如果你在一個月裡有好幾天出現這種情況，那可能你該好好觀察自己如何運用時間。這會是個好時機，讓你選擇一個方式達成分心。

沒辦法收尾：許多人努力工作想完成自己的目標，但是他們可能中途卡住或是沒辦法收尾。不管是屢屢錯過決勝點的網球選手，或進入最後一回合但是完成不了協議的談判人員，或是選戰裡氣勢（以及人氣）無法維持到最後的政治人物，要收尾就需要把能量維持到最後。你沒辦法只靠最後一口氣完成這件事。當你開始感覺自己的樂透彩老是就差一個號碼，你可能就要檢查一下你的韻律。

未能達成目標：同樣地，你無法達成目標是因為專心讓你產生疲乏，不只你的腦子無法達成目標，它根本離必須達成的實際目標越來越遠。問題在於你弄錯了對象。這時候你必須重新調整你的節奏和重新檢視目標。

重複錯誤：每個人都會犯錯，許多錯誤可讓我們透過學習而獲益。不過，一而再再而三犯下相同的錯誤很沒有效率。如果你生活裡有太多刪除、重寫、耽擱或是行程的混亂，你可能就該重新調整腦的節奏。

很容易就感覺不堪負荷：在科技刺激下步調快速的世界裡，偶爾出現「我度過繁忙勞碌的一整天，今晚我需要把世界拋在腦後」的不堪負荷感是不難理解的。不過如果你很快、很輕易、或是持續感覺不堪負荷，你就需要重新衡量你的生活。腦是一個美妙的器官，你可以運用腦來提升你和你所關心的人的生活。別拿廢物或是垃圾食物餵它！如果你覺得不堪負荷，可能就是重建你腦子專心與分心節奏的時候了。

安於現狀：年輕時，我們充滿夢想、希望、與企圖心。不過隨著年紀大了，夢想似乎逐漸褪色。這是常有的情況，有人甚至會說安於現狀是行為成熟的徵兆！有時這或許有些道理，不過大部分時候安於現狀是情緒疲乏的徵兆。你無法接受新的挑戰是因為你缺乏這麼做需要的腦部節奏。不過，分心可以幫助你重新回到腦的節奏。

發現自己遠離自己的希望、夢想和目標：想一下你自己的生活。它和你早先的夢想與期待是否相符？你工作的目標是否對你依然重要？如果你發現對自己今天所處的情況感到有些迷失，或者你突然了解努力的目標對自己已失去吸引力，此刻你就應該用分心來開始全新的探索。

通往分心的眾多途徑

想想你在暖洋洋的夏天躺在吊床裡的感覺。眼睛半闔、心思漂蕩，你的腦子有時間和能力喚回老早遺忘的記憶。在這狀態下，腦成了「記憶捕捉器」，提供你過去曾有寶貴洞見，讓你不致犯同樣的錯誤。

或者，回憶你有時在淋浴時的靈光乍現。你未必是處在夢幻的狀態——只不過換了個場所。你的腦子脫離了原本盤據你注意力的工作。突然之間，有了！你想到了。你思索了一整個星期的問題毫無預期變得清晰無比。

在其他的分心狀態，你也許是正在做一些比較不費心神的工作，像是編織毛線或是整理庭園。你並不是在假寐或者在淋浴的心情。你就如處於自動駕駛系統，讓工作自動進行。在這些情況下，你的腦獲得寶貴的休息，不過同時它也把記憶的拼圖拼湊起來，增加對未來預測的準確性。

躺在吊床上、淋浴、織毛線和做園藝，都是可以讓你分心和放鬆的事。不過還有一些比較正規、實用，而且可能更讓人驚喜的方法可幫助你分心。這本書裡將會教你在適當情境下運用的各種方法。

遐想：是指你告訴他人關於你自己未經自我審查的想法，某一些奇幻、想像、假設性的事。遐想這種渙散的形式被廣泛應用在心理分析，不過你可以應用在日常生活上。工程師與創業家以更嚴肅且更實際的方式應用它，邀請他人（同事、投資人、跟隨者）在發明早期的低衝擊階段參與他們的策略思考。在團體當中，大家只是大聲說出內心的想法，不過把早期產生的一些概念整合起來，在需要行動的時刻可能得到這些人更多的支持和共鳴。

同樣的原則也適用於改變你的感情關係，或甚至只是要調整屋中的家具。在初期階段你越是邀請他人參與思考，越能產生更多想法，同時最後的結果也更可能得到其他人的同意，特別是當你把他們的一些建議也納入計畫之中。不斷調整屋內擺設是件煩人事，所以最好在真正搬動之前早點問一問不同的觀點和想法。在人際關係的問題上，牽扯的利害很多，你可以運用遐想來設想一個未來在一起更好或是大不相同的方式，而不是受困在雙方各自的議題而陷入各說各話：這會讓兩人的心越分越開。上面這兩個情境，都是運用群體共同的分心，來解決因專注於自我而可能遇到的問題。

走神：讓你的心思隨意遊走，這種較明顯的分心狀態是挖掘出具體的和非具體的記憶、進而豐富個人行動的好方法。你可以在海灘椅上或是壁爐旁做這件事。你可以在工作的腦力激盪時進行。在人生某些時刻，不管要做多還是做空，你都可以透過心思的漫遊來訓練你的分心迴路。不同於所謂的「正念」（mindfulness）要專注在呼吸吐納，走神是讓你注意力脫離內心的碎念，它要求心思不特定專注於某個任務上。

想像：當你在想像某件事時，你等於是暫時拋卻了對它真實存在可能性的存疑。這正是分心的明顯特徵！對於未來、或是對於某種情境該如何處理，你拋出一連串「要是這樣的話……那麼就」的狂想，這種遊戲式的想像力運用也被稱為「展望」（prospection）。不管它的稱呼是什麼，對未來的預想（想像）已被證實會啟動DMN並擴展用新方法解決舊問題獲救情況的能力。在我的實務經驗中，被問題卡住的人們——不論是關係問題或事業問題——常想依據「現實」來跳脫困境，不過想像往往會是發現解答的更好方法。

做白日夢：做夢也是無比重要的工具。當然，某人的白日夢也許是另一個人的夢魘。你善於分析、專注任務的腦子，或許在你修理機具時也可轉換成自動運作，讓你做點白日夢，但對我而言，這會是一場噩夢——我在修理東西時需要百分之百的專注精神。

不過，在什麼活動做白日夢可由你自己選擇。你無須太過費精力就能做的事是什麼——

按數字著色遊戲？或是整理櫃子？重點在於這個活動不能太緊張或太費神。這本書接下來會讓你了解正面建設性的白日夢與浪費時間二者間的差別。

跟自己說話：在眾多策略中，我會建議你與自己的腦子對話。乍聽之下，這好像有點神經錯亂，因為我們大部分人看到人們自說自話時，多半會認為他們是怪胎！不過如今越來越多研究指出自說自話的實用性，特別是把它當成減低壓力的策略。用第二人稱來說話（用「你」或者是你的名字來稱呼你自己）比光是跟自己說話更有效。你應該看過職業運動選手這麼做：網球女將小威廉絲（Serena Williams）有時會大喊「加油點，瑟琳娜！」而不是光喊「加油！」籃球巨星詹姆士（LeBron James）以這種方式和自己說話而出名。一開始聽來也許難以置信，不過既然你可以告訴你的腦舉起你的右手，沒道理你不能告訴它用不同的方式來處理某個狀況。事實上，你當然可以。而且它很有效！

大量的科學研究指出重新建構對自己的想法，即使是不發聲暗地進行也非常有價值。所謂的重新建構（reframe），有些是顯而易見的（例如，把「我真沒用」重構為「我需要取得某些技能」），有些則是對自我敘事（self-narrative）較微妙的轉換。比如說，當你問自己「為什麼這種事老發生在我身上？」你的腦子可能開始白費力氣、死命想它的答案——這並不是運用你的無意識時間的好方法。不過，把問題轉換成「別人遇到像我這樣的倒霉事會如何克服並達成目標？」就是對你意識和無意識的腦比較實用的好問題。

只要你朝正向建構自我，你的帳面上就是獲利。不過你要避免的是：不要告訴自己別做某某事，這會讓你進退失據。心理學家維格納（Daniel Wegner）研究發現，當人們處於壓力狀態下並給予他們自己「別做某事」的指示，他們的腦往往會做出和他們期待相反的事。所以，先拋除你的自我禁制吧！

你也可以利用跟自己說話來暫停和重新評估手上正在做的事——並做必要的路線修正。有時這是你原本自然而然會做的事，不過養成習慣可以不時給你自動提醒，讓你脫離正在專心的任務並進行檢查。

運用你的身體：你可以運用身體來啟動認知節律。和做白日夢一樣，某些活動可能會讓不同的人更專心或分心。有人可能想走一個陌生的健行步道來啟動分心；另一個人則想走熟悉的路徑（例如每天用同樣的方向、同樣的路線繞著一座公園健走），因為只有在熟悉的環境裡才能讓他們「恍神」。你也可以用特定的方式運用身體來獲得創意！

冥想：冥想有許多的形式——超覺靜坐（以一個梵咒或字詞做為專心和轉折的點）；正念冥想（透過呼吸吐納來專注轉折）；行禪（在沿一路徑行進時透過步行來專心）；開放覺察（沒有專心的點——只閉上眼睛）；慈心禪（閉上眼睛產生愛與慈悲心）；奉獻（例如奉

獻於某個神或某個專業領域）；以及簡單的自我探尋（例如定時探問「我是誰？」）。不論是用哪一種技巧，你在冥想時，可以避免罣礙、改善學習、更有創意、進行多工作業，並發掘出在心思專注時無法獲取的內在更好的自我。

那麼，現在問題是，要從哪裡開始？

鍛鍊韻律的輔助輪

你一開始學習音樂的韻律時，你先打單一的節拍，接著是兩拍前重後輕，再接著是三拍子第一拍強音，如此依序而進。逐漸地，你學會把節拍拆成二或三拍，當你變得嫻熟，韻律的複雜性也大大提高。接著你學會如何即興變化和增加裝飾音，在幾乎不知不覺中，就算你拉長一個拍子來吃掉另一個拍子，也不至於讓基本的節奏跑掉。

思考的韻律也是如此。你從基本的節奏開始，到最後你會循著自己內心鼓手的節拍前進。不過，一開始你必須遵守自己邁開腳步時的承諾，同時一路上你也可能需要協助。

設置鬧鐘：我們得面對現實，分心的時間不大可能會自動地建構在你的每日生活中。設定鬧鐘就像是你的教練，提醒你做你真正該做的事。一開始先慢慢來，每天設定固定的時間做分心的活動。一聽到鬧鐘就遵照指示，不論手邊正忙什麼事。不管你是決定要離開辦公桌，讓心思漫遊做十分鐘不費心思的任務（一開始會覺得這十分鐘好漫長），或者去散步甚至假寐休息一下，使用鬧鐘讓你不用再花工夫決定是否該休息了。一聽到鬧鐘響了，不假思索就去做。

建立「修補時刻表」（tinkertable）：你每天原本就有將近一半的時間脫離手邊的任務，進行思考的小旅行。為何不讓心裡要做的事接管你？為何不駕馭你的心智？一個修補時刻表將可以幫助你規範和利用這些心智漫走的旅行。

從定義而言，時刻表就是鼓勵你預約每天每個時刻、每一小時要進行的專心工作。我們不是常會說「我的時間表排得滿滿的」？聽起來可能自相矛盾，不過，修補時刻表並沒有開放與彈性。在一般的行程表裡你會填入必要工作並調整你的預約時間，但是在修補時刻表裡有一個時段是被封鎖起來，限定不做日常的例行工作和雜務。

話雖如此，我知道生活上的挑戰每天都會有變化。不要過於執迷在修補時刻表的規定上頭。（這也算是個專心陷阱，如果真有專心陷阱存在的話！）

由於每個人的生活都不一樣，一天之中你應該專心和分心的時間因人而異，一天下來要安排多久的分心時間也是由你自己決定。這一點並沒有實際的參考數據，不過我發現最有效率的作法，是每次你花四十五分鐘專心工作就要有十五分鐘的放鬆。你的第一個專心時段可能比其他時段都還要長——你在放鬆之前可能會持續七十五分鐘專心工作——不過在這之後，每四十五分鐘的專心之後就應該設法做十五分鐘的分心。你制定好修補時刻表之後，就把這些十五分鐘的時段填寫下來；或者，如果你用的是線上行事曆，每天所有十五分鐘的分心時段可以設定行事曆提醒。在分心時間，你可以留在辦公桌的原位，或許聽一些音樂、玩填字遊戲、或是玩電子遊戲。重點是它們必須是對你而言不費心思的事。在分心時間站起身來四處走動——在街角或是附近的綠地散步——不要帶手機可能更好，因為這麼一來你就無法作弊，在回到座位之前就提前工作！

除了這些每日的短休息，也要設定一些時段來進行打破每週單調生活的活動——也許是某個晚上跟朋友出門或是自己一人去看電影。這個較長的分心時段可以稍微有彈性——你也許沒辦法每個星期都固定一天擺脫雜務或是邀約一次聚會。不過要確認自己每個星期都要計畫做一些工作以外、非每日例行的事。在那個特定的日子，你可能得提早離開工作，不過在那之前幾天你工作中的時間可能會更有效率，因為你的腦已經有了喘息的時間。

你的修補時刻表也包含一些更長的時段——一年裡可能有三、四次，每次約一個星期——

度假、休閒、或是較多日的「在家休息」（staycation）（不出門、但也不工作）。假如你的工作沒有那麼多休假時間，至少你要在修補時刻表裡確定標出你不用工作的那幾天或幾星期。不要連度假的時間都不確定！好好規劃讓度假變成你的優先要務，才不致一延再延。除此之外，要規劃好在你開始放假前煥然一新的興奮情緒，而不是離開工作前為了趕進度而筋疲力盡。該怎麼做到？認真做好短期的每小時休息！

我同時也會建議在你每週行事曆裡設立一個叫做「彈性時段」的占位區。這些時間是讓你當下去決定你想要做什麼。你可以工作，也可以選擇休息。重點是你自己來決定。在這兩小時的時間裡，你沒有和其他人的約會或是要一起做的任務。這是你自己的時間，由你自己決定要做什麼。你已先把它框起來了！

全心打造有節律的人生

先知道有認知節律（cognitive rhythm）這樣一個東西，是改善你的認知節律的第一步。同樣地，了解生活中有哪些時刻你確定缺乏它——當你筋疲力竭、脾氣暴躁、或任務「收不了尾」——可以有助你調整對分心的更多需求。而設定鬧鐘或是制定修補時刻表是具體的提醒器讓你持續練習。不過你把這些概念和策略內化之後，基本上你需要走出自己的路！節律從來不是透過其他人的規定而達成。

想要維持自己步入軌道進入節律，一套有用的方式是你在探索本書時透過四種身分的角度來處理挑戰：爵士樂手、舞者、未來學家，以及發明家。你內心至少都有這四種身分的一部分！

爵士樂手

要忠於你的最佳認知節律，你必須信賴你自己，並且樂於不斷踏出和回歸你的韻律。在不同的日子，節律可能就不同。你也許好奇是否有可遵循的規則，不過要發展出無可挑剔的認知節律，較好的方式是發展出一套回應的能力，而不只是單純遵循規則。

爵士樂手是擅長回應的大師。讓我們能與他人同步進行對話的腦部區域，也讓爵士樂手能預期他們緊接下來的每個演出。研究腦部的安娜．露易莎．皮紐（Ana Luisa Pinho）和同事們在二〇一四年證實，腦部的專心迴路在這個時刻會關閉，而分心迴路則開啟讓腦可以開始快速聯想的功能，幫他們預測下一個音符。

我們可以借鏡爵士樂手來打造認知節律。這從信賴自我和有意識地樂於即興演出開始。

如果你認為自己不是即興演出者，不妨再考慮一下。孩提時代，你得學會爬、接下來走、再來是跑。現在你不只能走路，無須特別留意就掌控自己的動作，你還可以走在擁擠的人行道上毫不費力地避開迎面而來的行人。如果他們好像快要正面相撞，你自動會閃開或是慢下腳步。這就是最基本的即興演出。同樣地，打造分心時間的能力時（透過你的修補時刻表，作息習慣），你也可以把有如腳踏車輔助輪的那些觸發器拋棄掉。你將可以把分心的需求內化，自然而然地取得。

舞者

臨床心理學家安妮卡·瑪拉茲（Anika Maraz）和同事們在二〇一五年詢問了四四七名騷莎舞或交際舞的舞者，發現舞者練舞有諸多的動機：改善體適能、提升心情、尋求親密感、社交、進入迷幻、追求完美、建立自信以及逃避現實。一旦你學習把分心納入你的日常生活，你的人生裡也會有同樣的這些體驗。你的預設模式網絡（DMN）在啟動和鍛鍊之後可以改善你的認知功能、提升幸福感、增加對自我與對他人的感受敏銳度、提升有實用性的白日夢、並改變你的意識狀態讓你臻於化境，改善學習力和生產力。你成了心靈的舞者！

正因為如此，你應該停止過度思考並練習放鬆——把自己想成是生命中的舞者。舞蹈是高度耗費精力的活動，這不光是就肢體活動而言。它需要專心與分心之間的平衡，要有投入情感的能力，並要能覺察、表達韻律。舞蹈統合運動和思考，同時要求你掌控你的姿態、學習舞步順序，並運用想像力。跳舞和學習這些技能需要專心，但它們也需要分心。你能夠想像一個人跳舞時只注意「正確的」動作嗎？好的舞蹈就像好的認知節律，必須在你停止過度思考、放鬆、找到節拍、加入並預測接下來的節拍時才能表現。

未來學家

在一九〇〇年，史密森尼研究院的館長約翰．艾弗瑞瑟．瓦特金斯（John Elfreth Watkins）準確地預測出未來將出現無線電話網絡、電視、核磁共振成像（MRI）機器、空戰、以及在美國各個城市街頭移動的快餐車。他也預測了一些尚未應驗的事物——比如像C、X、和Q會從英文字母表中淘汰！像瓦特金斯這樣的人準確預測事物時，運用的是被稱之為「智慧猜想」（intelligent guessing）的思考模式。他們不見得都猜對，但是他們大膽猜想的時候，是運用DMN和分心探看未來。

假設你第一次到邁阿密度假，天空只見陽光燦爛，卻聽到電視氣象報告說會有雷陣雨，你可能對這說法不屑一顧。不過，看厭了海灘的你要是轉個頭，看到一片灰色的雲正朝你緩慢飄來，你可能會立馬決定收拾東西，往山上走去。（或是回你的飯店！）在這個例子裡，你就是智慧的未來學家——而你昏沉、渙散、被太陽曬昏的腦子或許正是讓你看出氣象報告與這些烏雲之間關聯所需。你甚至不需要很明顯的線索就可以做準確的猜想。

在二〇一二年，神經學家茱莉亞．摩斯布里吉（Julia Mossbridge）和同事發表了對於七個各自獨立的實驗室所做的二十六個「猜想」研究的統合分析。他們發現人體可以感測一到十秒後將出現的刺激。舉例來說，如果我給你看一個暴力場景或是中性的風景照片，你實際生理上會準確轉變——你將看到的是暴力照片的話會讓你焦慮，寧靜的風景照則讓你平靜。也就是說，往往在你實際看到之前，你可以正確猜出將會看到什麼。

這個現象稱之為「預測性的預期活動」（predictive anticipatory activity），它反映的是腦部預知未來的無意識能力。預設模式網絡（DMN）其中的一部分、前額極皮質被認為在這種預測能力中扮演積極角色，不過這個令人驚訝的事實其背後確切原因仍不為人知。或許是某種無意識鏡射（unconscious mirroring）發揮作用——我們的腦可以感應即將發生的事，是因為腦部迴路在我們自己都不知道的情況下如鏡子般運作。另外，也有一些根據量子物理提出的其他理論。重點是，你不一定需要感知之後才得到知識，你所知道的可能比你願意承認的還要多。

弔詭之處在於，你越是分心、越是任自己做這種預期，你就越可能猜對。不只如此，這種預期的「跳躍」會產生滾雪球效應。諸多研究一再顯示音樂訓練和思考能力有直接的相關性。學習演奏樂器的孩童有更好的語文記憶、第二語言發音準確度、閱讀能力、執行功能（executive function），更不用說流暢的說話能力。

為什麼我們腦中會發生這個情況？單是專心，腦部的注意力系統會活躍，並啟動額頂葉皮質（腦裡的手電筒），不過它同時也關閉了DMN。只有分心配合專心才把我們連結到韻律、舞蹈和音樂——更廣泛地說，它也連接到我們走路、跳入某人臂膀前先頓一步，以及性行為。你能夠想像在性高潮中你一路思考它的過程嗎？

發明家

儘管我相信這本書裡的策略對你很有用處，我也必須承認，如果一個作者或是提供建議的人把事情弄得斬釘截鐵條理分明，會讓我心存懷疑。務必要記住——我會很感謝你的理解——但沒有兩個人是一模一樣，要做有效的一概而論並不容易。我並不能提供一套保證作法！你就把我的建議當成地圖，協助你在自我的獨特複雜性中航行。做任何事情都沒有所謂正確的方式或是正確的時間，一切是你感覺對了才算。我分享給你的想法只有你運用科學並利用這些發現來自我調整，才能夠發揮最大的價值。拿著我提供的想法、策略和資訊，配合你的腦來運用：這就是修補（tinker）！我對人腦和人類心理學有所學，所以我可以提供各位一些資訊，但是只有你自己能成為你的人生的專家。

分心是一種放鬆的明智方式。它讓我們思考有彈性，在重要時刻可以棄守，提供一個無阻隔的區域讓我們能移動到下一階段的思考，並支持你與自己的本質有更大的連結。

休息、暫停、做白日夢、降低張力、或者事情正在熱頭上時暫時放棄一個計畫，這些聽來似乎違反直覺。你可能會覺得這是放棄或是浪費時間。不過，舉例來說，當你從「專心—專心—專心—專心—疲乏」轉變成「專心—修補—專心—休息—專心—淺嘗—專心—嘗試」，你把疲乏從式子中移除，並利用分心的時刻（修補、淺嘗、嘗試）讓你的腦重新恢復精力。不僅如此，「專心—打毛線—專心—休息—專心—吊床」與「專心—冥想—專心—淋浴—專心—睡眠」二者也並不相同。在這整本書裡，你會學到如何依據情境運用這些分心的不同形式。

腦部的持續調整，是如今追求成功的必要條件。不論你想要更有創造力、思慮通暢、學習更有效率、熟習多工作業、或是發覺自身的偉大能力，必要運用認知節律都將有助你發展相關的才能。

當你感覺自己表現失常、一成不變、混沌不清、不堪負荷或面臨低潮，生命的節律正召喚你加入。學習用針對性的分心來應付不同挑戰，你將為自身心智能力的珍寶感到驚奇不已。這個旅程現在已經開始！

第二章

召喚創造力

一開始，我先拿我知道的舊曲子來修修改改。
接著，為了嘗試不同的東西，
我把音樂放進我以前在貴賓狗餐廳做冰淇淋蘇打用的旋律。
我不斷玩弄曲調，
最後，你瞧，我完成了我第一個完整作品。

——艾靈頓公爵

如果我把泥巴、糖、繩子和巧克力糖漿放進一個大袋子交給你，你會怎麼處理？這一袋沒什麼相關的東西你大概不會有興趣拍照，更不用說以有原創性、感染力的方式把它們應用在油畫攝影上。把它們當垃圾丟掉還比較有可能。不過這類材料正是知名的巴西藝術家維克．穆尼茲（Vik Muniz）一再運用的東西。他曾經用油畫的方式把花生醬和果凍塗抹在兩幅蒙娜麗莎的放大照片上。在日常生活上，花生醬、果凍和達文西很少搭在一起。不過穆尼茲擺脫了傳統想法中事物搭配的方式，如此一來，將心與物之間的潛在衝突賦予了生命（你不會預期到蒙娜麗莎是用花生醬和果凍做的！），展示了非預期的事物，把扞格不入的概念共治於一爐。他出人意表的組合吸引了目光，也激發我們更狂野的想像力，這也是許多人喜歡他作品的原因。不過不管他的作品符合你的品味（有些人開玩笑說，它激發了人們用小孩子撒落的食物，或是沾在新地毯上的泥巴來創作藝術的靈感），人們大半會同意這樣做有戲劇性、夠挑釁，而且創意驚人。

也許你認為自己的創意不及維克．穆尼茲，不過重點是要了解創意的展現有許多不同形式。不管是以外交手腕來處理衝突、從無到有烹調出一道美味佳餚、說服執拗的青春期孩子用你的角度來看事情、以出乎意料的方式穿著搭配來吸引目光，都需要創意。

不過，你可能還是會認為有創意的人跟我們是不同族類，創意這種東西有些人有，有些人就是沒有（而我們自己是沒有）。假如你真的自認自己很有創意，你大概也不是真的了解你的心智從隨意塗抹到發現靈感的過程。同時，不管你認為自己有多少創意，大部分人都同意創意稍縱即逝，不是可以隨時召喚或是湧現的能力。

一個普遍的誤解是把創造力當成是右腦的現象，所以有人宣稱他們自己不是右腦型的人。不過近來的研究已經指出，實際上創造力活躍於廣泛的腦部網絡，並不特別偏好任何一側。舉例來說，腦的研究者梅麗莎．艾拉米爾（Melissa Ellamil）和她的同事們檢查了正在設計書籍封面插畫的人們的腦，他們發現腦的兩邊同樣程度投入刺激創造力。當設計者產生創意時，以儲存事件與記憶著稱的大腦兩邊內側顳葉（medial temporal lobe）扮演主導的角色。而設計者在評估這些創意時，彷彿腦部正召集一場市民大會——一個區域廣泛的網絡都有發言權。這個網絡雖然確實有兩邊，不過它們不是左邊和右邊。比較準確地說，是同時包含腦兩側的專心網絡和分心網絡，它們各自帶來分析的觀點，與相對情緒的或說是直覺反應的觀點。

換句話說，當創意降臨時，你並不需要拋棄你理性邏輯的腦。分析、聯想和推論會攜手共同合作，確保創意的過程流暢順利。本章會告訴你如何啟動分心來結合專心以產生創意——並教你如何忽視你腦中的觀念，認定自己天生缺乏創意基因、不是右腦型的人，或是沒有找出自我最佳創意的神奇能力。這一切並沒有你所想的那般神祕難解。

抵抗創意的原因

具有創意的洞察力令人感覺愉快，我們也經常因為擁有這種洞察力而受到讚美。Adobe公司在二〇一四年雇用了愛德曼分析與調查研究公司（Edelman Berland），調查超過一千名大學教育程度的專業人士，詢問他們創意思考對解決問題是否重要。不難預期，85％的人都說是。事實上，九成的人把創意列為他們心目中有助加薪的最重要因素之一。不過儘管我們讚揚創意是重要的特質，許多人在無意識裡對創意感到不自在。

內隱連結測驗（Implicit Association Test，簡稱IAT）是用來衡量和測驗這種無意識的不自在。在一個最近的研究中，管理學教授珍妮佛．穆勒（Jennifer Mueller）和她的同事們利用IAT來揭露我們在不確定狀態下對創造力暗藏的偏見。參與測試者被要求透過電腦的按鍵，把正面含意的字（例如「陽光」）或負面含意的字（例如「嘔吐」）和與創意相關的字（例如「新奇」）或與實用性相關的字（例如「有用的」）互相配對。他們回答的速度被列入計算。穆勒發現當參與者不確定時，他們會自動拿創意與負面的字做連結。我們的無意識在這些情況下厭惡新奇和不確定似乎是出於本能，部分原因在於未知的東西對我們的心智是一個可怕的障礙。這可能是我們會抗拒創意的原因，也是創造力會被盡可能放大的原因。

從具體思維到流動思維

我們的社會讚賞有話直說、言行合一、行為可以預測的人。「所見即所得」（What you see is what you get）這句口號往往被當成商譽的保證。而這些實在的特質也確實是好的，特別是當我們買新車為價格討價還價，或者是進行複雜商業談判的時候。當生活需要設定秩序時，具體實在的想法一點問題也沒有。

不過，過度的秩序實際上可能導致混亂失序。秩序在某方面而言代表著僵化固定，而不容許流動的思想。這意味著過早把想法打包處理完畢，而沒有給你的腦留點時間在這些想法之間形成新的聯想。

具體思維（concrete thinking）在某方面是創造力的毒藥。它使用腦的專心迴路，但是當你心無旁鶩全神貫注——你的認知節律裡只有一種「節拍」——你必然會關閉你掌握抽象思考的DMN。結果會如何呢？對於問題，你找到的不是創意的解決方式，你會看到的只是選項一或是選項二。你看不到各種灰色，只會看到黑和白。如果你是個黑白分明的思考者，想要學會看出灰色就得先挑戰你的一些思考習慣。

擁抱混沌

有創造力的人能看出失序和混亂是新秩序、新創意的爆發，是舊問題出現新解答的前奏。創造力需要資訊在腦中快速而無意識的重新組織。為了找出手邊問題嶄新的解決方法，必須做出新的聯想。這只有在你的DMN開啟時才會發生——不過，要達到這一點，你必須從混沌中分心放鬆開來，給你的腦子有時間工作。實際上，你必須順服於混沌。你不會和它糾纏——你放手。你不抗拒這股力量，而是要加入它。

當然，你也不能永遠活在漂蕩不羈的空想之中，不過當你培養出能在混沌邊緣越待越久的性格，你就越能發展出更有創意的腦。事實上，順從混沌而不致令自己不堪負荷的能力，正是具備創意的正字標記。創造力的腦生物學研究顯示，有創意的腦往往是處於混沌與控制之間的緊繃狀態。瘋狂非理性並不是大禁忌，但也不全然能解禁；你要做廣泛的連結，但也不能漫天聯想而讓思緒錯亂；你拋卻線性的解決方案，但是仍要真誠面對待解決的問題；整體而言，你要朝向有控制的混沌而非秩序。

科學的過程本身就是渾沌多於秩序。如一九六五年諾貝爾物理學獎得主理查．費恩曼（Richard Feynman）帶點挖苦地說：「科學哲學對科學家的實用程度就跟鳥類學對鳥的用處一樣。」做事情沒有唯一的方法。事實上，通常方法有太多種——這個渾沌你必須自己去摸索。

凱文．鄧巴（Kevin Dunbar）對科學家工作方式的研究也明顯支持這個觀點。他在一九九〇年代初觀察史丹佛大學四個實驗室發現，雖然科學家們遵循既有的技術，但是超過75％的實驗會出現意料之外的結果，而且這些結果也一再與他們精心規劃的理論相矛盾。科學的模型是為探索預鋪道路（我也期盼這本書裡的模型是如此），不過光靠模型本身往往無法通向答案。

假設你是正在進行實驗的科學家。你的實驗失敗，而你毫無頭緒，各種可能性浮現腦海中。你不禁問「到底是哪裡出錯」？是作法不對？是實驗的中期階段？還是分析的方法？很多地方都有可能出錯，你可能為了找不出問題所在而捶胸頓足。在這個混沌的當頭，你需要的不是知識而是洞見——你的專心迴路和分心迴路需要合作創造一些想法並做出評估，你必須順服於這個過程，同時又不致落入渾沌之中。學會這件事是一門藝術，一個巧妙的平衡動作，不過我們天生具備這種能力。維克．穆尼茲辦到了，自由創作的紋身師傅也辦到了。每當你找出一個原創的衣服穿搭、自己想出一個笑話、或是學會一套書法，你同樣也辦到了。

查爾斯．林布（Charles Limb）是個研究創造力如何在腦部運作的醫生和音樂家。他與另一位醫師同事艾倫．布勞恩（Allen Braun）利用功能性磁振造影（ｆＭＲＩ）研究六名全職音樂家彈奏他們默背下來和即興表演的鋼琴曲目。研究結果發現即興的表演與廣泛關閉側邊前額葉皮質（lateral prefrontal cortex，簡稱ＰＦＣ，所謂有意識的「思考的腦」）有關聯。要即興流暢，前額葉皮質必須先讓路。另一方面，自發性的即興表演啟動了內側前額葉皮質（ｍＰＦＣ）這個較直覺的腦部整合器。換句話說，他們的研究發現分心是即興表演的關鍵。

乍聽之下，嘗試擁抱混沌似乎是令人失望的詭辯和違反直覺，差不多就等於你開車打滑時叫你鬆開煞車踏板。不過，如果你把失控想像成在路面有薄冰的公路上開車，這時鬆開煞車踏板有其道理。這麼一來，你可以避免因打滑而陷入混亂。

在日常的運作上，我會把這個作法稱之為「延遲而後行」（delay and deliver）思維。想像一下，自己某天已經按照順序排訂了一天的待做事項。如果有個突如其來的人或某件事在當天需要你處理，給你帶來了一陣混亂；你安排的待做事項被徹底摧毀，或者至少被打亂了。透過延遲而後行的思維，你先衡量自己能否先延後待做事項裡的一兩個項目以配合突如其來的要求。假如你發現自己能做出調整，你會覺得這一天仍在你掌控下，同時也有所收穫。當然，不見得每一次情況都這麼順利，不過運用這種思維可以幫你習慣不排斥出現在眼前的混亂。

在每天作息中加入一點短暫的混亂時段——也就是處理或容許混亂的時間——好處之一是它會帶來一些突然的小小領悟。舉例來說，健康行為專家肯尼斯．瑞斯尼考（Kenneth Resnicow）在二〇〇八年與複雜系統專家史考特．佩吉（Scott Page）共同合作研究人們為何會突然出現行為的改變：像是停止藥物的使用、開始運動、採用健康飲食。他發現到，突然的改變並不是想要改變的慾望按部就班增強的結果，而是一個創造性的過程或動機「降臨」的突然領悟。這些改變並非出自事前計畫，而是「內在的知識或是態度可能出乎預期地結合在一起，形成了動機的完美風暴」。這是一種創造性的動機，而不是我們一般所說的「意圖」。當你想要上健身房但卻做不到，你需要的是創造性的動機，讓它以「動機的風暴」席捲而來。當你需要減少攝糖量卻無法抗拒蘋果派的誘惑，你需要的也是創造性的動機。有些天生幸運的人可以抗拒誘惑，但是對大部分人來說，創造性的動機是我們唯一的希望。

要把混亂當成是一場暴風雨或是充滿活力的泉源，完全由你自己決定。和自己對話有助於你轉變態度。（我準備把排山倒海而來的工作邀約當成炎炎夏日的小瀑布，而我就站在它底下。）注意觀察混亂——甚至思考玩味混亂——往往比逃避混亂好得多。

底下有個明顯案例：在一九六四年，美國紐澤西的兩名天文學家阿諾．彭齊亞斯（Arno Penzias）和羅伯特．威爾森（Robert Wilson）計畫研究宇宙中大片缺少高亮度星星的區域以繪出圖形。他們決定對銀河系的無線電波進行詳細調查，但是他們需要高敏感度的接收器以擷取浩瀚太空裡最微弱的聲音。他們改造了一座舊的無線電望遠鏡，加裝了擴大器和校正系統，好讓來自外太空的訊號更清楚。讓他們不滿意的是，每當他們把望遠鏡對準天空，他們就聽到持續不斷的背景音——類似某種靜電——影響他們的觀測。不難想像這其中的挫折感——這就像在電視上看你最喜愛的比賽轉播，卻不時聽到播報的聲音變成惱人的電流聲。這電流聲是從哪裡來的？是來自曼哈頓的噪音，或是掉在天線上的鴿子排泄物？不管他們如何絞盡腦汁，始終都找不出這聲音的來源。既然沒辦法移除噪音，他們只好接受這團混亂，設法取得他們想要的數據。不過，他們仍無法區分微弱的無線電回音和靜電。儘管他們一直在思考聲音的可能來源，終究必須放棄這個實驗。

在一九六五年，彭齊亞斯打電話給了普林斯頓大學的核能物理學家羅伯特．迪克（Robert Dicke），詢問他對於這個聲音的看法。迪克過去一直在找尋關於宇宙大霹靂理論的證據，甚至自己打造了一座望遠鏡，他馬上想到這聲音是宇宙之初殘留下來的無線電波。他的這套詮釋掀起了新一波的研究，讓天文學家們得以證實大霹靂的理論。時間快轉到一九七八年，彭齊亞斯和威爾森在這一年因為他們驚人的「意外」發現獲頒諾貝爾物理學獎。從渾沌之中，修修補補往往可以揭示非預期的意義。

許多企業都知道，有控制的混亂對創新的必要性。他們仔細注意他們產品的使用者需求的變化，一開始先避免過於精細的計畫以保留彈性。他們不介意嘗試種種新的觀念，特別是它能做快速而廉價的測試的時候。新概念會帶來一些混亂，而且大部分的概念很快就失敗，但是被看好的概念則被帶到下一階段的開發。這種高更迭率和受控制的混亂是公司維持相關性和競爭力的動力。

要掌握這種概念，我們不妨想像飛機的機師如何利用側風加速行進，或是熟練的水手在強風下如何操作風帆。同樣地，你也可以利用腦中的混沌。與其一成不變收起你的風帆，你也可以順服於風向的改變，利用它給你需要的推力。

順服於靈感

培養創意並順服於你的創意有很大的一部分是關於鬆手（letting go）的藝術。你暫時脫離外在世界的指引，轉向你內在流動的注意力。

當藝術家在談論他們的作品或創作過程時，他們常會提到自己並不是完全清晰或專心一志。相反地，清明時刻通常會穿插曖昧不明甚至心存疑惑的時刻。這種曖昧不明甚至可能是決定性的時刻。事實上，對創作的人來說，表現出衝突、曖昧或模稜兩可，往往比解決它們還更重要。

我們在不斷追尋意義和理解的過程中，可能在不經意之中，因過於急切嘗試理解和分析而阻絕了親身的體驗。更糟的是，有時我們拒絕去體驗這些事，是因為我們不願理解或不把它們當成與我們生活相關。如此一來，至少可以說，創意的過程已經被大打折扣。

靈感通常像是心中突然湧現的圖像——一種創造力的即時迸發，你無法確切說出它的起點。不過靈感事實上有其架構，有三重的結構讓我們辨識、落實、和接納。

靈感的開始是從我們透過五種感官之一對某個事物的美感體驗。對某些人而言，日出會啟發靈感。有的人則是在海灘上走路時，感受到腳趾之間的細沙、空氣中鹽分和海草的氣息會有靈感。另外有些人，靈感來源或可能有更確切的細節，例如看電影《奔騰人生》裡的名馬勇奪三冠王。你可以幫自己一個忙，把這些體驗「蒐集」或註記下來，放在比喻的（或者實際上的）概念箱裡好隨時取用。如此一來你無須每次都絞盡腦汁創造你需要的靈感。

在這欣賞的、被啟發的感受啟動之後，你需要讓你的心思隨著它們遊走，這個階段被稱為「被動召喚」（passive evocation）。當你給自己時間並准許自己沐浴在這個美的感受，一股靈感會如同巨大的肥皂泡泡一樣在你的內心湧現。它對你催眠、令你入神，它正是飄向你的創造力所需的力量。

被靈感啟發的第三部分是採取行動的渴望——動機被引發。當分心把靈感的肥皂泡泡吹進你的心，你必須屏住氣讓泡泡不斷湧入。靈感的這一個部分是對於新事物出現的渴望。慾望也可能不容易自發地出現，不過你可以用一些方法來培養。

在網路上尋找可以分享熱情、並為你的熱情注入生命的人們；找尋住家附近與你有共同興趣的團體；想想你創意的渴望如何連結到你的自身福祉，它和你的人生目的和意義有何相關。這些人和想法會幫助你維持強烈的動機。

另外兩個通向渴望的途徑是新奇與原創性。找尋會刺激你興趣的罕有事物。它也許是罕見而美麗的東西，可以擺在你的辦公室裡。或者你可以嘗試畫圖（一個朋友曾經下決心在她的前廊磁磚塗上原創的圖案），不要過於在意自己畫得對不對。畢卡索的名言說，他是畫他所想，而非畫他所見。把自己的想法畫出來，看看結果如何。

練習抽象思考

要讓你的腦活在灰色地帶並更有流動性，有一種自然的方式是透過「符號化」(symbolization)。符號把實際的問題轉化成較易處理的形式。符號是事物的代表物。

符號存在生活中的普遍程度可能超過你的想像。我們一天到晚使用數學符號：＋和＝。每個字也是個符號——以簡潔的方式指涉某個事物。孩童經常使用符號式思考，玩泥巴想像自己在煮菜，披毛巾當成超人的披風，或是拿棍子當寶劍。

至於大人，要對一段感情關係放手時，符號式思考也可能很有用。舉例來說，一個創意的解決方式或許是把你昔日情人的照片放進瓶子裡，再將瓶子投入大海，象徵性地對這個人放手，同時以這個情緒反應做為你化解悲傷的開始。

你可以運用你已知事物的符號為模型，來設想你未知的事物。比如說，你可能不知道如何在一個組織裡促成跨部門的合作，但是如果你陷入困局，或許可以透過跨部門合作的符號來幫忙。就算是腦本身，右腦也要與左腦合作，專心要和分心合作，思考的腦與情感的腦要彼此對話。如果它們之間可以彼此合作，你的設計師和工程師當然也可以合作。利用這類的符號或許可以幫助你看出來，你的腦部會停止「跨部門合作」，是當恐懼盤據你的情緒，或是當認知節律消失，而你困在專心迴路而不是在專心於分心之間運動。如此一來，這或許有助你處理與部門之間合作有關的恐懼問題，和進行團隊溝通，讓他們能在執行計畫（專心）之前做更多的腦力激盪（分心）。

需要處理未知事物時，符號也可能帶來幫助。比如說，你想決定書桌該放在房間的什麼位置。如果你把桌子完整畫進你的房間設計圖裡，可能連想像它如何搬動都有問題。不過如果你把它設想成代號X，你馬上就可以把它跟一面牆或是一個壁爐聯想在一起，之後再來推想它應該放的位置。你不會先被一些細節給困住，自由流動的創意想法就會更多。符號也被稱為簡化的語意結構（simplified semantic structure），它可以幫助你加速你的創造力。

譬喻（metaphor）是未言明的比較，可以帶出新的概念：它是文字的符號化。運用譬喻可幫助我們馴化腦中的混亂。舉例來說，「坐雲霄飛車的體驗」遠遠要比「混沌邊緣」更容易理解。把人生想像成一盒多種口味的巧克力——難以預測卻不致嚇人——可能就是一個很好的譬喻。

另一方面，你也可以把一個挑戰想成你碰到的一堵牆。在思考如何處理這個挑戰時，你可以延伸牆的譬喻：從中間鑽個洞穿過去、爬過去、繞過去，或是挖地道過去。創造力的過程必然是抽象的，不過運用這類譬喻將會幫助你的腦以不同的方式運作。它會啟動你的DMN——同時你也更有機會發現創意的解決方法。

譬喻的品質越好，就越能啟動負責開放體驗的腦部區域。所謂高品質的譬喻必須遙遠、新奇而且聰明。這有點主觀，不過你可以透過一些判別標準來判斷你的譬喻是否有用。把它當成創意的練習，不斷修煉你的譬喻。不要只是把你創意的障礙比喻成「一道牆」，你也可以把它們比喻成「爬山坡」。如果兩個比喻都不足以傳達創造力的混亂，你也可以試著把你的挑戰比喻成「控制一部碰碰車」或是「駛過一條覆著薄冰的下坡路」。不過，這兩個譬喻也可能太瑣碎或是太危險。為了譬喻的準確傳神，也許你最後會想到把創意的挑戰比喻成「嘗試調出最佳的雞尾酒」——試一下味道、測試再混合一下、然後完成。你得分散你測試的時間以免自己喝得太醉，同時要有實驗精神，讓你混合調出的成品獨一無二。不同的人對不同的譬喻各有偏好，但是用這種方式思考譬喻可以刺激你的腦部創意。

轉換視角

當你對某個情況進行分析，你會進行「分割思考」(split thinking)或是「統合」(lumping)。創意思考同時包含這兩者。分割思考密切專注於細節，而統合則是往後退一步，衡量整體的樣貌，按照事物的相似性來分類理解。假設你是研究遙遠小島的人類學家，進行統合思考時，你把這個人口視為整體，以俯瞰式的觀點觀察這些居民；在分割思考中，你專注在彼此差異，依照年齡、性別、居住村落來區別個人。

舉例來說，我們可以透過「心靈」和「身體」的概念來印證這個練習的實用性。多年以來，醫生們還有科學家們把它們看成人體組成的部分。一般的「分割思考」認為身心二者之間沒有可供辨識的連結。比如說，腸子和腸子裡的細菌完全與腦相分離，也和心理健康與情緒無關。把腸子和大腦分開來看有助於我們做專門的研究，不過把它們看成是在體內彼此相關聯——就如我們現在所做的事——則有助於發展出有趣的新洞見。如今我們可以偵測出由腸子傳到腦部的訊號，它影響人們憂鬱或焦慮的程度。新的實驗指出帕金森氏症——原先被視為是「腦」的失調症——有可能是透過與腸子和腦連結的迷走神經擴散到腦。迷走神經切斷的人們出現這種疾病的機會，和一般人相比少了50%！

話雖如此，分割思考亦有其價值。心理學家東尼・麥卡佛瑞（Tony McCaffrey）在二〇一二年描述了「零組件分類法」（generic parts technique）——一種用來克服創意思考障礙的的分割思考方式。他解釋說，利用這個策略，你問的是：我正觀察的這個物件還可以更進一步細分嗎？我對這個物件的描述是否說明了它的一個用途？

麥卡佛瑞的經典案例是提供人們兩個鋼環、一盒火柴、一枝蠟燭。接著他請他們用這些器材做出一個固定的數字8的形狀。大部分的人嘗試融化蠟燭的蠟把兩個環黏在一起，但是這兩個環終究會分開。不過利用零組件分類法，你可以跳脫問題做出解答：一枝蠟燭是由蠟條和燭蕊組成，只要把蠟融化掉你就可以用燭蕊做繩子把鋼環綁固定在一起。受過零組件分類法訓練的人，能解決類似問題的人數比例要比未受訓練的人高出67%。

超越正常

「開放性」（openness to experience）是有創意的人被廣泛研究的一個人格特質。擁有這種特質的人具有積極的想像力，喜歡多彩多姿，同時保持心智上的好奇。他們對美的事物感覺敏銳，同時注意傾聽內在感受。相對之下，「正常的」（normal）人們比較受人喜愛、做事認真、情緒上穩定。弔詭的是，當你「正常」的時候，你的腦可能較缺乏創意——你對新的體驗欠缺開放性！

具有開放性的人們，他們的預設模式網絡運作更有效、在腦中創造秩序多於失序，可以說當你具備開放性時，你更能流暢地順勢而行而不像在「正常」模式時的逆流而行。對新體驗抱持開放態度，會讓你在嘈雜混亂的生活中更有創意地探索。

不過，對體驗的開放態度不必然代表你得去高空跳傘或是與鯊魚共游！我們這裡多半談論的是關於認知的勇敢跳躍，樂意鬆綁自己對於控制事情和結果的慾望。從大部分的報導來看，維克．穆尼茲就具備這種特質。他在二十二歲時經歷了駭人意外（他為了排解街頭的鬥毆事件而大腿中彈），開槍的槍手給他的封口費讓他有錢可以搬到美國，而美國正是他長久以來開啟創意人生的夢想之地。他並不知道去美國他能做什麼，或是會有什麼發現，不過他對這場探索抱持開放態度。不管在譬喻上或是在實際上，這都是他的勇敢一躍。探索需要觀察的不只是看有什麼新事物，同時也要觀察這些新事物在不久的未來可能的樣貌。

聆聽你的直覺

直覺是腦部未到達意識之前，在生理上察覺微妙變化的一種能力。就此而言，所謂預感是還沒有形成想法之前身體的感知。幾個不同腦部區域構成了直覺網絡，它們接受這些微妙的感知給予你直覺的感應，這是你思考的腦尚未做出詮釋之前的認知。這種直覺是重要的資訊，你不應該因為找不出合理解釋就輕易忽視它。

管理你的直覺（而不是忽略它！）的一個有效方式是暫退一步並思索你的直覺。在你腹中讓你興奮躍躍欲試的是什麼？為何你感到神經緊張？你或許已經猜想到其中一二。不過如果你對解釋你的直覺一籌莫展，也不要放棄。只要你保持好奇心，你的腦就成了一名探員，搜尋片段的線索把它們串起來，讓你的假想猜測成立。你的腦在連續假設檢測（serial hypothesis testing）中，運用直覺接受內在的數據搜尋，並逐步累積碎片的資訊。在蒐集到足夠的數據後，你將形成洞見。洞見的出現往往不是你運用思考的腦找尋出來的，而是你為了形成洞見所蒐集的數據累積超過了門檻。持續推演的洞見提供你所需的方向感，讓你得以在腦部的混沌邊緣探索創造力。

管理直覺的另一個方式是預測推論（predictive inference）。你的腦不去找尋證據，而是直接跳到結論並且對結論進行檢驗。這有點像是未看先猜，先做決定然後才檢驗這個決定。舉個例子來說，情報單位蒐羅最近恐怖分子滲透入境的資料遇到了瓶頸，不過特工們總不能就此放棄打住，他們至少得去推斷他們下一次會在什麼時候、從哪裡滲透進來。雖然沒有特別的原因，一開始也沒有理由支持他們的預感，他們還是選了X、Y、Z三處是最可疑的邊界點——總得有個開始，接下來他們會看有沒有資料可以合理佐證他們的預感。如果這套模式行不通，至少他們得到了新的資料——有哪些地點是恐怖分子可能不會去的！接著他們可以重設可能的地點，比如說邊界的P、Q、R三個點。當資料和預感相吻合，就可以執行邊界的安全計畫。很多時候這正是情報單位的作法——他們用倒推的方式進行任務！有些時候人們也用這個方式決定感情的伴侶，一開始先憑直覺，隨這關係的進展再來推敲當初的決定對不對。當他們蒐集足夠的證據後，或許就可以結婚。如果找不出來，或許就會結束這段關係。

這裡，你已經對某事先做了結論，不過你不斷修改你的解決方法來判斷它是否正確。接下來你重新設定你的結論，再重複進行修正。經過反覆幾次重新修正，你會得到滿意的結論。這是一個有效且往往可節省時間的創意作法。

你把這兩個直覺的管理工具納入你的心智工具箱之後，意識的腦會把注意力轉向內在，用它來回梭巡的探照燈找尋資料。

心靈泡泡

分心幫助你從日常習慣中鬆脫並刺激新的想法。你不會察覺到你的腦在工作，但是當它準備好了，一個想法或創意的解答就會浮現你的意識。片段的知識、字詞、圖像或歌曲有如「心靈泡泡」看似隨機地出現。不過研究者如今已發現「心靈泡泡」啟動的腦部區域，與你對體驗採開放態度時運作的區域一樣。分心且不費心力的活動，像是洗碗盤或除草，往往可以把它們帶引出來。這些心靈泡泡即使內容混雜、相互矛盾，但也是你創意的腦正在運作的跡象。

一路淺嘗到腦門開竅

淺嘗（dabbling）的名聲不佳。我們常把它跟膚淺、沒深度畫上等號；凡事淺嘗即止的只是半調子。如果我們對一個問題沒有深刻投入，通常會被認為只是浪費時間。不過深度是相對的概念，某種程度和某些類型的淺嘗對你的創造力和你的生活有幫助。

維克．穆尼茲就是由淺嘗得到好處的好範例。在他離開巴西到紐約之前，他做的是廣告。到了紐約，他開始做照片裱框。在不同的時刻，他嘗試過雕刻、繪畫和攝影。他所有的作品都反映了他這一路下來的嘗試帶給他的影響。他的廣告業背景可能增強了他對於日常物品和品牌力量的認知；他為他人作品裱框的經驗可能給了他對平衡感的理解；從觀看傑夫．昆斯（Jeff Koons）的藝術作品——以巨大、鏡面的鋼鐵「動物汽球」而知名——到討論龐加萊的理論，給了他混合不同媒介、將日常物件轉化為藝術品的靈感。

已故的蘋果創辦人兼執行長史蒂夫・賈伯斯（Steve Jobs）是另一位淺嘗的樣板人物。他二〇〇五年在史丹佛大學畢業典禮發表的著名演說裡，提到他中輟了芮德學院的課程，好去旁聽自己感興趣的課程。其中一門課是書法與字體排印。當時他並不知道這門知識對他有何用處，不過十年之後，當他設計第一部麥金塔電腦時，他應用了在那門旁聽課所學的知識。如果他沒去旁聽，麥金塔也許不會有這麼多的字型和間隔勻稱的各種字體。淺嘗某個有興趣的主題──即使它無法立即發揮功效──長期而言給他帶來了莫大的好處。

像愛因斯坦和畢卡索這類創造力的天才又是如何？他們創意發揮的領域也許天南地北，不過科學家與藝術家腦的反應很相近，尤其是在整合複合感知、思想、情緒的區域。這兩類人都展示ＤＭＮ的高度活動──這展示的不只是他們概念的深度，還有相關概念在他們腦中的連結。這就是我們要淺嘗的原因。你給自己多一個可採用的體驗，多一個可以連結的事物──而它或許就是你正找尋中的失落的一環。

雖然愛因斯坦和畢卡索從沒有碰過面，不過他們倆都受到龐加萊（Henri Poincaré）這位數學家、物理學家兼哲學家的影響。他們在各自的「智庫」裡──愛因斯坦與他的研究團隊，而畢卡索則是與前衛派的文人──討論龐加萊的理論。愛因斯坦把龐加萊傑出的數學和科學理論進一步延伸到他自己的相對論中。當畢卡索聽到龐加萊四度空間的存在，你可以在同時間看到所有一切，他也得到了靈感。畢卡索的畫作〈亞維儂的少女〉描繪了同時展現正面和側面的臉龐——同一時間兩個視角——第四個向度！

愛因斯坦和畢卡索都涉獵眾多領域。愛因斯坦受到美學理論的強烈影響，同時也著迷於佛洛伊德的研究。畢卡索受到攝影與X光技術的強烈影響。兩人都不認為自己有必要成為這些額外興趣的專家。兩人都沉醉於好奇心，思考反芻自己的反應，並拿自己歸結出的想法與他們各自的智庫討論，其結果改變了全世界。

四處涉獵的決定可能影響深遠。它代表著樂於嘗試，重新當個學生。從這個觀點來看，這是打開自己的心智，雖然毫無焦點而且脫離了日常的例行活動，但卻是進入「開放性」的起步——這是創造力的必要條件。它也是離開你的舒適圈的好方法。有效的涉獵有點像是跳入深水區幾秒鐘之後再游離開。時間也許短暫，但是卻可能很深刻，並且充滿活力。在這個短暫的生命片刻，你可能沉醉其中。

為生活增添色彩

不要把自己局限在關於天分和興趣的狹隘定義。不要受困在關於個人特質一成不變的說法。寫下幾件形容自己的事——找出你幾個不同的興趣。如果你能馬上找出在生活中參與這些興趣的方法，那太棒了。如果無法馬上找到配合自己能力的方法，可以運用這一章召喚創造力的一些練習方法——淺嘗、小睡、做白日夢、散步——來打破興趣與能力之間的壁壘。

短暫的淺嘗輕試往往是把自我的各個部分聚合在一起所需的凝結劑。跑一趟馬拉松、上音樂課、混合音樂或是做陶藝，可以帶來生活的色彩與滿足感。所以，嘗試每個你感興趣的事——看看它能走得多遠。但要先確認它能引發你的共鳴，感覺和你自身相關。

嗜好與創造力的連結

找一個嗜好，可能是淺嘗在社會上最能被大家接受的方式。培養額外的興趣——畢竟嗜好就是一種額外的興趣——等於是接受自己不能把全部時間花在它上頭。不過如果你有一個嗜好（或不只一個），也不該太輕忽它。至少，每天花一兩個小時投入你的嗜好可以保護你不致晚年失智。此外，研究企業組織的心理學家凱文．艾舍爾曼（Kevin Eschelman）和同事的兩份研究也告訴我們，廣泛涉獵對於當下也有幫助。

在第一份研究裡，三百四十一位不同工作背景的人（包括管理職位、教育、行政和會計）回答一份問卷，針對自己工作之外的創意活動與對工作表現的自我評價。參與較多創意活動的人對自我工作有較高的評價。

在第二份研究裡，九十二名現役的美國空軍上尉回答類似的問卷，同時也由其他人評鑑他們的工作表現。同樣地，他們的自我評價和他人評價都顯示，參與更多工作之外的創意活動有較高的工作表現。

生理學教授羅伯特．魯特—伯恩斯坦（Robert Root-Bernstein）的重要研究大大提升了嗜好的價值。從一九五八年到一九七八年之間，四十位男性科學家接受四次訪談，回答關於他們的工作習慣、時間運用、嗜好、工作態度和其他相關問題。配合這些資訊，魯特—伯恩斯坦和同事們也根據論文被引用次數來衡量這些科學家的影響力。結果非常清楚：嗜好的類型如果涉及到視覺思考或是屬於操作型而非思考型的學習，以及有關藝術和音樂的嗜好，都特別有用處。

有意思的是，在這個研究中有一部分最不具生產力的科學家，他們的嗜好並沒有讓他們的研究工作更有影響力。其差別在於，有生產力的科學家對他們涉獵的活動是帶有目的性的。二者是用不同的角度來做同一件事。

結合你的興趣

人們常常會希望過更簡單的生活，於是他們拋棄掉隨身的生活用品，決心減少使用奢侈品；他們把東西減少到更簡單的最低基準線。這樣做並沒什麼不對。不過盡可能的簡化自我，卻可能帶來嚴重的自我限制。有沒有想過，你所愛的事物以及你在另一個領域的能力之間，或許你不需要二者擇一？如果你能結合你的天分和興趣，情況會怎麼樣？

參考一下齊琳・辛哈（Kirin Sinha）的正面例子。二〇一二年，她是美國麻省理工學院主修理論數學、電機和資訊、副修音樂的大四學生。為了配合學校文書作業，不得不登載她是主修科學、副修音樂，但實際上二者對她個人都非常重要。她是科學家也是音樂家，她希望能二者兼顧，於是她做到了。

辛哈從三歲開始學習印度古典舞，她相信學習舞蹈有助建立信心和膽識，而這是學好數學必要的特質。為了把她的興趣和她認為興趣可產生互動的信念相結合，她創設了「SHINE」，這是一個免費的舞蹈和數學課程，以六、七年級對數學有困擾的女生為對象。八週的課程由麻省理工學院具舞蹈背景的學生來引導。學員們學習嘻哈、爵士和其他舞步。這些女孩子也在舞蹈中學習運用數學概念。她們把舞蹈的曲目改寫成公式，比如說X代表旋轉，Y則代表嘻哈舞。如此一來，辛哈說：「她們就理解3x＋2x的意思，就是要連續做五次同樣的動作。」

肯定漂泊的價值

古希臘人把漂泊（wandering，漫遊、漂蕩、流浪）看成是一種倒退，它是雅典人所著稱的穩定和文明的相反面。綺色佳的國王奧德修斯說：「對凡人而言，沒有比漂泊更可悲的事了。」著名的伊底帕斯，這位神話中底比斯的國王，在弒父娶母的真相揭露之後受詛咒要過著漂泊的生活。

如今過了兩千五百年之後，我們不再把漂泊當成懲罰的方式，但我們往往仍會自己心思漂蕩而怪罪自己。心理學家馬修．基靈思華斯（Matthew Killingsworth）與丹尼爾．吉伯特（Daniel T. Gilbert）在二〇〇八年研究了人們心思漂蕩的頻繁程度和它帶來的感受。他們開發了一套智慧手機的科技來蒐集人們一整天的想法、感受和行動。他們發現人們有46.9%的時間花在想他們手邊正在做的以外的事，而且這種分心明顯會讓人們對自己不開心。大家也能體會這種感覺，對吧？

不由自主的心思漂蕩會讓你感覺失控和沒有生產力。同時，你也不希望自己開車到陌生地方或是準備感恩節晚餐時心思遊蕩。不過許多有創意的人都認為心思漂蕩或是做白日夢，對促成他們的新發現非常重要。

二〇〇六年諾貝爾文學獎的得主帕慕克（Orhan Pamuk）如此形容：「所謂的小說，難道不就是……從未知之境回應和打造靈感，掌握著所有我們為排遣而編織的白日夢，讓它們成為一個有意義的完整故事嗎？」

這並不是說專心對創造力毫無用處。很顯然，畢卡索畫〈亞維儂的少女〉或創業家努力讓公司獲利都需要投注相當的專注力在他們的創意工作。不過專心有多少之分。你可以非常專心一致（投入你的專注力），但同時你也可以容許你的心思漂蕩。這裡的關鍵詞是容忍——當你有紀律地運用心思漂蕩和做白日夢時，最能發揮效用。

有意為之的白日夢

工作的時候眼睛盯著窗外看也許有趣，但這並不是增加你的創造力（或是你的生產力）的最理想方式。

當你做起白日夢，這是你認知失能或精力耗盡的徵兆——你的腦需要休息，同時休息已經不請自來。這就像是從懸崖邊掉下來。不過，如果你規劃你的白日夢，它將具有建設性和復原力。這像是從懸崖邊跳入一池水中。在前面的例子裡，你無法掌控。在第二個例子裡，白日夢不只是可預期的，同時也是計畫過的。它被稱為自願的白日夢（volitional daydreaming），這種自主地、經規劃地脫離手邊任務，會讓你更具有開放性，研究顯示它增強人們的好奇心、讓人感知更敏銳、更願意去探索他們自己的想法、情感和感知。

認知心理學家班哲明．貝爾德（Benjamin Baird）與同事在二〇一二年測試人們找出磚塊、牙籤和衣架等用品的特殊用途的能力，這項挑戰要求人們快速並有創意地想出最多的用途。

研究人員測試了四組的受試者，測試是連續幾段兩分鐘的時間，之後，除了一組例外，給受試者十二分鐘的休息。在休息的時間，其中一組被要求進行一個比較費心力的任務，另一組的任務較不費心力（進行任務時可以不需專心，容許他們心思漂蕩），而第三組則完全休息。有一組則完全沒有休息。猜猜看哪一組的人們最有創意？進行不費心力的工作，容許他們心思漂蕩的那一組表現得最好。

有些人安排自己在從事一些完全不耗費心神的工作時——編織毛線、整理花圃、在美術館看展覽、或是觀看人群——來做白日夢。如果你選擇做的事耗費心神，就無法容許你的心神隨興漂蕩；你必須專心投入心神完成任務。安排「瞪著窗外看」的時間可能也會有用——不過在那段時間要做什麼白日夢（還有時間要多長）必須經過刻意安排，比如說，如果你正要準備一場演說，你可以定時五分鐘然後開始，不只在腦子裡走一遍你的演說，同時也要想像一下演講廳的樣子，以及到最後人們起立鼓掌會是什麼光景。

策略性暫停的藝術

如果你真正注意觀察你的白日夢，你會發現它每次都有個可辨識的順序。根據神經科學作家瑞貝卡・麥克米蘭（Rebeca McMillan）的說法，白日夢有三個巧妙的階段。第一個階段是你「決定」停止專心的時間點（比如你把筆放下來開始打毛線）；第二個是你「解離」（decoupling）的點，就在你要開始進入分心之前（有意識地認知到自己準備讓心思漂蕩）；接下來的時刻是你實際要放下你專心的任務，轉入分心，心思漂浮在白日夢的極度輕盈狀態中。（你得到內在完全的許可讓你的心思飄散，知道等一下行事曆的提醒或者是鬧鐘會再把你帶回來現實；你信任它，在你突然發現自己心思飄散時不會驚慌失措。）網誌 Brain Pickings 的創辦人瑪莉亞・波波娃（Maria Popova）形容精熟於這些階段是「暫停的藝術」（art of pausing）。

比如說你已經準備寫報告快一個小時，卻還是看不出什麼進展。你把筆放下來離開你的電腦桌。接下來你選一個不費心神的事做：打毛線、整理院子、修指甲。把心思放在做這些事，透過自說自話的方式消除你對於報告缺乏進展的罪惡感和挫折感。提醒自己你稍作暫停是為了待會回到這個報告上；容許自己稍微喘息。如果你發現自己腦子裡又開始在想這個報告，設法讓心思回到做不費精神的任務時的漂蕩狀態。在你練習過幾次之後，它自動會變成習慣。

寫作的瓶頸

或許每一個作家都經歷過所謂「寫作瓶頸」(writer's block)這個可怕的現象。有些時候寫作瓶頸源自於想表達某個想法時感受到根本上的衝突。你可能在情節發展的可能選擇之間猶豫掙扎，擔心做「錯誤的」選擇而躊躇不前。你可能受困於過度追求完美——你內心裡的編輯不希望你把不夠優美雅致的文字寫到紙頁上。或者你也可能是腦筋一片空白！創作瓶頸與前額葉（腦部產生與評估創意想法的重要區域）的部分失能有關，你因中風失去語言功能或你感到憂慮或焦躁，也同樣是這個區域的腦部受損。

要克服寫作瓶頸，必須從你的思考迴路解脫出來。有些作者選擇從句子的中間開始寫起，以擺脫完整思考的魔咒。有些人先把他們已經確定好的結局寫出來，再來處理剩下的行動或論證。這些技巧都是嘗試利用一點小小的混亂讓腦子重新運作，擾亂是讓創意快速啟動的最好方法。

身體的創意

啟動創意的想法不只可以靠漫遊的心思，也可以靠漫遊的身體。

心理學教授梁嘉儀（Angela K. Leung）和同事在二〇一二年研究了跳脫框架（outside the box thinking）的思維模式與實際外在環境的關聯。他們打造了一個五立方英尺的箱子，請二十個受試者坐在裡面。另外還有二十人，則是坐在箱子外面。這兩組的人隨後進行遠距聯想測驗（Remote Associations Test，簡稱ＲＡＴ）。在測驗裡，會出現像是measure（衡量）、worm（蟲）、video（影音）這些字，受試者則被要求想出跟這三個字都相關的第四個字。坐在箱子外的人明顯比坐在箱子裡的人更容易想出tape這個字：measuring tape（捲尺）、tapeworm（條蟲）、videotape（錄影帶）。

為了確認身體在空間位置的重要性，梁嘉儀和她的研究團隊對三組人進行測驗。一組人繞著四方形的路線邊走邊回答完問題；一組人自由走動；最後一組則是坐在椅子上回答問題。自由走動的這一組表現比其他兩組更好。不僅如此，在戶外走動似乎最能夠觸動創造力：

另一個研究團隊發現在戶外走路讓受試者對替代用途測驗（alternative uses test）的表現（這個測驗要求受試者快速聯想訊息）提升了81％，遠距聯想測驗的表現提升了23％。

你的雙手在做什麼事也有關係！研究發現，和僵硬手臂運動（手臂循著Z字形運動）相比，流暢手臂運動（用手指循著平行而相連的圓弧形運動）比較能提升產生創意、彈性思考，和進行遠距聯想的能力。遠距聯想是創造力的一項指標，因為這代表了看出事物關聯性的能力。舉例來說，我問你哪一個字和doll、paint、cat三個字都相關，你的答案或許是house★。

所以，為了解決創意的問題，就到外頭散散步，不一定要選擇固定的路線，同時也試著做各種手臂的流暢動作。這些技巧不只是對寫詩或創作音樂有用，也對構想企業創新、思考解決財務問題，甚至是克服棘手、看似不可能有改變的情感關係問題有幫助。舉例來說，一個事必躬親、對你而言不勝其擾的上司可能需要用創意的方式來提醒她。試試看到她的辦公室時不要走平常習慣的老路——這裡說的是實際上的路——可能會更容易找到解決方法。聽起來可能有些荒謬，不過走迂迴曲折的路線或轉動手臂有可能帶來意想不到的效果。

★譯注：house和這三個字都可組成新詞：doll house 娃娃屋，paint house 油漆整修房子，cathouse 妓院）

「睡個覺，或許做做夢」

雖然運動有助創意的恣意流動，但培養創意大概沒有別的東西比先睡一覺更好。簡單來說，睡眠分成兩個階段。你首先進入非快速眼球運動（nonrapid eye movement，簡稱非REM）時期，接下來是快速眼球運動（rapid eye movement，簡稱REM）時期。你在睡眠的過程中兩個階段持續循環，REM時期的時間會逐漸地增長。在REM睡眠你做夢較頻繁，肌肉較為放鬆。

入睡後，你無意識的腦在黑暗中展現魔法。它把新想法湊在一起，重新組合舊的想法，在適當的條件下，它幫助你到達標誌創意最高峰的恍然大悟的時刻。做夢——終極的修補「活動」——是腦重新組織記憶、讓它們在心智清醒時可能不存在的「夢境之橋」來回穿梭。心理分析學派對夢做了廣泛研究。卡爾．榮格（Carl Jung）認為夢讓看似相互衝突的自我概念得以一同出現。按照他的觀點，這代表了夢不只是有創意地重新結合概念，同時還容許一個比清醒時刻更有一致性的「你」存在。這讓你更容易產生創意，因為你無須與你自我的自相矛盾相對抗。保羅．麥卡尼（Paul McCartney）據說在夢中創作出了他的經典名曲〈Yesterday〉的樂曲。歌曲本身憂鬱感傷，所以不難想像在白天清醒時刻他的腦子應該會把這些想法暫放一邊。

夢容許你想像無法想像之物。愛因斯坦在即將說明相對論理論之前，他做了個有名的夢，他夢到自己從一個陡峭的山坡滑下，速度之快接近了光速。他也夢到時間是環狀的，它定住不動讓戀人們彼此擁抱直到永恆。當這一類的想法同時出現時，很顯然不會有專心的過程，相反地，在夢中分心的腦有絕對權力可以四處漫遊隨意蒐集想法。當你醒來時，你可能已經有了新的洞見。

二〇一〇年，加州大學的睡眠專家馬修・沃克（Matthew Walker）與同事羅伯特・史迪克高德（Robert Stickgold）展示了睡眠的另一個好處：更快速、更有創意地解答重組字謎（anagram）的能力。重組字謎是把一個單詞的字母重新排列組成新的單詞或片語的文字遊戲。舉例來說，dormitory（宿舍）這個單詞可以重新排列成 dirty room（髒房間），而 Jim Morrison（吉米・莫里森，美國知名的搖滾樂團「門戶合唱團」的主唱）可以重組成 Mr. Mojo Risin（莫里森歌曲裡的一段歌詞，不過他到底睡得好不好我們不得而知）。沃克和史迪克高德利用重組字謎來比較十六名受試者晚上從ＲＥＭ睡眠與非ＲＥＭ睡眠後醒來時思考的彈性。他們發現ＲＥＭ睡眠後醒來的人們比非ＲＥＭ睡眠後醒來的人，多解出了32%的重組字謎。不過，隨著夜晚的持續進展，非ＲＥＭ睡眠後解出字謎的表現會改善。

從務實的角度來看，這代表你如果睡眠時間短又需要創意，就計算好在ＲＥＭ睡眠後醒來，也就是在你入睡後的九十到一百分鐘之後。從你入睡到ＲＥＭ睡眠開始之間，你可能較缺少創意。

你需要多少的睡眠時間是可討論的，同時也是因人而異，不過許多有創意的人多半不時（或是固定）會小憩片刻。短暫睡眠是啟動無意識以獨特的方式重新組合想法的大好機會，它增加右腦的活動，進行腦部大清掃的工作，幫助喚醒創意。不同於正常的睡眠，小睡片刻通常開始是一小段的非ＲＥＭ睡眠，之後大部分都是ＲＥＭ睡眠。菲利浦·貝雅米尼（Felipe Beijamini）在二〇一四年主持的一個研究中，提供參與測試者一個困難的電玩遊戲。到最後，有一組受試者准許小睡九十分鐘，其他組的人則必須保持清醒。小睡片刻的人們解出電玩關卡的比例是保持清醒的受試者的兩倍。不過研究人員觀察他們的腦波模式之後發現，睡眠中並無做夢。光是小憩片刻就足以在腦中重組想法，並把訊息的重點轉換成抽象觀念而把問題解決。

在另一方面，精神科學家莎拉·梅德尼克（Sara Mednick）在二〇〇八年主持的一項研究，研究者利用文字類比測驗（word analogy test）來測試受試者小睡之後的表現。舉例來說，題目是chips: salty: candy: ______（薯片：鹹的：糖果：______），答案是sweet（甜的）。

和非REM小睡以及沒有小睡的人相比，小睡九十分鐘REN睡眠的受試者表現提升了40%。他們用極快的速度回答出聯想的答案！

短暫的小睡是否能提升創造力或許還沒有完全得到共識，不過它們肯定比沒有小睡更好。在二〇〇二年，研究人員給十六個健康的年輕睡眠者制定四種不同條件：不睡、三十秒短憩、九十秒小憩、以及十分鐘的小憩。透過腦電波的確認，時鐘在受試者真正入睡後才開始計時。只有十分鐘小憩的這一組敏銳度和認知能力有明顯提升。

睡多久才足夠？

在《創作者的日常儀式》（*Daily Rituals: How Artists Work*）一書中，作者梅森・柯瑞（Mason Currey）提到日本作家村上春樹從晚上九點到清晨四點，固定睡足七小時。富蘭克林（Benjamin Franklin）和馬雅・安傑羅（Maya Angelou）也睡七小時，從晚上十點到早上五點。達爾文據說睡得較少：從晚上十二點到早上六點，不過他下午一點到兩點會睡午覺。

從這些人看來，七似乎是個魔術數字。

不過其他有創意的人沒睡這麼多。卡夫卡（Franz Kafka）睡眠片片斷斷——從上午六點睡到八點，之後下午三點睡到六點。伏爾泰只需四小時的睡眠，從半夜十二點到清晨四點。愛迪生顯然也不需要太長睡眠，每晚只睡三、四個小時，外加短暫的小憩。近來，Square和Twitter的創辦人傑克・多西（Jack Dorsey）據說每天大約工作二十個小時，這顯然讓他沒有太多時間可以睡覺。

從這些各自不同的睡眠時間，你應該知道沒有一體適用的公式。你必須採用最適合自己的方式。

全心投入挖掘創造力

要記住，在全力以赴求知的過程中，你可能急於快速理解而不經意地讓自我封閉於經驗之外。更糟的是，你還可能抗拒去體驗，因為你不理解它們、或不認為它們與你的生活相關。這種抗拒會讓創造力大打折扣。

創造力與順服於創意起於先放手。如前面提到的，當你一放手，你就暫時脫離外在世界的指引，轉而投入內在的注意力。我在這一章列舉了許多可做到的方式：正面建設性的白日夢、散步、流暢的手臂運動、繞圈走路、即興的音樂、小憩片刻、或是涉獵某個嗜好。如此一來，你讓自己脫離了日常的例行作息並啟動了DMN、夢、直覺、以及靈感的腦部網絡，將你迎入一個嶄新而有創意的心靈世界。

創造力的一個主要障礙是被定型的身分。你可以考慮嘗試底下這兩種角色，用不同的身分來面對召喚創造力會遇到的挑戰：

訓練員

對抗阻力讓你的肌肉發達。同樣道理，要鍛鍊創意你也必須找出你的心理阻力並與它對抗。這並不只是單純地站在對立面，並不是活在非主流文化的人就是展現創意！對抗阻力的意思是要訓練你的心智來對抗它本身對創造力的心理阻力。

當你想要表現創意時，你的腦通常會陷入一場掙扎，這是因為腦有意識或無意識察覺到的四種情況：對未知的恐懼、無法忍受不確定感、擔憂任務規模龐大、或擔憂任務過於困難。你可以把這四個因素當成澆熄你創意熱情的溼毯子。讓你裹足不前的是哪一條毯子？找出讓你退縮的原因，問題就解決了一半。透過本章的諸多策略來放鬆，可以不時幫助拋棄掉那條毯子！

創意需要靈感，但也需要花費心血努力。維克．穆尼茲透過靈感找出了與眾不同的連結，不過也靠他的勤奮工作落實這些靈感。如果說靈感是來自於自發創意的產生，那麼努力則反映了對想法的認真控管。要達成創造力的目標，必須與左半腦和右半腦「達成平衡」，DMN與執行控制網絡要同步合作。

要讓腦開始這種同步，你可以排定從事上面列舉活動的時間（每星期十五到三十分鐘）。進行刻意為之的白日夢的各個階段過程——如果你反覆進行，它就會變得更自動。當白日夢具自動出現，你可以記下一到三個浮現你心頭關於自我概念的新想法。它們不應是你主動搜尋的想法，而是被自動召喚出來的想法和感受。在練習一個月之後，查看這些與自我相關的想法。六個月之後，或許你已可以寫出一個全新的或是修改後的職涯目標。把這些發現納入你的人生故事。你要不時地反覆查看你的發現。

就和艾靈頓公爵一樣，你的故事最後會凝結成一個完整的產品。完成之後，再重新進行整個過程。

萬聖節的討糖人

你也許可以不時讓自己投入不同的身分，嘗試一下「心理上的搗蛋鬼扮裝」，就跟你小時候（或許現在還這麼做）萬聖節晚上做的事一樣。你不需要通知任何人，也不需要特別的打扮。你需要的只是在一段時間裡盡可能去想、去感受、去演出你的「扮裝」身分。

想像你自己做任何你想做的身分——電腦工程師、創業家、烘焙高手、老師或圖書館管理員。投入這個身分時，你挑戰了常規，跳脫框架思考，並且擴展了自我的概念。如果你想扮裝演出，那也隨你！不管你外表是否扮裝，只要你用這種方式去想像，就會激發腦部與創意過程相關的眾多區域，包括DMN、認知控制網絡，以及腦部「起而行」的部分。你給你的創意能力熱身，隨著每個新的幻想出現，這個能力就會成長。

你並沒有必要維持這個身分的一致性或真實性。心理學家羅莎·奧若拉·查維茲（Rosa Aurora Chavez）提到了原始意象（primordial imagery）是具創意的人所共有的一個特殊的意象。這些意象是人卻非實際存在，機械化卻帶有情感——宛如科幻小說中的角色。想想看電影《侏儸紀公園》、《星際大戰》、或是《外星人ET》。當虛構的角色出現在生活中，他們會激發你不同的想法。他們導引你的心智進入另類的現實，這正是找出創意想法的方式。

你並不需要完全按照每個步驟提示來做。就讓它們在腦海中快速閃過，由你自己來挑揀和你相關的部分。底下的圖表歸納了變得有創意的主要心態變化。把它當成一份指引，在你需要時供你快速查看有哪些變化可以納入你的生活。

專心的心態	分心的心態轉變
專心於整天有足夠的精力工作	小睡九十分鐘以增加你的創造力
專心一志的心思	涉獵各種不同類型領域，以激發它們隱而不顯但重要的關聯性
避免做白日夢	把正面的、有建設性的白日夢納入日常生活
朝你的目標直線前進	每天散步或健行時迂迴而行，藉此刺激創造力
你該做的就是做你自己	你的自我是可以變化的。順服於你的創意來挑戰常規，挑戰你關於創意和不容變化的成見

第三章

動態學習的美麗新世界

我們的美德與我們的過錯是不可分的，
就像力和物質一樣。
一旦分開，人不復存在。

——尼古拉・特斯拉

「搞砸之夜」（Fuckup Nights）是二〇一二年起源於墨西哥的活動，當時幾個朋友晚上聚在一起喝龍舌蘭酒聊著自己的事業。他們意識到他們過去從沒有真正討論過自己的失敗，並發現這種討論大有啟發。於是他們發起了一個每月一次的活動，鼓勵大家公開討論失敗——並從他人的錯誤，而非他人的成功中學習。每場活動裡有三到四名創業者簡短分享自己的失敗故事——限時七分鐘、最多可使用十張圖表。之後有提問的時間並讓大家彼此交流（這時候開始上啤酒），讓大家可以在較輕鬆的氣氛下持續對話。這個活動大受歡迎，已經擴展到全球二十六個國家，超過七十個城市。

你可能沒想過討論失敗是這麼公開，而且還這麼引人入勝。畢竟，失敗常是尷尬令人難以啟齒的事。但它也是尋常的事——新創公司失敗的比率大概在30％到95％之間，端看你的標準是完全破產還是沒有達到預期的營運目標。得知他人的失敗似乎讓人稍堪慰藉，同時，從他人的錯誤中學習也是好事。這是動態學習（dynamic learning），一個反直覺的標誌特徵——承認、討論、學習並矯正錯誤，而不只是遵守某個假設性的「正確」的方式——其方法眾多，但每個方法似乎都只適用於少部分人。有些專家甚至要你相信學習存在著一個「正確」方法，但是事實上沒有兩個人的腦子是一模一樣的。「搞砸之夜」有助於打破這種迷信。

老是談論失敗，你大概會認為參與者必然情緒低落。但情況未必如此。他們在災難出現

（或者破產）之時可能悲傷、挫折，但是美國的創業家似乎馬上能反彈回升。

當今流行的思維認為失敗代表的不是你應該放手走人，而是代表一個學習的機會——只要你的失敗是「前進式的失敗」、「快速的失敗」，同時你能知道「完成還比完美好」（done is better than perfect）。如此想法不只避免了心智的停滯不前，也克服了對失敗的恐懼。

簡單的說，說來容易做起來難，所以正在做的事，你應該一直做下去，直到做對為止。如果失敗了，明天又是新的一天。幾乎所有軟體的開發者較喜歡做的是很快地產出原型，而不是無止境的談論一個完美的完成品。花太多的時間在研發你公司下一個新產品，你可能就會讓競爭對手在市場占得先機。感情關係上的失敗，你可能會聽到一些鼓勵的名言，比如「天涯何處無芳草，何必單戀一枝花」或是「精誠所至，金石為開」。這些鼓勵人不怕失敗的話也許像是老掉牙、讓人不起勁的口號——除非你能好好準備並且接受訓練，用新的、動態的方式來思考。這也是說起來容易做起來難。

以前的人們會花漫長的時間精煉他們的技能，之後才拿出來應用。不過如今越來越明顯的情況是，快速而動態地應用你的所學才是成功之路。那些領先我們的人們已經開始用這種新方法訓練他們的腦。在這一章裡，你將學會怎麼做到。

動態學習

「亮工學園」（Brightworks School）和它附屬的夏令營「修補學園」（Tinkering School）位於舊金山的教會區。它座落在一棟九千平方英尺的倉庫，由作家、資訊工程師兼傑出教育家格佛．特利（Gever Tully）創辦和經營。他形容自己是「糟糕的學生」，這無疑是傳統學校經驗帶來給他的反應。特利創辦的是不一樣的學校——至少該說是「非典型」的學校。它不會是我的父母想讓我去的學校，不過這將是我的損失。亮工學園如今也在芝加哥、洛杉磯、奧斯丁和水牛城等地設立。

亮工的學生不是按照年齡分組——他們是按「團隊」來上課，所以可以和不同年齡的學生互動。這裡沒有正規的閱讀或寫作課程，所有的學習都是透過「操作」和互動來進行。老師們邀請學生參與關於某個主題的問題，從答案中生產出一些東西，再把他們的發現公布出來。舉例來說，如果這個月的主題是「釘子」，有人可能會寫一個劇本，內容和「釘子」這個字或是它的相關含意有關；另一個人可能用鍾子和鐵釘做出一張椅子；還有人可能拿裝滿了顏料的氣球，砸在釘滿了釘子的畫布上，創造出具有傑克森．波拉克（Jackson Pollock）風格的藝術作品。學生們分成小組、設定截止期限，在適當程度的指導下執行他們的計畫。他們是自己世界的主人。

整體說來，大家都喜歡這個學校，從主客觀的標準來看它都是成功的。平均來說，亮工學園的學生在閱讀和寫作程度上比全美水平要高出兩個年級。曾經試聽課程的父母和學童百分之百都希望繼續上課。像我這樣的學校訪客，看到的是快樂學習者和融入團隊的成員。這些孩童參與的是一場學習的革命。他們反對權威，但支持團體生活，支持接受引導，也支持學習。

這並不是說學校在正統教育中已經沒有角色，或者說我們衡量成績的標準已沒有意義。畢竟，我們仍不免要讚嘆拼字冠軍、數學天才，或是有鋼鐵牢房般記憶力、能記得住所有日期和資料的孩童，還有在畢業典禮中的致詞代表，他們在各項學業上出類拔萃。他們當然值得在畢業典禮這一天接受我們起立鼓掌。這些人似乎熟練掌握學習的過程，被視為傑出不凡。

不過，考試的高分難道就是一切？在拼字、數學、背誦、寫作上的傑出表現真的代表較高的智力？當然，大部分畢業典禮的致詞者都有驚人的聰明才智（我對來賓們起立鼓掌也沒有意見），而且即使在亮工學園，他們也在意與主流學校在測驗分數上的比較，不過同樣可以確定的是，永遠有些分數不高、考試考不好，但是擁有可貴才華和深刻智慧的人。

幸運的是，現今文化和經濟環境開始認知到這一點。在小學教育中如今的趨勢（顯然可看出亮工學園的影響）也開始用分數以外的方式來評估某個科目的熟習程度：專題導向學習、課程表現、報告、檔夾評量（portfolio assessments），以及團隊（相對於個人）成就。在大學教育，也出現許多改變。哈佛大學的科學史與物理教授彼得．蓋里森（Peter Galison）要求他的學生製作影片而不是寫報告——他認為如此一來，科學不再只是背誦習得的理論，而是活生生的教育。麻省理工學院設立了「嗜好工作坊」（Hobby Shop），鼓勵學生在裡頭當個修補匠；他們創造出的東西包括知道你刷牙是否太用力的智慧牙刷、一個摺疊式的烏克麗麗，還有能往上滾動和上樓梯的球形機器人。

至於在各式各樣的職場環境裡，雇主們想雇用或擢升的人所具備的技能組合無法完全以成績來衡量——生活經驗、組建團隊的才能、鼓舞同仁的能力、同時處理多項任務的腦筋、從錯誤學習的能力以及「情緒智商」。舉例來說，Google的聘用流程不會把測驗分數或學術成績列入考慮——重點不在於過去學會了什麼，而在於你對持續學習的興趣；不在於你知道多少，而在於你是否樂於靈活調整運用你的所知。

用最簡單的話來說，在過去，學習重點集中在一定時期的研讀功課（我們的教育），接下來我們大致上轉換成「巡航控制」模式（cruise control）——回想專業和特定的資訊，適時地應用在不同的任務和挑戰。相反地，新的教育是動態的，讓我們有能力成為巧妙的思考者和有創意的問題解決者，運用批判性思維的技能構想我們未知但是有必要知道的事物。特別是人們現在多半會轉換許多次的工作，對年輕人而言，很重要的是要學會跨領域轉換的技能，不論從事什麼工作都能把自己當成有能力的思考者和學習者。

我們應該告別制式的分數（A⁺、B⁻、及格／被當）、定義狹隘的職業身分（「我是消費性產品的行銷經理」），特別是我們對專業化的過度執迷（「我是健康與美容消費性產品的行銷經理」）。我們也應該全心接受在傳統的（甚至是非傳統的）課堂之外，學習是隨時隨地在進行的觀念，包括要學會不要老是和同一類型的混蛋約會、不要重複無益的習慣。不論何時，你想對自己、對他人，或對其他事物有更多了解，你都是在學習。

把舊的學習方式想成一根叉子，它瞄準並穿刺特定的信息。叉子透過專心來運作——它的作用具決定性、直線進行。而它也是餐具組裡的要件！不過當你動態學習時，你也要用到湯匙。湯匙讓你撈到在你碗底美味的湯汁和零碎顆粒，這些成分縱使不是那麼清楚分明，同樣是你餐中重要的部分。所有那些專注力直接穿刺所錯過的東西都靠湯匙（分心）來舀：創意的解決問題（水平式思考）、透過聯想推論、預測未來以及路徑修正。（難怪DMN是腦裡代謝能量最多的消耗者！）

進一步延伸餐具的比喻，想像一下一根叉子和一根湯匙合作的力量。在二〇一〇年，心理學家賈姬·安德瑞德（Jackie Andrade）請兩組各二十人聽一段兩分半鐘的錄音帶。他們事先被告知錄音帶會「有點沉悶」。事實上，錄音帶簡直無聊到極點。內容是生日派對的邀請，訊息有一搭沒一搭，派對的主人先後談到某人生病的貓、她重新裝潢的廚房、天氣、某人的新房子，以及在蘇格蘭愛丁堡的假期，包括當地的博物館和下雨天。總計她提到了八個地名還有八個確定會來派對的人。

在錄音帶開始之前，其中一組的二十個參與實驗者事先被要求在聽錄音帶的同時，在一張紙上畫小的方形和圓形。他們被告知不用在意畫得是否快速準確；另一組的人則不需要畫圖。不過所有受試者都被要求在錄音帶播放時，寫下聽到的地名和會參加派對者的名字，這代表著畫圖的這一組必須在畫圖和記錄名單之間做轉換。

之後這些紙被收回，兩組的人都被問到能否記得提到的地點和參加派對者的姓名。統計的結果一目了然。播錄音帶時隨手畫畫（渙散「湯匙」的工作）有助於那一組的人記住特定的事物（專注於「叉子」的目標）：他們比控制組記得的名字多出了29%。看待這個結果的另一個角度是：專心的腦就如變硬的海綿，而隨手畫圖的腦較放鬆而有吸收力。

接受舊的線型教育的人如果想到Google這類公司工作，首先必須熟練動態的、有助於學習的認知節律，有意地混合高度集中與發散的手電筒光束，一方面掌控環境和挑戰（專心），同時擺脫掉想知道所有答案的需求（分心）。幸好，我們具備大腦頻寬可以做這種調整。

畢竟，我們現在的世界裡，手機——它們是可攜帶式的腦——解脫了我們要記住事實、數字、翻譯、運算、生活事件、對話、和連絡資訊的責任。在許多情況下，現代感應科技比我們生物能力表現更好：感應晶片比你的鼻子更早偵測出食物是否腐壞；ＩＢＭ的華生機器人贏過人類的資訊處理能力；機器幫醫生做越來越多的診斷工作——心臟超音波可以比醫生的聽診器更準確找出心臟瓣膜的異常。在不是太遙遠的未來，你可能就不用再教你的孩子怎樣綁鞋帶：耐吉的自動綁帶球鞋可以感應你的腳讓鞋帶自動地鬆緊。在寫這本書的同時，自動車已經上市，家用機器人也正要問世！

要趕上所有這些科技——適應每一次的新演進，把它融入日常和工作（甚至是與它競爭工作）——可能帶來挑戰，它可能讓你頭昏眼花。不過機器雖然可能取代舊的腦部功能，它們的存在也給了我們機會來和我們自己以及我們的學習能力重新連結。把整個項目的任務交給機器負責的同時，我們實際上空出了腦部的空間，以新的方法來學習新的事物。我們有了更多的灰質和白質！一旦你認識到你有全新的腦空間可開發，你就可以開始新的學習之旅。

「能被理解的你」

做一件事的某種特定方法在成為標準之前，總得有人先把它發明出來。這是你希望重新擁有的特質：成為把握住第一次機會的人。想想早在「電腦程式」成為學校課程之前，第一個給電腦設定程式的人；想想發聲練習被發明之前就開始唱歌的人。他們的聰明才智不是由學校的知識打造的，最一開始並沒有所謂的知識，他們有的只是腦袋裡的想法，這是你受教育後反而失去的部分。

我們天生下來就具備原創性，有著改變世界的能力，但是在成長過程中隨著學校給予我們知識，我們逐漸喪失原創性。這個「知識」接掌了我們的思考，成了每當我們需要知道任何事物時的必尋之徑。雖然它的幫助很大，但是少了我們的原創性，它的威力就會大減。最好的教育要幫助原創力展現——而不是壓抑原創性。

我曾經介紹新軟體給一群極聰明、受過良好教育的企業領航教練，給他們一小時的時間想出它該如何運作。大部分人在登入後不久就陷入困惑。他們先入為主的觀念讓他們認定沒有使用手冊他們一定辦不到。我們已經習慣靠使用手冊生活，忘了我們生來有能力靠自己想出辦法。

我們可以看「一童一電腦計畫」（One Laptop per Child，簡稱OLPC）。在二〇一二年，這個計畫提供衣索比亞鄉間的學童一個密封的盒子，裡頭有一台預先下載了教育軟體的平板電腦和一個記憶卡來追蹤他們如何應用這個新科技。一開始，計畫的主持人以為孩子們只會拿包裝盒來玩，因為他們可能不知道電腦能做些什麼，情況實際的發展讓他們大感訝異。

在四分鐘之內，一個孩子打開了箱子，發現開關的按鈕，並啟動了平板電腦。在五天之內，每個孩子都能輕鬆自如運用app；兩週之內，他們唱起了ABC字母歌。接著在五個月之內，孩子們已經駭入了安卓的操作系統。「一童一電腦計畫」試圖凍結桌面的設定，植入晶片軟體防止設定被更動，但孩子們卻有辦法避開它。透過他們先天的聰明智慧，他們有辦法把設定個人化，讓每個人的螢幕桌面都不一樣。

只要我們不當聽命行事的木偶，更相信自己，我們可以做出很了不起的事。「一童一電腦計畫」也許沒有提高我們制式的測驗成績，但它的範例展現了我們每一個人內在的先天才能。

成功的料理配方

主廚兼餐廳老闆喬納森．威克斯曼（Jonathan Waxman）運用了傳統廚藝學校灌輸的價值，為廚藝界帶來令人讚嘆的創新。不過成功對他而言並非直線前進——他的職業生涯起伏波折。他是個動態的學習者。

威克斯曼生於一九五〇年，在加州柏克萊地區長大。高中時期是一個傑出的長號樂手，憑著音樂獎學金進入了雷諾的內華達大學。大學四年期間他主修政治，同時繼續吹奏他最熱愛的長號。畢業之後，他在賭場的伴奏樂團演奏，最出名的是和小山米．戴維斯（Sammy Davis Jr.）的合作，之後他加入了搖滾樂團 Lynx 以維持生計。

他有一頭金色長髮和搖滾歌星的名號，你很難想像他會投入極講究紀律的烹調技藝，不過 Lynx 樂團在一九七二年在夏威夷解散之後，威克斯曼說他只有兩個辦法可以湊錢回到美國本土：賣毒品或是在餐廳工作。他選擇了後者並且愛上了它。

當他賺了足夠的錢回到加州之後，並沒有馬上回到廚房工作。一開始他白天賣法拉力跑車，晚上在酒吧工作。不過不久就被介紹到舊金山的瑪麗姑媽（Tante Marie）烹飪學校，也促成了他在一九七五年進入法國巴黎的瓦倫納（La Varenne）廚藝學院，並取得大文憑（grand diplôme，或稱全能證書）。

從音樂家轉換成大廚乍看之下有點跳躍，雖然二者都需要一點藝術天分。不過威克斯曼曾說過：「音樂和食物之間有強烈的關聯。你花很多的時間在反覆練習切剁砍之後，才真正開始料理。」不停修補敲打正是他從事這兩種藝術形式的樂趣所在。為了強調修補（tinkering）在料理的重要性，他曾把這個過程比喻成創造香奈兒的黑色小洋裝。他提醒大家：「她得要剪裁過多少次才讓它完美？十億次是嗎？料理也是如此。」這是要把事情做對——並讓它盡可能臻於經典（就像他的烤雞肉一樣！）——的方法。

兩年後威克斯曼回到美國，一開始在納帕谷（Napa Valley）的香桐酒莊（Domaine Chandon）工作，他在這裡測試了自己的法國廚藝。不過短短兩年後，他換到了潘尼思餐廳（Chez Panisse）與艾莉絲．華特斯（Alice Waters）共事，之後他成了聖塔莫尼卡的Michael's餐廳行政主廚，他結合了廚藝學校傳授的才藝和本身的加州新鮮風味。他的料理兼具美味和革命性，以致被紐約國際廚藝中心創辦人桃樂思．漢米頓（Dorothy Hamilton）譽為是「現代美國廚藝之父」。

如果你在威克斯曼這個人生階段和他相遇，你可能預測他十之八九會有個成功的人生，大致上來說你是對的。他在一九八三年搬到紐約時，他把獨一無二的廚藝——清爽新鮮的加州原料加上法式的細緻——帶到了東岸，隨後在一九八四年他在東七十九街開了一家叫Jams的餐廳。它大受歡迎——成了「廚藝界的閃亮彗星」。最熱門的主菜是烤雞肉加薯條，不過其他像紅鯛橘汁醃魚、蝦餅佐玉米番茄莎莎醬、燻鮭魚薄煎餅、法式酸奶油和黃色百鮭魚子醬也都是叫好叫座。因為食物太美味（雖然也不便宜），安迪．沃荷每個星期都要到Jams吃上一兩次。威克斯曼記得在他的餐廳裡曾見過伍迪．艾倫和美食界的天王天后如詹姆斯．比爾德（James Beard）、沃夫岡．帕克（Wolfgang Puck）和朱莉亞．柴爾德（Julia Child）。這位「主廚界的艾瑞克．克萊普頓」似乎成功地把音樂家的創作才能轉換到了廚藝。

不過世事難料。隨著日子過去，威克斯曼患了名人的大頭症——他買了部法拉利跑車，揮金如土夜夜笙歌。一九八七年股市崩盤，人們對他餐廳的昂貴菜單敬而遠之，他的奢華生活也難以為繼。他把餐廳關門，賣了法拉利，搬回加州，在那裡戀愛、結婚、生下三個孩子。他不再縱情酒色和音樂。如果你認識這個階段的威克斯曼，你可能會認為他的主廚生涯也已經結束。在大約五年的時間裡，他沒有自己的餐廳，似乎也淡出了廚藝界。不過，不難理解他這時候正在儲存各式的想法，等待下一個「對的」時間再做嘗試。

他在一九九三年回到了紐約。他把過去的經驗看成可供學習的寶貴教訓，他重新跳上打造餐廳的浪潮。他探索法國古典訓練之外的廚藝，擔任方舟餐飲公司（Ark Restaurants

Corporation）顧問，並開辦了布萊恩特公園燒烤店（Bryant Park Grill）以及華盛頓公園（Washington Park）和二十九號餐桌（Table 29）等餐廳。他在二〇〇四年開設了如今相當知名的巴布托餐廳（Barbuto）。這家餐廳被形容是「有點法國……有點義大利，和少許的希臘，再加上「加利福尼亞的感性」」，受到狂熱的愛戴與好評：這裡的烤雞肉幾乎和當年在Jams一樣成了傳奇；檸汁緬因甜蝦義大利麵被形容是「大絕招」，義大利吸管麵被譽為「完美地彈牙」（perfectly al dente），奶油味十足的巧克力布丁被讚譽為「配合雞肉的最適結尾」。

雖然這些餐廳也招致一些批評——想法變化無常的威克斯曼經常更動菜單，而且不是每一道菜都能得到熱情擁戴——他仍是廚藝界許多人眼中的偶像。為了證明他對烹調與音樂的愛，他在納許維爾開了愛黛兒餐廳（Adele's），如今這裡成了人聲鼎沸的音樂重鎮。在你不斷修補和淺嘗的過程中，人生逐漸聚合在一起。在無預警的情況下，深刻的連結浮現。

威克斯曼是經典的動態學習者，從搖滾明星變成受古典訓練的主廚，再變成一個即興表演者，他一頭栽入熱切追求的事物，有時迷失，但未曾放棄。這樣一個動態學習者，不斷地修改食譜，不斷地嘗試各種餐廳，永遠不會擔心自己會無處可去。他是一個「淺嘗者」，即使面對失敗時像一頭緊盯車頭燈的鹿，他也會從內在找到自己的需求，在瞬間跳脫出險境。

不論你做的是一道湯還是一個人造衛星，身為一個動態學習者，你專注的不是馬上做到完美。當然，你有足夠的資訊可以開始進行之後，就會全力以赴。不過在第一版完成後，你會做一番檢討。做一道湯，你會相信自己的味蕾和直覺，決定第二次要少點鹽或多加點料。做一個人造衛星，你可能會發現某個設計的缺陷，在打造下一個版本時會稍微修改程式。在不同的版本之間，你會在心裡檢討前一個版本的經驗而做出更細緻的調整。不管你做的是什麼，在經過幾次初期的迭代修改之前，不會馬上提出完成的成品。

在動態學習模式裡，犯錯誤不只是正常的表現，還是進步的基本關鍵。這並不是說你的目標不是追求最好——而是說你更在乎不因錯誤而失望。當你放鬆焦點重複步驟時，你不斷修改結果、做出調整，讓你持續維持競爭力和相關性。每個錯誤都是提供下一步的線索，不論學習的旅程多麼崎嶇不平。

反應迅速、內在強大

威克斯曼似乎是靠本身的天才導引他一路走來。雖然工作上變動無常，他仍信賴自己內在的天分導引他不斷前進。現在該問的是：這種天分如何與他進行對話？

就如你身體的平衡點——所謂的重心（center of gravity，簡稱COG）——讓你維持直立避免跌倒，你在心理上同樣也有一個平衡點，也就是心理重心（psychological COG）。你的原創力（你內在真實的聲音）和你自我情緒控制的機制都是源自於此。在真實世界的情境裡，如果你無法確定該往哪走、該如何回應，或不知下一步再怎麼做時，就會求助於這個內在羅盤的指引。自我的精神激勵讓你得以承受外在強烈情感與訊息輸入，不管它們是來自顧問和老師的善意建言、焦慮的投資人，還是大鳴大放的批評者。換句話說，你的心理重心讓你在人生這個學習的旅程中，可以站穩腳跟並面對真實的自己。

威克斯曼顯然有發展健全的心理重心。他創造自我風格的食物——他自己喜愛、欣賞並且捍衛的食物。早在「從農場到餐桌」（from farm to table）的概念蔚為風潮之前，他就大力鼓吹在地料理的優越。當人們批評他昂貴的雞肉料理，他以食材的鮮嫩品質來驗證他價格的正當性。還有，當在他一九九一年在納帕谷開設「二十九號餐桌」餐廳後，他知道自己並不喜歡，於是聽從自己的直覺，再次搬回了紐約。確實，只有當你內在的自我連結起來，運作於傳統教育與學習的範圍之外，你才有辦法表達出你最強大的內在力量。

一個實際的案例：我有來自另一個領域的客戶，他們是股市交易員。有些投資者在市場動盪時表現亮眼，同樣也有些人在經濟波動劇烈時變得一塌糊塗。就我貼近他們的內在對話（或者是他們在診療室告訴我的），我注意到一個明顯的模式：表現最好的投資者會選擇他們了解最深的股票。他們奉行自己的投資方式，市場的波動越大，他們會更貫徹執行他們的投資方法。啟動心理重心給他們帶來安定感，避免在股市變動時做出壞的決定。（成就非凡的富達公司（Fidelity）基金管理人彼得．林區（Peter Lynch）在他的暢銷書《彼得林區選股戰略》也對非專業的投資人推薦了類似的策略：堅持只投資你自己使用而且覺得很棒的產品的公司。這裡的關鍵字是「你」。）

表現不佳的投資者似乎容易被市場的波動性打倒。當市場的局勢艱困——或是情勢不明——他們容易受到他人意見的影響。他們會盲目跟風，追逐最新的投資走向。有時他們因為幸運而在投資大有斬獲，不過更多的時候——而且長期而言必然如此——他們缺乏對概念和趨勢的連結，導致他們無法得到理想的報酬率。

厲害的投資者會深入自我內心尋求直覺導引，這並不是說他們和外在現實脫離連結。正好相反，他們是找到了內在的羅盤，在變動的大海中為他們導航。而他們把過去所學的一切融會貫通之後，面對下一個艱難問題時會有更多的理解和信心。

這裡給我們的心得是，如果你用的是專心的、老派的學習模式——追隨領先者，研究事實——你比較無法聆聽心理重心要告訴你的事。要聆聽心理重心得到幫助的最好方法，則是啟動你的預設模式網絡（DMN）。冥想、聽音樂，還有——你應該猜得到——度假都被證明是提升腦部關於心理重心的原創思考（「自我迴路」）和情緒控管的好方法。運動是提升DMN活動的好方法，也是解釋它如何被啟動的好例子。幾乎所有運動都需要運用腹部肌肉，要運動這重要區域的肌肉，你可以平躺讓你雙腿從九十度垂直再慢慢放到地面，或是做牽涉到這些核心肌群的平板支撐（plank）。同樣地，你可以運用分心網絡讓你的心理重心發揮效力。

雖然許多人自動而且不經思索地學會了和自己的心理重心相連結，當你在心理重心之外運作時，還是得不斷培養這種自我意識並掌握自己。光是思考自己是否和心理重心連結，就是確認它位置的好方法。當你對某個議題不知該站在那一邊，或是某個論點把你逼到牆角時，你可以試試這個方法。或者，當你走到重要的分岔路，面臨工作或是人生的抉擇時，問問你自己——實際上用第二人稱的方式自問自答（參見第一章）——「你的運作是否脫離了心理重心？或者，你是否被他人的意見或需求所左右？」你會驚訝地發現，不管你選擇走哪一條路，這種刻意的停頓和自我質問都會為你建立起自信和樂觀態度。同時別忘了，它還會減少你的壓力。

心理重心的運用：反思與連結

精神學家與腦研究者克里斯多夫・戴維（Christopher Davey）與同事在二〇一六年觀察人們在自我反思時——這是自我理解和聆聽心理重心的第一步——哪些腦部迴路在活躍。他們詢問九十六名實驗參與者某個詞是否適用於形容他們。這些形容詞並不存特別正面或負面的含意，同時可能引發自我反思：例如，懷疑論的（skeptical）、完美主義的（perfectionistic）、幸運的（lucky）。

當參與實驗者自我反思時，腦波掃描顯示啟動了他們的DMN。雖然科學可以告訴我們哪個特定的DMN區域負責哪些自我反思過程的不同部分，不過總體的結論是，聆聽自我源於分心。

透過分心連結到你的心理重心後，突然之間你對自我以及他人會有更好的理解。當你試著理解他人感受如何、你與他人有何不同以及他人如何看待世界時，三個DMN的各別區域會「點亮」起來。換句話說，當你與人協商、組織團隊或是預期他人的下一步動作時，和你在聆聽自我的心理重心時使用的是相同區域的腦。

反彈：說服自己走出失敗

當你做某件事失敗了，你得從失敗本身學習寶貴教訓，靠自己站起來繼續前進。這說來容易做起來難，尤其你的腦基本被制約要聽從和牢記其中負面的事、要應付危機而不是從中汲取教訓。事實上，雖然有人可以像威克斯曼一樣從錯誤學習繼續向前邁進，但是有更多的人在犯錯或失敗後一蹶不振。他們中斷了原本的努力，轉向其他方面。不管是完成工作計畫或烹調一道新菜這類小問題，還是做出職涯選擇或開啟一段情感關係這類較大的問題，只有少數幸運兒能夠在失敗中仍真正得到鼓舞。心理學家馬丁．瑟利格曼（Martin Seligman）將這種反覆失敗的洩氣感稱之為「習得性失助」（learned helplessness）。心理學家卡羅．德維克（Carol Dweck）在一九八八年解釋，失敗的嚴重程度其重要性比不上個人看待失敗的心態。如果因失敗而覺得自己注定受困——如果你心態已經有定見——你就不會再嘗試。不過如果你相信心智是可鍛鍊的——如果你有成長心態——你會反彈回升得更快。

為了說明腦部天生會從失敗中反彈，工程教授大衛．法蘭克林（David Franklin）和丹尼爾．沃佩特（Daniel Wolpert）指出人從失敗反彈時腦部展現的五個基本機制。這些機制有助腦重新獲得它反彈所需的彈力圈。自我對話是啟動這些機制的媒介，產生的結果則是更多的精力和熱情。由於我們知道腦的那些區域對應每一個機制，我們可以知道你需要問自己什麼問題，才能讓彈簧圈反彈。因此，在底下對這幾個機制的討論中，我也列出了自我對話的重要問題。

這個腦「彈簧圈再生」（我自己發明的詞，不是科學術語）的五步驟讓你從專注在失敗的近光燈轉移到注意力的遠光燈。好奇地想像「我的腦需要更新什麼？」是明智的失敗前進式思考。當你在壓力下學習時（例如在失敗之後、進度變緩、困惑、撞牆），某個部分可能過度繃緊，問自己這些問題可以讓彈簧回到你腦部學習過程的每個步驟。

一、對抗回饋

我們隨時從各種來源得到回饋（feedback）。人們的回應、機器的嗶嗶聲、信箱裡堆積的新郵件。這些從失敗中我們收到（或我們提醒自己）的回饋有可能帶來壓力而難以負荷。遺憾的是，腦在壓力下決定哪些事重要會有困難；它會覺得每件事都重要，包括負面的（無益的）回饋。你需要幫它解決——逐一標示哪些訊息是相關的（有幫助的），哪些是戲劇性的（無幫助的）。修補者和動態學習者是這類型回饋控管的專家。

針對回饋進行修補，不是把回饋按字面意思照單全收，而是對它的問題進行自問自答。舉例來說，在亮工學園裡，一個老師告訴我一個女孩辛苦製作椅子的故事。每一次她以為已經把椅子做得很牢固，但稍微放點重量上去椅子又會垮掉——她從製作椅子本身得到關於她設計和建造的回饋。受到挫折的她流淚望著老師。但是老師並沒有把關注重點放在椅子垮掉的戲劇性——他注意的是過程。「你又更接近一步了，」他說：「幾乎要好了，我在想，它該怎麼修改？」得到這些不帶有壓力的回饋，這個孩子知道自己是在進步，而不是在弄壞椅子。「彈簧」又回到她的認知步驟：她不會去注意椅子垮掉的戲劇性事件，而去注意為何會出問題。憑著這種態度，她最終完成了任何人坐上去都沒問題的椅子。

那個幸運的女孩有個明智的老師協助她對抗負面回饋。不過你自己也可以很容易做到。每次遇到阻礙時就問問自己：「它是有相關性的，還是戲劇性的？」這讓你的腦有太多事要處理的時候，可以做出篩檢。你甚至不會注意到讓你感覺不佳的是什麼。不過如果你發現你的腦無意識地把回饋戲劇化，你可以準確標示出來把它放在一邊。

特別是當你試著創造某個東西時（不管是一道食譜、一部小說、或一張椅子），試著做每次過程的工作日誌——用筆記本或是電腦檔案來記錄每次過程中的改變。定時回顧日誌確認自己有所進展。這是一路修補前進的好方法，因為這會幫助你記住每一個變動點。它同時也有助你辨識，不致重複落入回饋陷阱。

自我對話的問題：目前有哪些戲劇性的回饋被我誤認為相關的回饋？

信者得反彈

在二〇〇六，哥倫比亞大學心理學家珍妮佛．曼戈爾斯（Jennifer Mangels）和同事研究固定思維和成長思維的人接受回饋時腦部出現的情況。他們發現，固定思維的人腦部偏向思考負面回饋，不管這些回饋是可預期的或是非預期的。更糟的是，當腦想著該怎麼做時，會忽略這時腦中浮現的改正性建議。

為進行這項研究，研究者先判定四十七位實驗參與者的思維模式——固定的或是成長的。之後他們詢問受試者一些普通的常識問題。受試者輸入他們的答案，然後評估對自己答案正確性的信心。隨後，他們會被告正確答案，得知自己回答是否正確——整個過程由機器記錄他們的腦波。在八分鐘之後，在受試者預期之外，他們被要求回來重新測驗之前答錯的問題。他們在測試開始的前一刻才得到重新測驗的通知。

雖然一開始測驗的表現相類似，成長思維的人在第二次的測驗表現要好得多。他們相信自己可以反彈，所以就做到了！固定思維的這一組人，腦波對負面回饋的反應明顯較大，這說明他們太快想抹去這些錯誤，而沒有給自己修正的機會。

二、排除阻力

你是否理解那種前進不了的感覺？不管你怎麼做，總是有東西阻擋著你，但你也說不清是為什麼。阻礙你進步的障礙可以分為三類：人、地、物。只要你能知道你處理的是哪一類的問題，你就可以建立法蘭克林和沃佩特所描述的第二個機制：阻力反駁（resistance rebuttal）（更正式的名稱是「抗阻控制」（impedance control））。隨著你找出阻礙的東西，過一段時間這個路障就變得可跨越，因為它們已失去對你產生無聲威嚇的力量。

比如說在工作上你想學習使用一個組建團隊的新平台軟體，這套科技可以讓你和其他人報告你們正在進行的工作，但是你始終搞不定它。這裡真正的問題什麼？是這個技術真的很難（物）？是你的辦公室太吵或太忙讓你無法專心（地）？還是你看到其他人似乎都很快就學會這個程式，讓你覺得畏懼或分心（人）？讓我們假想你發現問題出在人，現在你知道問題的真正所在，你的壓力和負面雜音就會開始消散，讓你能轉而尋求解決方法。

對初學者來說，有意識地安排較長的時間來學習熟悉這個新軟體——給你自己一整天，而不必像其他人一樣只花十分鐘就要弄懂。接下來進一步把安排的學習時間（一天）再細分幾個階段：或許在上午員工會議之前，你先掌握登錄後的基本內容和瀏覽主要欄目；午餐之前，你會學會如何快速輸入你的資訊並知道如何傳送給特定的個人；午餐之後，你會實際傳送訊息給群組。在每個階段之間，設定一個分心時段讓你的腦子可以把剛剛熟悉的資訊同步整合和鞏固。十五分鐘的鞏固時間足夠讓你出去買個咖啡、瞄一下報紙頭版，或在電腦上玩接龍遊戲。在這段分心的停機時間，你抗拒使用軟體的阻力會消散，你也會重新得到克服它所需的能量與樂觀態度。如果你是習慣拖延的人，這個時間或許像是浪費更多時間——會拖延的人往往想馬上得到回報，因為他們的腦無法忍受等待。然而正是這種刻意的分心，給了你時間去克服學習的阻力。

自我對話的問題：阻擋我的是什麼（人、地、還是物）？

三、運用你的預測能力

你預測未來的能力也許比你想的還要好。所謂的「系統性預測」（systematic forecasting）是依靠蒐集現有數據，應用這些數據估算未來類似事情發生可能性的能力。即使你在企業裡運用了機器學習的預測演算法，在某階段要預測出何時應用它們，或預測新市場存在何處也是很重要的技能。研究者稱它為「預測控制」（prediction control）。它有點像賽跑起跑時聰明地搶跑。

神經科學家莫許．巴爾（Moshe Bar）在二〇〇九年一篇很有助益的論文解釋積極性的腦（proactive brain）如何運作。他提醒我們，即使某件事你已經反覆做過許多次，實際上每一個時刻都是一個全新的體驗。舉例來說，每次你坐進你的汽車，你會看到一個駕駛座，就算你已經見過這個駕駛座，這個新的時刻過去仍不曾存在過。雖然這個過程對你而言朦朧不明（畢竟你只是坐進去，然後開車），看到這個駕駛座仍會啟動驚人的思緒奔流。

對初學者而言，你知道這是個駕駛座，是因為你的腦透過類比，把視覺的輸入（你看到什麼：椅子）和你已知的實體做對比。一旦你的腦子推想出這確實是個椅子，它就根據你的記憶和你對駕駛裝備的理解幫你做出聯想——比如說，你會預期在附近找到杯子的托架或方向盤。依據這些聯想，你可以預測出你駕車的各種面向：你可以開著車子上路，以及你可以有地方放你的杯子。你的腦持續不斷進行類比，之後做聯想和預測。不過當你學習某個全新的事物（或者是困難的事，特別是非線性的，由實際事件決定的事），或是當你不能確定、需要釐清問題時，過度警覺（over vigilance）和過度專心（overfocus）會把腦力資源全用在注意你看得到的東西。預測的過程被它關閉，你因此停頓或是受困。

仔細想想，我們無時無刻會放鬆專注力來做預測。我們利用衛星影像來預測天氣模式、火山噴發、觸發土石流的大雨、或甚至是傳染病的爆發。在這些例子裡，我們實際上「解除焦點（unfocus，分心）」來檢視從上空觀看地球的模式。

不過你也可以脫離焦點來預測未來。當你敢於去預測，它就不只是隨意的猜想。預測這個行為依據的是微妙的無意識線索，它們湊在一起形成了預測。你可以運用它來預測不好的投資，走入舞台搖滾區的結果、或甚至是一段感情關係的成敗。你可以問你自己未來會如何，然後在你自己的腦中找尋證據來支持這個觀點。

藉著先預測未來，你在腦中就設定了一個標誌桿——一個用來瞄準的標靶。舉例來說，創業家通常會有一個所謂的BHAG（bold, hairy, audacious goal，勇敢、驚險、膽大的目標）。它成為腦的嚮導來制定有意識與無意識的計畫。一開始，你不需要合乎情理，有些時候當你卡住了，你就放鬆焦點著眼於大方向的目標，其他部分交給你的腦來構想。

生命是一連串成功的實驗，每次的新發現都可以給過去的舊實驗提供啟發而做出修改。你的腦天生可以做到，只要你勇於擔任自己生命的計畫主持人——未來學家。所以，放手去做，做出假設，在做出未來的預測後再對它們進行檢驗。它幫助你的腦重新洗牌，讓你直接越過在你面前的障礙。

自我對話的問題：從現有的資訊我能做什麼推論？

四、平衡腦的等式

我們常會以為我們很清楚自己的努力的正反得失，但是實際上，我們的腦並非天生有能力判斷它們是否徒勞；只有我們有意識地問「我要做的事會得到什麼？」才會看出努力的徒勞。當你專心且下決心要讓某個狀況奏效，你會認定專心和決心給了你努力的正當性，實際上，它們可能模糊了投入這麼多的努力卻可能毫無回報的事實。我們常會忘了要直接明白地問這個問題，因此死守著某段感情或某家公司，儘管它多年來情況早已每況愈下。你只要看到情況還有一絲希望，就會固著於熟悉的情況，而不是認賠殺出向前邁進。當然，在別的例子裡，當你心理上不是完全投入時，你的腦確實會半途而廢。不過過度反應也可能是個錯誤。

這時候，自我對話是穩定你的壓艙物——實際地問自己的腦，你的努力是否值得，還是該轉換途徑。不要總是認定得失損益已經很明顯。要明白地、大聲地問你自己，特別是當你停滯不前或老是到達不了目標時。

不論是嘗試找出新的想法，或是讓情感關係或事業運作良好，你都是在學習。在遵照你最初策略的同時，不時要問你自己哪些方法有用，哪些沒用。你會驚訝地發現自己浪費了多少精力在老是毫無回報的東西上。

清楚想出你的行為的正反得失，可讓你擺脫思考陷阱，比如像「我已經買了不健康的食物——我就該把它吃了」或是「我也許該繼續看這個糟透了的電影，因為我已經看了一半了」。理解一個持續的行動的正反得失，可以幫助你做出更有收穫的決定。

在舊的學習模式中，你可能花一堆時間在背誦資訊，為了推出新構想而和過度廣泛地蒐集佐證資料，或者雇用某個一開始收費便宜但不久之後會讓你花大錢的人。在每個情況中，問問自己正反得失，可以節省許多不必要的時間和金錢。

自我對話的問題：如果我繼續做目前做的事，我的努力值不值得？

五、透過感受與實作學習

透過接觸原型和實作來學習稱之為「感覺動作學習」（sensorimotor learning）。每一次的行動，都是你透過實際經驗來學習，而非光靠思考來取得進展。舉例來說，在醫學院，當人手不足而需要學習新手術程序時，共通的格言是「看一個、做一個、教一個」（See one, do one, teach one）。我們不浪費時間在無止境的閱讀或觀察，實作是通往學習的途徑，同時也是唯一保證進步的方式。

威克斯曼發明帶有法國風味的加州料理，他的想法並不是憑空掉下來。他努力嘗試；從錯誤裡學習。他把局限當成了機會，他的名言是：對專業主廚而言，「破壞」這個詞並不存在——有什麼材料就做什麼菜。而且，基於他典型的實驗風格，他不樂於固守舊的傳統，相反地，他會不斷修修改改。他學習新式烹調（nouvelle cuisine）——輕巧細緻的法式料理——並調整概念來配合美式的口味，做出較清淡但依舊道地的美國菜。他改造傳統的「培根生菜番茄三明治」，用培根油煎蝦，並把蝦放在最上面以達完美！這種作法的基本精神是威克斯曼所謂的「反動又革命」的態度——他不從表面評斷事物的價值。同時，他也重視實作。

杭特·路易斯（Hunter Lewis）（現在是《輕食雜誌》（*Cooking Light*）的總編輯）擔任美食記者時，曾向威克斯曼討教廚藝。威克斯曼邀請他到廚房一天，發現路易斯笨手笨腳，於是建議他延長實習時間來精進廚藝。路易斯在威克斯曼的廚房工作了一年，全神投入料理以求得真正理解。值得讚賞的是，路易斯撐了過來，威克斯曼也很肯定他具備了身為專業記者應具備的經驗。

用透過實作的學習來取代過度思考的學習，即使犯錯也可以幫助你發現新事物。同時它也更實用，因為你會學著從具體的流程來預想未來，而不是光靠思考。

自我對話的問題：哪一個行動可以快速啟動我的腦？

全心投入，樂在學習

下面是動態學習的快速記憶法。四個C分別代表「改變方向」（Change direction）、「保持好奇」（Be Curious）、「慎選建議」（Curate advice）、還有「共構學習」（Co-construct learning）。

改變方向

用比喻的方式來說，你的注意力存在腦的一個樞紐位置。當你專心在教室上課或是要達成某個目標，你把注意力轉向對外。你正在使用你的「叉子」。當然，在特定的時間和場合裡你會需要它，但是也別忘了「湯匙」。把注意力轉向對內，聆聽你的直覺和心理重心，重新與你原初的自我連結並把學習範圍擴展到事物表象之外。這種專注力的轉向，讓你沉浸在由你的種種記憶、願望、價值、意義和目的所組成的多樣性的你，而那正是神奇魔力所在之處！

轉向內在出現在你心智即興漫走的時刻。不過分心也可以透過計畫，用較刻意的方式做到：有些已知的心理工具可以提供幫助。

其中一個分心工具是心理模擬（mental simulation），也就是想像從事某事或成為某人時可能的情況。你可以模擬擔任某個理想中的工作、與某個理想中的伴侶共處、或是過理想中的生活，會是什麼樣子。這種分心也會運用到你的預測力。

這種幻想不應該只是簡短或隨意，你要撥出時間來進行。首先，先想好你要學習什麼，比方在前面「排除阻力」的部分提到使用新軟體程式的例子，要排除阻力的一個方式是模擬你實際想要得到什麼。想像你如何達成：找個同事詢問清楚、每個星期撥出兩天用一個小時來學習、同時想像你想用這個軟體進行什麼協作內容。你不只是想出那些步驟；你要在心裡進行模擬，彷彿它們是實際發生的事。

你可能希望把心理模擬的全部或是部分內容大聲說出來——也許是自說自話，也許可以找個願意聽的人。你也可以挑一個獨處的時間——在浴室淋浴時、帶狗散步時、覺得無聊或者無事可做的時候——把達成目標的學習過程在心裡頭走一遍。每次你主動地模擬一個狀況時，你便啟動了你的心理重心。

當你在內心模擬狀況，你啟動了預設模式網絡（DMN）。你的視覺化越明確，你就從中得到更多的意義，同時你能啟動更多的心理重心。

如果學習過程出現問題，不管問題是要按照使用手冊組裝櫃子，或是建立你工作上的電子郵件名單，先在心裡模擬你想要的結果。盡可能明確一些（預想完成的櫃子或是會回覆你的收信人），這會讓你的注意力轉向運用你的心理重心和預測能力，並且激勵你完成工作。

保持好奇

所有人都是生來好奇。嬰孩時期我們把所有東西都放進嘴裡探索，我們在孩童時代會玩裝扮遊戲，到了青少年我們會提出具挑戰性而且常常是反文化的問題。不過，隨著我們成熟，我們與天俱來的好奇心逐漸讓位給了更務實的世界觀。

不過，保持好奇明顯可以提升學習。神經科學家馬提亞斯·格魯伯（Matthias Gruber）與同事在二〇一四年詢問十九名學生一百多個冷知識問題。學生們必須評估自己對答案有多少信心，以及他們對這些主題好奇的大致程度。有些問題難倒了他們，他們只對其中部分問題有好奇心。

接下來研究人員利用功能性磁振造影（ｆＭＲＩ）來查看這些學生腦部的血液流動。在躺著接受儀器掃描的同時，每個受試者都會看到同樣的一組冷知識題目，之後被告知答案。

在學生等待每個答案的同時，會有一張陌生人照片閃過螢幕。它屬於偶發刺激（incidental stimulus），代表他們應該不會去特別注意。再過幾秒之後，答案出現。這個過程會反覆進行一一二次。

在功能性磁振造影掃描之後，每個學生接受冷知識的測驗並回想出現的臉孔。毫無意外地，學生們對真正好奇的問題回答正確比率是71%，引不起好奇的問題只答對54%。對冷知識的好奇心啟動了腦的獎勵中樞（reward center），同時可能也促成了學習。當問題引不起好奇心時，它們很容易會被忘記。

不過更讓人驚訝的發現是，學生們的好奇甚至有助辨識更多的偶然事件——陌生人的臉孔。這個效應在一天之後仍然維持。當學生們好奇時，長期記憶（海馬迴）的參與也更活躍，也因此有助於他們記住偶然出現的臉孔，光是期待的心理就足以讓他們記憶力流暢運作。

某個事情如果引發我們的興趣，我們往往更容易把它記住。你好奇的時候，你的腦會開始運作，確保你不只是記住你好奇的東西，並會記住在同時間剛好也出現的其他東西。許多創新者會利用這種額外的紅利——在好奇心的驅動下，他們可以把所發現事物中一些令人驚訝的部分記住並連結起來。同時，由於和心理重心相連結，他們也能應付伴隨好奇心而來的緊張和意外。

慎選建議

我們所在的世界裡到處都有提供建議的人。父母、老師、自救專家、理財大師、個人購物指南、我們的配偶，都很樂於提供他們的觀點和意見。你也可能提供他人建議——評論和建議是人的本性。不過，給予和提供建議不見得如想像中那般具良性作用。

先談提供建議。哥倫比亞大學心理學家迪恩．莫布斯（Dean Mobbs）和他的同事在二〇一五年研究了提供建議者的腦部。他們發現人們提供的建議如果被接受並帶來對方生活上的改進，提供建議者腦部的獎勵中樞會啟動。不過，如果他們的建議被拒絕，或是另有其他人也同時提供建議，則他們的獎勵中樞不會起作用。我們似乎天生希望自己的建議能導致他人的成功。不過即使是無意識，我們對於他人是否接受我們建議在乎的程度，更勝於建議是否帶來好的結果。因此，儘管對方可能是出於好意，但我們接受別人建議時還是得好好斟酌。

至於對建議的回應又是如何？埃默里大學神經經濟學家楊．恩格曼（Jan Engelmann）和同事們在二〇〇九年利用腦成像來檢測做財務決定時人們腦部的情況。實驗參與者必須在答題拿獎金和樂透抽獎之間做選擇，一邊是報酬很明確，另一邊則是全憑機率。他們必須先盤算自己的成功機會。在實驗中，一個經濟學的專家出來提供他們學理上的建議。受試者得到建議之後，大腦參與評估程序的區域就停止運作。但如果專家不提出建議，他們腦中「評估」的區域則活躍運作，顯示受試者努力要自己想出答案。

你瞧瞧，專家建議會取代腦的主動評估！當你提供他人建議時，對方是被動聆聽，而不是主動處理或消化你的建議。換句話說，盲目接受建議無助刺激思考，它與探索恰好相反。所以，不論如何，在聽取建議時一定要對建議修補改造，把你自己探索發現的過程放在優先。

與其接受建議，更好的方式是修改建議，就和那個製作椅子的小女孩一樣，或者和威克斯曼透過實作（而且把事情搞亂）來學習一樣。當你控制回饋並進行「感覺與實作」的思考，你的學習會更有效率。要啟動你腦部的這些彈簧圈，而不是關閉不用！

共構學習

工作場所裡，機器的角色越來越吃重，而且不僅限於行動裝置和速度更快的電腦。機器人被製造用來取代許多的工作，可能還包括你自己的工作。這對於你要選擇學習什麼、如何去選擇、以及如何在專業上為自我定義都會帶來衝擊。

昇陽電腦（Sun Microsystems）的共同創辦人維諾德．柯斯拉（Vinod Khosla）相信機器最終將取代80%的醫師。他指出機器學習是大量數據更理想的整合者，同時可提供更精確的診斷。當然，人們可能還是比較喜歡醫師溫暖的接觸，不過將來情況或許未必如此。澳洲研究員馬修．文特（Matthew Winter）在二〇一六年發現，接受腎結石外科手術的人們較喜歡觀看由醫師旁白解說準備過程的動畫影片，更勝於和醫師面對面的諮商。這對於醫生應如何學習和思考自己的專業有一些啟示。受訓的醫師或許不應過度強調診斷學的重要性，而應該多去學習評估機器錯誤或擴增機器診斷。同時，與其關注臨床對病患的醫囑行為，他們也應該學習記錄清楚的訊息，為手術病患做準備。一個有動態學習思維的醫師兼創業者也可能會想到，建立這一類型的影音圖書館也許會成為重要的商機。

受到衝擊的不只是醫師。牛津大學研究人員預估在未來二十年47%美國的工作將會自動化。世界經濟論壇預測到了二〇二〇年機器人將取代五百萬個工作，其中許多屬於「辦公與行政」類別，而其他類別也同樣會受影響。所以當「行政助理」的工作已經不存在了，你要怎麼辦？或者，你該如何來應用你在企業裡的技能？你或許會換個工作甚至創造一個新的工作，只要你放寬你的職別認同，同時讓你的學習更有彈性——也就是連結到你的創意天分和你的心理重心。

其他服務業的工作也會受影響。Tech-No-Logic 製造了一個會做菜的機器人：它從不同的桶子裡挑選食材並根據 app 的食譜做出一道菜。「動力機器」公司（Momentum Machine）創出一個多工機器人可以在十秒內做出一個漢堡，很快它就會取代麥當勞全部的員工。也因此「技能升級」（upskill）的必要性成了常被談論的話題——機器將取代較簡單的工作。運用所有腦裡的彈簧圈動態學習新的角色將是重要關鍵。

學習和機器共存並共同發展需要新的學習心態——它將和相關的機器一同競爭並一起合作。你的天賦創意——你原有的智慧，而不是學來的技能——至關重要。不過，你的天賦必須應用在機器彼此互相連結，同時也與你想連結的情境之中。

英國創業者凱文·艾許頓（Kevin Ashton）創造了「物聯網」（Internet of Things）這一詞，來形容在我們的美麗新世界裡，機器跟我們越來越相互連結的情況。你可以從遠處遙控你的車庫大門，你也可以在公司看到你的孩子回到家裡。距離曾是連結的阻礙，如今在我們無線連結的世界裡，距離已變得無關緊要。

你必須了解，你的腦也是物聯網的一部分，而且情況更勝以往。說到底，腦就和其他裝置一樣有著電子迴路，它可以被啟動或是關閉。透過這個忙碌的電子迴路和資訊系統，它已配備好和各種裝置及外在的資訊庫做連結。而且，光是這個事實，就已經改變了我們的腦以及我們思考和行動的方式。

Google的共同創辦人謝爾蓋．布林（Sergey Brin）在二〇一〇年說：「我們希望Google是你的第三個半腦。」當然，我們可以確定他並不是發明一套新數學，讓「三個」半腦變成一個腦！他的意思是他希望人們用Google來減輕大腦儲存的壓力。他的建議是我們要卸除資訊的存量到Google提供的網站，以解放我們自身的思考機器——我們的腦——去做其他的用途。

換句話說，運用新釋出的腦部空間，更有效利用腦袋的彈簧圈，或連結心理重心和天賦能力，由你自己帶頭來主導指揮這個關係。問問自己，哪些部分可以自動化（你可以和機器如何合作），哪些可以卸載給科技（什麼東西可以委派給機器），以及哪些類型的科技你可以無須過度依賴（你如何用機器做更好的時間管理）。同時，也要注意機器已相互連結成為一個共同體，你和其他人相連結的情況是否如機器一樣？

運用動態學習的原則，你可以跟上變化的腳步，在必要時運用腦裡的彈簧圈修正路徑，更重要的是，運用你內在的羅盤來啟動你與生俱來的天賦。機器最擅長做的還是機器，當機器要學著做人，你還是比它有優勢。

專心的心態	分心的心態轉變
學習中遇到困惑，專注外在線索找尋出路	學習中遇到困惑，轉向內在羅盤並自問：「我是誰？」天賦將是你的主要指引
對回饋做出回應，不論是正面或負面	以成長思維仔細評估回饋，質問它的相關性
靈巧變通，快速走出失敗，在失敗中前進	唯有重新啟動腦裡的彈簧圈，才可快速走出失敗並在失敗中前進，因此要透過自我對話保持靈巧變通
依證據和數據決定下一步行動	你是數據的追隨者但也是創造者，所以你也要模擬和想像解決方案
機器與你是分離的	你的腦是「物聯網」的一部分

第四章

熟習多工作業

同時性……
是所有偉大詩作的特質。

——李洛伊・C・布洛尼格（LeRoy C. Breunig）

你同時間做二到三件事情時——比如說，邊閱讀電子郵件邊對著手機說話——就是多工作業（multi-tasking）。你想要在同一天完成多項任務——像是完成一份報告，同時照顧你生病不舒服的配偶——你也是在多工作業。多工作業甚至也可以用來形容在一段長時間同時進行兩件事，像是你從事目前的工作，同時又開展另一項副業。兩者可能同樣需要你的關注，讓你不時為它們而分心。

雖然許多人把多工作業的「能力」當成個人生產力的榮譽徽章，不過短期的成就往往成果可疑。即使你真的完成了多項任務，多工作業最後常常讓你感覺筋疲力竭；你腦裡注意力的手電筒電池用罄，結果可能前方的道路令人困惑或黯淡無光。我稱之為「腦部搖擺症候群」（wobbly brain syndrome），在這個狀況下，實際上你已經和穩定你的DMN脫離了連結。博士生羅及基（Kep Kee Loh）與認知神經科學家金井良太（Ryota Kanai）研究媒體的多工作業者——一邊發簡訊同時又觀看電視又瀏覽網路——之後，描述了這個現象。多工作業的人們，他們腦中的衝突偵測器（conflict detector）——前扣帶迴皮質（anterior cingulate cortex，簡稱ACC）——灰質密度低於一次只使用一種裝置的人們，這彷彿是說多工作業吞噬了這個部分的腦部組織。更糟糕的是，越是多工作業，預設模式網絡（DMN）與前扣帶迴皮質（ACC）的連結就越少。如此一來，巨大的工作負荷製造了無法承受的衝突。簡單來說，造成的結果是困惑、不適、易忘，人們即使努力要專心，注意力也較低。

舉個現實生活的例子，想像一位快餐廚師，他必須腦子裡同時處理好幾道菜，同時注意不停湧入的訂單，一邊打蛋、給鬆餅和薯餅翻面、切菜，還要煎培根、香腸和漢堡，同時在不時的空檔指揮補充食材。準備過感恩節大餐的人都知道，同時間做幾件事情會讓人快速耗盡精力（然後發誓明年一定要換別人來做）。也難怪印象中，快餐廚師總是脾氣暴躁。

不過有的快餐廚師並不會因待做事項繁多而暈頭轉向。如果你曾經隔著餐廳櫥窗或櫃檯後的轉門偷瞄，你就會看到他們——他們彷彿正在施咒的魔術師般，與眼前的任務融為一體。他們也許額頭冒汗，不過看來仍氣定神閒，在狂亂的訂單中闊步前進，一個接一個的動作之間流暢轉換。

同樣的技能，在混亂的急診室裡冷靜為病患檢傷分類的護士身上你也能看到；在重大災難地點的第一線救難者身上也可以看到。透過多個攝影機進行現場轉播的電視導播也需要同樣的多工技能：同時間指揮多個監控器、確認讀稿機運作正常、隨時決定要凸顯哪個角度的鏡頭、何時要加上圖表或螢幕下方的訊息標題，在此同時，還要聽取耳機裡的回報並透過麥克風下達指令！

這麼說來，同樣是快餐廚師、護士、第一線救難人員、導播，一次輪班下來有的人筋疲力竭，有人卻能一夜好眠，到底他們之間的差別在哪裡？第一種類型的是傳統多工作業者——他們或許能完成任務，但是他們做的時候「火燒眉毛」。而另一方面，另一個類型則是「超級多工作業者」（supertasker）——他們神經系統轉換運作比較流暢，結果是他們的行動更有生產力。

有些人似乎與生俱來就超級多工。心理學家傑森．華生（Jason Watson）和大衛．史崔耶（David Strayer）研究兩百人操作駕駛模擬器。實驗參與者必須在一部不時會煞車的汽車後方駕駛，所以他們必須保持高度警覺避免碰撞，有點像是在走走停停的高速公路上開車。

接下來是實驗中多工作業的部分，受試者必須在開車時解答簡單的數學問題。而且在問題之間，他們被要求記住二到五個出現的單詞。想像一下在真正的高速公路上做會是什麼情況！這比心不在焉地邊開車邊玩手機還需要更多的注意力！

不令人意外地，這個實驗顯示，對大部分人而言，同時間做兩件事是近乎不可能的事。不過，有2.5%的人表現異於常人。他們進行多工作業時不只開車不受影響，有些人甚至開得更好。

不管你是否先天有這種神經連結的本事，可確定的是，一定程度的練習可以培養出超級多工的能力。你從自己生活中就可得知這一點——你越是多練習同時進行同樣的兩個（或更多）的工作，你就越能駕馭這些特定任務。如果辦不到的話，你（還有廚師、護士、第一線救難人員、導播）大概就知道該換工作了。不過，說不定你不需要好幾個小時、好幾個月、甚至好幾年的練習，就可以達到腦神經的靈活多變？

好萊塢影城的多工作業大師

即使是在步調狂亂、聚光燈始終不熄的好萊塢，萊恩・希克雷斯特（Ryan Seacrest）也顯得突出。他的工作表現在整個產業都備受尊崇：多次獲艾美獎提名，在本書寫作的同時，他已獲獎一次。他被譽為「影城的多工作業大師」，工作忙碌得像鍋裡的爆米花一樣。電視主持人吉米・金摩（Jimmy Kimmel）開玩笑的說法堪稱是最佳總結：「我知道為什麼失業率會超過8％——全是因為萊恩・希克雷斯特。」

平常大部分時間，早上從六點到十點，希克雷斯特主持電台節目《與萊恩・希克雷斯特空中會》。一整天裡的其他時間，他以執行製作人的身分參與八個實境或預寫腳本的電視節目，在二〇一六年之前他還主持《美國偶像》（*American Idol*）歌唱比賽的現場節目。除此之外，他還推出一個服裝品牌，同時持續進行他援助重症與重大傷害孩童的慈善事業。然而他似乎仍舊神采奕奕，據報導說還有時間約會！

乍看之下，希克雷斯特的生活已經到了一般人難做到、甚至難以理解的程度。不過研究顯示，經過學習可以讓腦部同時做許多事，超級多工能力變得容易。

我們知道什麼東西在超級多工作業者的腦中運作。基本上，超級多工的廚師、護士、第一線救難人員或電視導播都已學會了「配置」適當的能力來記憶、過濾，以及管理相互衝突的資訊。他們運用各種腦部訓練策略來創造原本不存在的神經連結，免去思考和行動的冗餘重複，成為更有效率、較不耗精力的多工作業者——也就是超級多工作業者。我們知道，不論要同時進行的特定工作是什麼，認知節律都會為超級多工作業提供最佳的條件。超級多工作業策略的共同特點就在於召喚分心的能力。

消除壓力

壓力未必一定是壞事。些許的壓力——稱之為「良性壓力」（eustress）——永遠可激發你完成一件工作。不過超過某個程度之後，良性壓力會變成困擾，在腦中製造混亂，阻斷DMN運作，並讓你脫離認知節律。

近來的研究比較了兩組醫學院學生：其中一組正要申請擔任住院醫師，這是習醫生涯中壓力特別大的一個時期，而另一組還沒有到這個階段，因此壓力沒那麼大。（當然，他們也會疲累；這是標準狀態！）與壓力較小的醫學院學生相比，準備申請擔任住院醫師的學生他們的DMN與大腦其他部分的連結比較少，它不在迴路之中。不僅如此，他們腦部的衝突中樞進一步強化內在的混亂。當你始終處在開啟的狀況——等待、緊張、期待、猜想——混亂和疲乏自然隨之而來。這是多工作業的腦的典型模式，而不是超級多工作業的腦。

有很多事可以讓你降低壓力——運動和冥想都很普遍而有效，而且二者都被證明可以讓DMN功能正常，恢復腦的正常運作。除此之外，你可以運用自我對話把你的任務重新設定成「很快就會結束的高強度時期」或是「供你練習成為超級多工作業者的高強度時期」。這可以關閉你腦部的杏仁核並重新活化你的DMN，這也是回歸認知節律的祕方。

不過當你同時有一百萬件事情要處理的時候，再增加一件工作是個違反直覺、你可能不會想做的事。這裡有個（令人開心的）關鍵：增加的這個工作必須是好玩的、有趣的；它應該讓你的心思暫時脫離不斷增加的待做事項清單。用比喻的說法，你做這件事時會讓你的腦子大大鬆一口氣。（正因如此，Google 這類企業會提供遊戲、運動和健身設施給他們充滿雄心壯志而且超級多工作業的員工。管理階層知道提供分心時間可以幫助員工更有效安排時間。）

如果你喜歡電玩遊戲，可以參考認知神經學家E．L．麥克林（E. L. Maclin）的研究。他和同事們使用一個叫「太空堡壘」（Space Fortress）的電玩遊戲來訓練人們多工作業，並且發現玩這個遊戲增強了參與者的 α 波——分心的腦波之一——的強度。一旦他們處於 α 波，多工作業就變得較輕鬆。這就像在平靜的水面，而不是暴風雨的波浪中游泳一樣。越是處在 α 波模式，越可以增強腦力，讓轉換注意力變得更容易——這正是超級多工作業的基本特徵。

這類遊戲活動次數應該多頻繁，沒有非遵守不可的準則。依我來說，在醫學院時，持續四十五分鐘研讀功課之後短暫、輕鬆的休息（到外面散步或跟朋友聊天）就能減輕壓力。你有自己專心的極限，同時這個極限也隨你做的任務不同而異。簡單的準則是壓力就像脫水一樣，不時補充水分可以避免自己乾涸，給自己一些短暫休息可以幫助你避免被壓力給壓垮。

簡單說，如果你是快餐廚師，我並不是建議你拋棄櫃檯的訂單或做菜到一半就呼呼大睡。不過在進入多工作業之前，你可以先加入一些不太需要費心力的不相關任務，它可以幫助你的DMN熱身並放鬆自己。在腦子放鬆的情況下，你可以讓自己的巡航控制達到新境界。

年齡的優勢

如果你以為超級多工作業需要年輕而敏捷，事實可能會讓你大感意外——你的年紀不必然會限制效果。人體機動學家華金・安格拉（Joaquin Anguera）和同事們在二〇一三年運用一個三維力體電玩「神經賽車」（NeuroRacer）來訓練人們超級多工作業。結果顯示六十歲到八十五歲之間的男女在超級多工作業上，比未受電玩訓練的二十歲年輕人表現更好。當然，二十歲的年輕人在接受訓練後會占有優勢，但是重點在於透過訓練你可以反轉和年齡相關的多工作業能力的不足。

動員你的沉默夥伴——無意識

你的無意識對你處理外在世界的意識之腦而言，是個沉默但強大的夥伴。意識和無意識的結盟，早在當代心理學的資訊處理理論（information processing psychology）出現之前就已經開始。例如十九世紀晚期，受過良好教育的公眾人物就著迷於「自動書寫」（automatic writing）的現象，在這狀態下據稱人們可以寫下成段文章同時進行其他工作。如詩人葉慈（William Butler Yeats）的妻子喬琪．海德—李斯（George Hyde-Lees）就宣稱感覺到自己被某個東西所控制，在這種「解離」（dissociation）的狀態下，「外來的」力量會驅使他們書寫。即使是亞瑟．柯南．道爾（Arthur Conan Doyle）——名偵探福爾摩斯的創造者——也認為這種屬靈論是確鑿可信的。不過心理學家威瑪．庫茲塔爾（Wilma Koutstaal）解釋這種真實發生的現象可能與腦部自動流程處理有關，在這情況下，人們把有意識的意圖，轉換成了腦中自動啟動記憶與認知的知覺狀態——由於少了一件該「去做」的任務，讓你可以專注於其他事物上！

自主轉換你的心靈狀態來啟動某種可自動運作的能力，這聽來也許不容易被接受，不過，實際上你一天到晚都在這麼做，儘管你自己並不自覺。當你的眼睛看到你同事伸出手要和你握手，你的腦登錄了這個影像，同時也指引了你的手進行實際的握手——你並不是只盯著他的手看。一個有意識的過程讓你看到同事的手，而一個無意識的過程則導引你的手，因此你不需要盯著看它的目的物——也就是你同事的手。

在這個情境裡看見和導引是由不同的視覺系統處理。看見是一個有意識的行為，涉及到腹側視覺流（ventral visual stream）（從眼睛到腦的一些神經元）。導引是無意識的行為，由背側視覺流（dorsal visual stream）（同樣是連結眼睛到腦，在腹側流背後的一些神經元）負責。這兩個系統進入腦的不同部分，因此你可以在同時間看見並導引。看見的部分太多而沒有導引，會讓你一直盯著同事的手（至少會久到讓人覺得奇怪）！太多導引卻沒有看到，會讓你握不到手。無法超級多工作業的人缺乏看見與導引之間的適當平衡——更確切說，他們不信任自己導引的神經元。他們困在任務的小細節裡（打個比方就是盯著對方伸出的手看），不夠放鬆而無法讓無意識來執行它的工作。

對未知的恐懼

你無意識的腦混雜了一些嚇人的情緒和經驗。憤怒、恐懼、性衝動、孤單、匱乏、被遺棄的感受——這些你不想看得太清楚的東西——就住在你的無意識裡。與它們比鄰而居的是你無意識的導引系統，它是無意識中「較無爭議性」的部分。由於我們知道這些東西彼此相近，因此我們往往不敢輕易放鬆注意。如果我們放鬆並因而刺激了無意識，可能在不經意間開啟了這些混雜的情緒。但是如果不嘗試去做，「有意識的你」就會嘗試多工作業。這就像轉彎踩住煞車而不把腳放在油門上。這不僅會磨損你的煞車，還可能打滑偏出車道。你必須勇於嘗試你全部的無意識——包括它的好和壞——這會有助你的超級多工作業更加流暢。

啟動無意識，讓自我擺脫專心的一個方法是隨意塗鴉。如前面所見，它啟動DMN並擺脫掉你專心的、有意識的腦。

當你空出時間塗鴉亂畫，你會發現自己隨意亂畫的東西並不必然真的完全隨機。心理分析家和內省筆記（introspective journaling）的先驅研究者瑪莉恩．米爾納（Marion Milner）發現隨意塗鴉可以去除意識的阻礙，讓無意識的自我運作。你畫出的圖案反映了你腦中潛意識的活動。

心理學家羅伯特．伯恩斯（Robert Burns）大半生也花了很多時間在研究塗鴉。在「Register」——一個英國的科技、新聞、和評論網站——的訪問中，他說塗鴉可以揭露心靈的許多內在活動。他指出，塗鴉很像用電極連結你的腦部，以指針記錄腦部活動的腦電圖（EEG），它可以反應腦部的活動，因為它也使用你的手來連結你的腦。

如果你對於為了超級多工作業而在工作時隨意塗鴉有所猶豫，不妨參考一下，到二〇〇七年為止，歷來四十四位美國總統當中，有二十六位自己承認喜歡隨意亂畫。美國總統日理萬機的程度沒人比得上，對吧？德國文藝復興時代的畫家、版畫家、藝術理論家阿爾布瑞希特．杜勒（Albrecht Dürer）常隨意塗鴉，俄國大文豪杜斯妥也夫斯基（Fyodor Dostoyevsky）也是如此。

事實上，杜斯妥也夫斯基在《冬天裡的夏日印象》曾提到意識可能反而造成阻礙：「試著給你自己這個任務：不要去想北極熊，如此一來，這個該死的傢伙分分秒秒都會跑進你的腦海裡。」早在一八六三年他就看出了有意識的、專心的思考可能妨礙我們。一百多年之後，社會心理學家丹尼爾．維格納（Daniel Wegner）的研究證明，在緊張壓力下玩拋接球戲法，你越是想著「別把球弄掉了」，你的球越是會掉下來。你意識的腦從中干預並且耗用了能量，以致無意識的腦少了導引你的能量。

音樂的力量

即使是年紀比較大的成年人，只要四個月的音樂訓練也可以提升專心與分心的注意力。同時它也可以增加你整體的智商和改進你拼音的能力。腦部掃描顯示音樂訓練點亮了讓手指移動以及與聽覺相關的區域。這並不讓人意外。不過，和分心有關的是，它增強了連結兩個半腦的腦橋。加寬腦橋的線道讓思考的流通更加容易。

你在彈鋼琴時會使用兩隻手：左右手彈奏各自的部分。兩手的運動模式往往也不一樣。

你不能一次只注意一隻手——你必須同時專注雙手。要做到這一點，你必須放鬆對雙手的專注力以讓腦分心——關閉——並加深注意力，在彈奏協奏曲而非音階練習這類簡單動作時更需如此。

每次只專注在一件任務，或稱之為「序列處理」（serial processing），會讓出現瓶頸的情況更嚴重。分心正好相反，藉著啟動平行腦迴路和關閉專注，你的腦可以分配能量到兩隻手上，讓超級多工作業變為可能。

突破腦的瓶頸

當你在講電話時剛好需要回覆電子郵件，你同時必須要讀、寫、聽。不過你的腦子可能通常一次只能做好一件事。這就像有個公路檢查站，需完成的任務在你的腦中只能排成一條線，依序前進。

當許多任務試圖同時擠入瓶頸，結果可能是場災難。試想一下從匝道開車進入大塞車的高速公路。這是每個新的想法會面對的情況。它會速度變慢，腦子成了各種想法的大停車場！這是多工作業不靈光的時候，你應該把它當成是提醒你轉換成超級多工作業的信號。

神經科學家歐馬．阿爾哈希米（Omar Al-hashimi）和他的同事在二〇一五年觀察了一些人腦是如何克服瓶頸——他們是如何靈活轉換腦的車道讓車流通暢。他們運用的是「神經賽車」（NeuroRacer）電玩遊戲，它的設計讓遊戲玩家進行剛開始單一、隨後變多重的任務。舉例來說，玩家必須控制車子在一個目標框裡，同時回應各種道路的信號；隨著遊戲難度增加，信號數目會越來越多。隨著要注意的事項越來越多，他們的腦中出現了資訊的瓶頸。

有些玩家有傑出的多工作業表現：他們反應時間比較快、犯錯誤較少、準確度較高。研究人員注意到關鍵在於「上部頂葉」（superior parietal lobe，簡稱SPL），它能幫助我們鬆脫專心的掌控，可以在不同任務之間做快速轉換。上部頂葉同時也能有效地管理腦部資源，透過把事物留在短期記憶杯較長的時間，人們可以更容易接應上原本進行一半的工作。

另一減少瓶頸的方式是透過「減少冗餘」（redundancy reduction）——結合一項或多項任務以節省時間。如果你得去接一個朋友，而且同一天你得去朋友家附近的超級市場，你就專注在它們的共通性——二者都需要你開車經過同樣的區域。雖然一開始有意識地思考路線來減少繞路可能得花時間，逐步分心在這兩個各別目標並調整路線，可以在短時間內減輕你的瓶頸。透過練習，它會變得更自動自發。

身體動起來

你未必會有意識地察覺到，不過你身體隨時都在進行超級多工作業。走路是最基本的超級多工——它運用許多腿部和腹部的肌肉群，同時還需要你觀察自己正往哪裡去。

有些肢體的練習提升神經的超級多工作業。你上健身房時也許會看到一個叫做 ViPR 的訓練設備。它是一個圓柱形的塑膠管，直立起來的高度大約在六英尺身高的人的肚臍位置。圓柱有些部分像南瓜燈一樣被挖空，讓你的手可伸進去握住它。練習多工作業時，你單膝跪下，然後上半身向左轉。雙手伸進圓柱中空的洞讓它直立。這是第一個動作。接下來兩手把圓柱管提高，並旋轉成水平位置，同時間你的上半身向右轉，在伸展手臂把 ViPR 水平提高的同時，腰椎維持不動只轉動你的胸椎。這個簡單的提舉和扭身需要你在同時間思考許多件事。它為你超級多工作業的腦做暖身，並幫助訓練你的腦克服瓶頸。這個稱為「具身認知」（embodied cognition）的技巧所根據的原理是，你身體的變化動作可以轉化為認知的提升。

你也可以運用你的認知彈性（而不是固著於專注力）來整合待做事項清單裡的任務和管理的瓶頸。精神上些微的放鬆有助你的腦保存精力，讓你不致太過緊繃，同時有足夠精力進行各種無意識的分心程序。你的腦會一路發動、停頓、轉換、再重新開始任務。相信分心，它會讓你辦到這一切。

我最近看到認知彈性的實際例子是在朋友家中的聚餐。我和主人站在廚房裡，觀察她把砂鍋放進烤箱，再把烤雞肉和蔬菜放在爐子上的炒鍋，同時炒一些培根，把吃剩的馬鈴薯泥放進微波爐加熱。她做這些事的同時還跟我聊天，並應付她十歲大的女兒不時會跑進來問一些奇怪的（不過也是很有趣的）人生大問題。

我的朋友冷靜、平穩、從容不迫地進入了每一個動作的規律中，她不是一次只做一件事，而是因應自如地起動和暫停。我可以看出她認知的轉輪在轉動。

一開始做的是砂鍋。她不時檢查並根據需要調整溫度。過程中她把雞肉和蔬菜放進炒鍋裡用中溫加熱。她把它們放在爐子上大約十分鐘，不時翻面和燜煎。在一切就緒之前的幾分鐘，她把培根放了上去。

當我最後在我的餐盤上看到烤雞肉、培根炒薯泥、鮮美蔬菜，以及一份砂鍋，我確定她是處理瓶頸的專家。輸入和輸出、前進又後退、修修補補走走停停——認知節律搞定了這天的工作。就和快餐廚師一樣，她在不同任務之間順利轉換，這不只是靠練習就做得到，而是靠她樂意於在進行到一半時放手，之後再接著繼續。當所有事情都做完時才是最後的高潮，不過在這之前，你必須要有彈性和足夠的信心讓烤箱、微波爐以及炒鍋進行它們各自時間長短不一的工作。你必須有彈性並在多種事物之間來回進退，而不是執著於要做完每一道菜的念頭。

微調回饋

雖然我朋友的晚餐很快就全部一起送上桌，但如果不是她持續找尋回饋——戳戳雞肉、試砂鍋味道——她的食物烹調過程不會如此完美。

沒有回饋，你的腦對它的最後結果就失去了掌握，這會讓多工作業變得較困難。不過我們發現，你容許自己考慮的回饋「視野範圍」很重要。

認知科學研究者漢斯約格．內斯（Hansjörg Neth）和他的同事們比較了多工作業時的局部和整體回饋。他們使用一個叫做「Tardast」的電腦程式——這個名稱正是波斯語裡「拋球戲法的人」（juggler）——來研究多工作業行為、複雜系統管理及持續性督導。

在實驗過程中，研究者透過電腦螢幕提供實驗參與者十項測驗。在每個五分鐘的測驗裡，受試者必須處理六個任務。

執行一個「任務」的意思是按一個按鍵讓一個白色的柱狀長條變成黑色。按住按鍵會讓黑色部分升高，一放鬆它的高度就下降。參與者的目標是讓每一個柱狀長條的黑色部分升到最高點。他們必須快速按下按鍵讓高度升高，而且他們一次只能按一個鍵並做快速變換。不過，有些柱狀長條比較不容易升高，而且每一個長條上升和下降的速度都不一樣。在每次五分鐘的測驗之後，參與者接受回饋看自己的表現如何。

研究者發現任何一種類型的回饋都會提升多工作業。不過局部回饋（這個人上一次的測驗表現如何）比整體回饋（他們一整天的表現如何）對多工作業更有幫助。

再回到廚房。我的朋友烹調晚餐時，戳一下雞肉檢查熟度的同時，得到了回饋來幫助她決定雞肉還需要多久可以上桌。如果她戳了雞肉，然後又去回想之前幾次試戳的情況——對於雞肉逐漸變熟原本蒐集的訊息——她可能會困在對回饋的分析中。實際情況是，她尋求的並不是非常深刻遙遠、或有太多前因後果的回饋。她把心思放在當下雞肉的肌理，然後繼續她的工作。這給了她（也給了我）很大的好處。

沒有回饋，你的腦子會不堪負荷。如果你覺得自己一整天有億萬個事情要做，有意識地搜尋回饋是盤點整理的一種方式。不要把你的腦子隨你進行任務的更新資訊當成理所當然。提供它局部回饋。暫停一下，想想你剛才做了什麼，以及它跟你接著要做的事有什麼相關。脫離任務的短暫分心時間可以讓你修改處理方式，把它做得更好。

不過，關鍵是要問對的問題——由局部回饋來處理的問題。急診室裡的醫生被傷病處理程序淹沒的時刻可能會跟自己說「完成了三項，還有七項」。這是整體回饋——強調重點是一整天的工作。或者，醫生也可能說「上一個進行順利」，這是局部回饋，只強調前面剛剛的一個任務。急診室的醫師對局部回饋增加一些特定的內容——「這一個進行順利，不過下一次要確認在縫合之前清乾淨所有血漬，不要留下半點血跡」——可以更提升其工作。花一點時間給自己這類的回饋，也許短期來說會中斷工作流程，不過這讓醫生可以修改接下來的縫合手術，所以接下來每次會變得更好，同時在未來也會減少學習有意識地運用腦力。當你練習用這個方式思考，等於是訓練你的腦做超級多工作業。

尋找交互連結

當你在超級多工作業模式，你的腦子幫助你記住完成一半的任務並繼續向前，好讓你待會回來繼續。它幫助你在電話響起時不要忘了爐子上的東西。同時，它也幫助你在工作進行同時重新規劃一些尚待確定的目標。

幫助你做所有這些事的腦部區域是在你的前額極皮質（frontopolar cortex），它扮演你的「私人採購員」。把它想像成正站在你旁邊提著購物袋，裡頭是你試穿之後考慮購買的衣服。它在你需要記住最近完成的任務同時著手其他工作時，似乎會特別活躍。

比如說，你在打開電子郵件時正好電話響起。你接起電話，這時你的老闆走了進來交給你一張紙條要你完成一件緊急的任務。你可能會接電話，接著完成這個緊急差事，還記得要回去看電子郵件。你腦中的私人採購員在旁邊等候，在你完成緊急任務的同時，幫你保留電子郵件的訊息。研究顯示前額極皮質受損會導致多工作業變得困難許多。

你腦裡的私人採購員也是個很好的連結器。它喜歡將類似的事物配對，甚至對有語意距離（semantic distance）的事物，也就是意義相差很遠的事物做跳躍式的連結。舉例來說，鳥和飛機都有翅膀，但除此之外它們彼此不同——它們有中度的語意距離；不過飛機和狐狸的語意距離則更大。你的私人採購員會尋找概念之間的連結，語意距離越大，它讓你連結兩個事物的方式就更有創意。比如說，它可能會建議，一架飛機和一隻狐狸兩者都負有一個使命，飛機的機師應該學習狐狸的注意力，學會如何在惡劣環境下巡航——你越是針對這一點思考，就越會發現更多的相似性。你腦裡的私人採購員會運用它非凡的配對能力來幫你做到。

想訓練這個區域，要撥出時間做一些不同類型的連結。一開始每星期十五分鐘，接下來把它融入你每天在洗澡時、感覺無聊時，或是你找不出事情做的時候。它會是取代填字遊戲或是數獨的好東西。一開始先比較你臥房裡的物品，接下來再到其他每個房間。找尋連結是塗鴉（當你在等待的時候）和修補（琢磨一些概念來找出關聯性）的一種方式。它並不是專心的心智之旅，而是讓你明白何謂連結的發現之旅。

你的私人採購員是DMN的一部分。隨著分心功能開啟，讓你找尋連結、等待著看出連結、修補事物讓自己用不同方式來看待它們。但是如果你整日勤奮工作，你大概就不會有任何時間來做連結。

尋找相似處

萊恩・希克雷斯特曾被問到他如何能同時間做十件事。他的解釋是，其中一個方法是「整併」（consolidation）。他尋找方法來整併每個特定時間裡的任務和地點。他電台節目的錄音間就在他一個電視節目攝影棚的大樓另一邊。大致上來說，他的腦銜接了語意距離，找出乍看之下不是那麼明顯的連結。

找尋連結是一個被稱為「類比推理」（analogical reasoning）的思考方式，雖然它可能自發地出現，不過，建立有意識的習慣會更有幫助。展現類比推理能力的人具有更大的流動智力——他們是更有彈性的思考者。這種心智的彈性讓你可以連結到你的認知節律。

因此，假如在某一天裡，你必須下廚、在工作上主持小組討論、完成一份報告、同時跟你的死黨好友見面，你就讓你的私人採購員幫助你找到連結事物以簡化生活的方法。你只需要大聲地問自己：「所有這些事要怎樣連結在一起？」

過濾分心的事物和避免被打斷

你在超級多工作業時，必須管理讓人分心的事物（distraction）。它們可能會阻斷你的專心／分心合作舞步的流動，帶來認知的混亂，而非認知的節律。管理它們的關鍵在於發展一個過濾器——一個辨識分心事物並擺脫它們的方式！

腦科研究者托德．凱利（Todd Kelley）與史蒂芬．楊提斯（Steven Yantis）在二〇一〇年發現訓練注意力來過濾分心事物是可能的。事物仍會出現在你眼前，但是只要你學會凱利和楊提斯的技巧，你就可以把不相關的過濾掉，而把相關的納進來。

在他們的實驗裡，他們給人們看一個方格，不過它並不是由四條線組成的。每條線實際上是一連串的點，而方塊內部的空間同樣有許多的點。有的點是紅色的，有些則是綠色。實驗參與者必須快速判定究竟是紅點較多還是綠點較多。在此同時方塊周圍有分散注意的圖像，讓人難以專心。不過，但受試者經過只注意方塊的專心訓練，他們對於紅綠點多寡的判斷準確性會大大提升。

額中迴（middle frontal gyrus），也就是你的腦前額葉左右兩側的一塊組織，它介於額頂迴和額底迴的中間，是你的腦可用來訓練過濾的部位。

你可以用兩種方式過濾分心的事物：前攝式的（proactive）和回應式的（reactive）。前攝式的過濾是你預先準備去忽略預期出現的分心事物，這是凱利和楊提斯教導實驗受試者的方法。回應式的過濾是在你遇到非預期的分心事物時將他們擺到一邊。這兩種方法都需耗用精力和腦的資源。因此，與其緊張地完成在你多工作業待做清單的每個任務，你必須限制專注力的強度，讓你的精力可以有彈性地處理非預期的分心事物。

禁制不相關的事物可以讓你腦中的α波和β波達成更大的同步，專心波與分心波變得更加協調。過濾掉分心事物實際上啟動了認知節律。因此，有意識地標注你一天工作中的分心事物是很有用處的。如果你的臉書新貼文有固定的提醒鈴聲——它肯定是現代常見的分心事物——讓你暫停你的工作，你可以事先預期鈴聲並提醒你自己這「叮」一聲是讓你暫時離開工作的分心事物。或者，更好的方法是，把你的手機轉為靜音，讓你完全聽不到訊息通知。如此一來，你就挪出了你注意力資源可以來進行超級多工作業。

並非所有分心事物都可以等量齊觀。有些或許應該稱之為中斷的干擾（interruption），它們無法用相同辦法過濾掉。神經科學家威斯利·克拉普（Wesley Clapp）和他的同事們發現，分心的出現是當你面對無相關性的刺激。假設你正在評估工作上一封重要的電子郵件，這時你的妹妹傳給你一段有趣的貓咪影片。這是一個分心事物，與當下的電子郵件並不相干——你可以把它儲存，以後再看或再也不看。不過假如是你的老闆傳給你一個關於新的交件期限的緊急郵件。這是中斷的干擾，因為它需要你的注意力，而且你必須好好處理。

分心和中斷對你的腦子有獨特的影響。二者都會晃動你的短期記憶杯，讓你忘了剛剛發生的事，不過中斷要比分心嚴重得多。分心破壞了額中迴和視覺的腦（視覺皮質）之間的連結，但它們不會把它消除，所以你的腦子仍舊記得你剛才正在做的任何事情，而你也可以很容易又回頭接手繼續做。但是當你被中斷時，任務的轉換讓你思路脫軌，這個連結因此斷裂。如果你沒有標記和過濾的話，分心會降低你的生產力，但是相較起來中斷有更大的破壞力。

沒有人在工作中可以阻止所有的中斷，但有時候你必須事先排定工作的優先順序，以排除沒有列在你的超級多工作業待做清單上的中斷事物。要辦到這一點，你可以把要做事項標記為「不得中斷」，並且安排進行它們的地點和方式，盡可能降低分心和中斷的可能性（比如說，不只是降低手機鈴聲提醒的音量——暫時把聲音都關掉）。身為醫師，我會確保自己在填寫醫療診斷的時間。開車到某個陌生地方的時候也是如此。對我而言（以及第一個例子裡的病患而言），在這時候回答電話或是和別人說話可能有災難性的結果。

全心投入，進入輕鬆容易的超級多工作業

就如同你想在任何領域有所提升，提升超級多工作業也需要每天花點時間投入技巧的練習。假設你每天早上撥出一些時間讓自己進入超級多工作業的思維方式。練習所有前面我所整理的技巧可能需要花大約半個小時。你並不需要一次全部做完，其中也許有一兩項你完全都不想做。不過不論你用多少時間，你的分心練習都會對提升超級多工作業的能力帶來效果。

在你探索你的超級多工作業能力的同時，在心裡牢記兩個理想的典型：

開心、愛玩的拋球戲法者

如果你習慣於實事求是、按步就班做事，拋球戲法可能會像個噩夢。光是想像那情況就可能讓你開始冒汗。不過你的腦與生俱有想拋接球一樣執行任務的能力，為什麼不每天運用一點時間來發掘和訓練這個部分的自己？

一開始先當成好玩的遊戲。打比方來說，你不應該用害怕的心情看自己拋接球。相反地，要像廣場上拋接球戲法的人，臉上帶著笑容、一隻腳勾著帽子，期待人們對你的努力打賞。

這完全關乎消除α波的緊張！

與我們想的正好相反，遊戲幫助你的腦子比較不分心。事實上，對動物而言，遊戲幫助腦的額葉成熟。同時，當（人類的）孩童遊戲時，它幫助孩子較不浮躁並禁制隨意的行為。

神經科學家雅克．潘克瑟普（Jaak Panksepp）在二〇〇七年提出，注意力不足過動症（ADHD）可能是孩童遊戲不足所致。他解釋遊戲——胡亂打鬧或其他像想出來的類似遊戲，而不是兒童遊戲日或其他有組織的運動——對調節大腦和讓孩子專心有著關鍵的角色。你可將它稱之為「創造力的態度」（attitude of inventiveness）。他同時也指出，我們「不讓一個孩子落後」（no child left behind）的課程強調算數、寫作和閱讀這類刻板的功能，以致犧牲了自然的遊戲。遊戲之於教育，就如同分心之於認知節律一樣。

強迫遊戲或是假裝在遊戲對我們並無幫助。相反地，遊戲應該滿足生存和成長的基本需求，否則會帶來執迷和苦惱。如果你對自己選擇的遊戲有熱情，它就會提升你的身心健康。

有些人認為生命是嚴肅的，沒有時間可以玩樂。當你有工作要做、有帳單要付，生命確實可能如此。不過在這種情境下，嚴肅幾乎等於憂慮，而憂慮很少像我們想的那樣必然。事實上，人們會憂慮，往往是為了在某個負面事情發生時製造一個緩衝。由憂慮到悲傷或失落的情緒轉換，比起從快樂到悲傷的急速轉換要緩和得多。既然如此，為什麼讓自己失去盡情享受遊戲和快樂的機會，而不是學習管理情緒的轉換呢？

弔詭的是，柏拉圖這位嚴肅的哲學家對遊戲提出了一個最有名的定義。他形容遊戲是「孩子們碰巧找到那些娛樂自己的自然形式」。遊戲是被發現、被發明、被享受的，然後它形成了模式，直到孩童開始感到乏味為止。他們或許開始覺得乏味，但是孩童們喜歡遊戲還是更勝於寫作業的苦差事。孩童會透過局部回饋持續再創造他們的遊戲，從各種不同角度修改他們正在玩的遊戲。同時他們嘗試遊戲的不同形式，直到遊戲成為如他們所希望的樣子。你可以試看看孩子在玩遊戲時打斷他，這大概比你用扮鬼臉想嚇走入侵者還要難！

如果你是主管，你可以在工作上融入遊戲思維。如果你是家庭管理，你也可以把這種思維放進每日家務中。不管如何，找出通往遊戲趣味的途徑可以減輕你正著手任務的重量。你不需故作好玩的態度。找到適合自己的方式，就像孩子在決定遊戲前先試驗幾種不同的遊戲。

樂觀的巡航者

萊恩．希克雷斯特從喬治亞大學輟學，因為他覺得應該追隨自己的真心到好萊塢試一試。他對他的父母說：「我想要給自己一個機會。不過如果一年內我無法自力更生，我就會回到學校。」於是他打包行李放進他的本田 Prelude，開了二千三百英里的路程到好萊塢。他從此不曾再回頭。

希克雷斯特決定休學創造他的成功人生，大多數人卻對前進的方向猶疑掙扎，這差別原因在哪裡？它或許不單純是出自理性的決定。他自己承認重點在於嘗試——對預感做測試。他打算如果預感不靈就重新來過。

預感可能像推動你加快前進的順風。一旦你學會飛行，超級多工作業就會變得容易許多。一開始，你的預感或許朦朧不清。不過它並不必然一直如此。更仔細地檢視它，進行修改，它就會擺脫灰塵，減輕朦朧模糊的程度，給你更多數據來考量。

心理學家艾莉．克魯格蘭斯基（Arie Kruglanski）在二〇一一年解釋，學習檢視預感是一項技藝。你無意識的腦遵守著一套規則，它們實際上是修補的工具，正式名稱是推論設置（inferential devices）。當你不知該如何做時，你可以有意識地模仿這些心智工具。

想像自己在萊恩．希克雷斯特的情況。你不知道自己在好萊塢成功的可能性。你可以用的一個工具是把你的決定分類：它有多重要？你不這麼做是否會後悔？你也可以評估它產生的結果。在最糟糕的情況下，你會失去一年的學業，不過你也可能對自己和對人生學到許多。當你的腦讀取之後，「它非常重要」——「我不試試看會後悔」——「沒多少可損失的」，就會很快地，甚至在你不自覺的情況下做出決定，同時它會計畫進行的路徑並找尋更快達成目標的方法。

當然，你的腦中還有許多其他的法則像是聯想、或是與過去做比較。不過，如克魯格蘭斯基所指出，理性和直覺思考運用的是同一套規則系統，它們在腦中一起攜手合作。關鍵在於有一個「優化」（optimizing）態度驅動你的直覺找出對的理性規則。你憑著膽識和決心放眼目標，一路上從愉快的修改調整中學習。當你用正面的心態做事，就會讓你的直覺更加地準確。

要進一步理解這種優化的概念，可以試想一個棒球員或板球員必須跑動來接住飛球。在他追著球的同時，他要調整自己跑動的速度，眼睛盯著球，同時間準備接球的動作。他能把球接住，這是因為儘管球的速度、還有他自己的速度和位置一直變化，他和球始終保持連結。他並沒有計算拋物線或是預先跑到他認為球會落下的位置。（這反而會造成分心，如果在練習時他嘗試這麼做，他也會在標記下來後將它忽略。）他追著球直到將它接住。沒有教科書可以保證他會接到球，只有反覆的練習可以幫助他知道要跑多快、要減速多少、以及要如何將眼光連結到接球動作。在他跑動的同時，他的腦計算著他可能漏接球，於是減緩跑步速度——但是如果減緩太多，他的腦會讓他再加快速度。每一個調整都是優化策略的一部分。

我們為這些大腦調整的時刻感到讚嘆，因為它們涉及理性的思考，像是屈手接球，同時也涉及直覺的行為，像是加速或減速。它們在同時間發生。這是運作中的認知節律，而且它正在超級多工作業。如果你想要在多工作業的世界裡出類拔萃，學習快速調整來微調你的預感或許會成為你的主要策略。你在運用無意識的規則和優化策略時，你很清楚自己可能漏接球。但是隨著路線修正以及專心的執行，最終你會學會如何運用自如，而不致因執行多工作業的飛快速度而頭暈想吐。

超級多工作業心態需要很多的步驟，所以你要注意別讓自己負荷不了。和其他幾章一樣，讓這一章的訊息流經你的腦中，然後再回頭先預訂一兩件事。底下的圖表整理了運用超級多工作業主要的心態變化。當你想要快速檢查你生活上可以加入那些改變時，可以參考這份指南。

專心的心態	分心的心態轉變
在超級多工作業時採取嚴肅專心的態度	帶著遊戲心態和輕鬆心情開始超級多工作業
對手上的任務保持警戒、有意識和專心是最重要的事	練習放鬆，不時地進入自動狀態——靠著隨意塗鴉不斷探索你的無意識
擬定計畫時極度理性	練習運用直覺並觀察不同任務是否能同時一起進行
按照你原本的計畫來完成任務	在最適當時機進行你的任務，並在進行的同時提供局部回饋
你只有靠更清楚的思考才能學會進行超級多工作業	四處走動、健身運動、電玩遊戲都可以幫助你發展超級多工作業的腦

第五章

擺脫困局

我們以為不可能的事常常只是操作問題……
並沒有物理定律說它們不可能。

——加來道雄

二月的波士頓可能令人沮喪。新年的期待已經消失無蹤，寒冷天候展現其威力。道路被融雪加泥土弄得泥濘不堪，你必須忍受雪堆、道路薄冰、以及龜速的車陣，否則哪兒也去不了。如果你曾在這裡住過一陣子，二月給了你藉口可以發牢騷——抱怨天氣，不然就是抱怨人生。不過，當我在診療時間與賈姬對坐，我聽得出她的語調傳遞的不只是一般的冬日憂鬱。

「我覺得筋疲力盡，」她抱怨說：「我不知道怎麼會變這樣，工作累得像狗一樣，為了買家裡的雜物打轉，還得不時開車送孩子去參加各種活動。我的生活就像是卡住的唱片。我丈夫是個好人，但我們的關係面臨前所未有的低潮。我們被困住了。我不想做自己喜歡的事——彈鋼琴、整理花園，甚至是在沙灘上散步。除此之外，我的工作似乎也撞上了玻璃天花板。我怎麼會成了自己人生的囚犯？」

賈姬的故事對我而言很熟悉——多年來我已經聽過許多類似版本。不論情境背景如何，一成不變的生活——曾經帶來安全和舒適感——都可能逐漸乏味。情感關係的穩定曾經是你渴求的目標，卻可能會變得讓人沮喪。即使是安定而且有成就感的工作，它的一成不變也可能讓你心志消磨（而且不只是在二月如此）！結果就是，你比平常更拖拖拉拉。你覺得含糊不清也因此覺得很難下決定。整體的缺乏動機往往導致自己選擇了不健康的生活形態——吃垃圾食物、睡眠不足、容易緊張——這只會讓你感覺更糟、更加陷入困局，這是一種惡性循環。

沒有人能免疫。

不論我們受困的情況多嚴重，一旦我們過了臨界點，我們就會試著各種建設性的、或是破壞性的方式讓自己跳脫困境。在婚姻關係中，我們可能想來個浪漫約會夜，甚至來段新戀情。覺得整個生活都僵化停滯的人，可能會設法找到「個人時間」或是找出「工作和生活的平衡」，但未必知道真正最好的個人時間或平衡應該是什麼樣子。在工作上，你可能試著避免出現爭論的情況，只管把自己的工作做好，不然就要辭職。這些策略有的可能暫時會有效，不過由於它們都是固定式的解決方案——把焦點單獨集中在安排事物優先順序、重新校準職責或是接受現狀——你精神上很快會消耗殆盡。

不只如此，這些堅持專心的嘗試通常無法持久。在上述每個例子裡，你的改變都是嘗試利用有意識的策略來對抗一個更加強大的無意識阻力。當賈姬對婚姻關係日趨下滑表達出沮喪，來個約會之夜毫無用處。工作和生活的平衡當下一波密集任務席捲而來時就難以持續。而當你前進一步就要退兩步，忍耐現況把自己的工作做好也是無濟於事。

所有這些情境裡，專心一致的想法很少能帶來真正一勞永逸的解決方案。最後你受困的心會回到輸送帶的模式，不斷運送你的心理包袱轉圈圈；你越是專注在你面對的問題，你就越是深陷其中難以自拔。

當然，受困不必然是關乎重大、影響人生的死巷。它也出現在一些小事情上。你可能句子寫到一半突然想不起某個字，或是路上遇到某個人卻叫不出他的名字。似乎話已到了舌頭尖，但是你就是說不出來。你的腦子好像突然打了結。

就神經學上來講，除了早期阿茲海默症或輕微腦中風之外，你想不起某個字或某個名字的情況就和你感覺苦悶或停滯的情況一樣。全力集中精神去回想往往不會奏效──相反地，你往往會更想不起這個字或名字！就像一隻憤怒的蒼蠅反覆撞擊關著的窗戶一樣，你的心思被卡住了。找尋出路都是徒勞無用。隨著你越加煩躁，你的腦部雜音也到了最高點。（你應該記得在第二章裡，作家的寫作瓶頸也是同樣情況，不過它涉及的是創意的問題。）

幾分鐘或是幾小時之後這個字或名字突然出現腦海中。這似乎很神奇，不過我們已知道實際促成它的心理和神經上的過程。更重要的事，這些流程──心理的和神經的小轉變──是可以複製的。蒼蠅需要你幫牠打開窗戶，用比喻的方式來說，你同樣也可以讓自己做到。

可能性思維

讓你的想法脫離停滯，首先要從轉換觀點開始。

與其老是想著自己所處的困境——它只會刺激憤怒、焦慮、或悲傷——你必須對自己的情況保持情緒上的中立（分心）。我稱它為轉換可能性思維（shifting to possibility mindset）。當你想不起某個字或名字，有時你只需放鬆要把它想出來的專注力，放鬆要找出它的必要性，讓自己相信你隨時會記起來，就足以真的讓這個字或名字浮現在腦海。這就是可能性思維的作用。

可能性是啟動心智的關鍵鑰匙：沒有它你無法開動車子（到你的目的地且不被卡住）。當你保持可能性思維，實際上你就增加了腦內的鴉片，放鬆並獎勵你的腦，讓它更可能運轉。當你認定不可能時，你就無法對抗阻力來運動。

當我跟賈姬這般建議，她翻了翻白眼。她滿腹懷疑地說：「我不想要這種超樂觀的無聊話，全部是鼓勵，卻沒有目的。」她是一家大企業的人資部副總裁，她急切想回到正軌或展開新目標——她沒時間也沒耐性去聽這種老生常談。

駕馭你的腦朝向可能性

加工製造的樂觀主義，按照定義來說是假的。假的樂觀主義告訴你「看著事情的光明面」

或跟你保證「事情一定有轉機」。相反地，真誠的樂觀主義來自於你自我訊息的微妙轉變：你只是告訴自己：「打破困局是有可能的。」這個用詞的小修改，給訊息帶來重大的改變，並開始說服你的腦子進行改變。這就像你買了一部白色汽車後，你突然開始常看見白色的汽車，你「買了」這個訊息之後，你的腦會找尋與解決問題可能性相關的事物。這種注意力的轉換（attention shifting）簡單說是駕馭腦朝另一個方向。

所以，把它大聲說，對著自己說，總之想辦法把訊息送出來。讓這個新訊息掌握你腦的注意力網絡並開始發揮它的神奇。

你維持可能性思維當然也可能被打斷。你也會有懷疑和混亂不清的時刻——當你放鬆腦進入可能性的概念，似乎缺乏結構而任意漂移。當你出現這種感受時，你會回到專注於在你正前方的事物。不過，你稍早之前想像可能性所做的努力並不會白費：當迷霧消除，你或許能看到更遠的前方；你放鬆進入可能性的能力，在下一次遇到迷障時將會逐漸地提升。

要「全心接受」這個想法會是一種過程；它並不是在一夕之間發生。一旦可能性導引你往新的方向，你可能還需要採取一些步驟來緩和和化解你曾感受的憤怒、焦慮或悲傷。

要讓你的感受得到控制，你可以嘗試「情感標記」（affect labelling），這個新鮮的術語意思是幫情感唱名。盡可能從多種角度來觀看你的憤怒、挫折或悲傷，並試著準確地描述它。

當賈姬火冒三丈而不只是焦躁不安時，她學會大聲說出：「我非常生氣。」當她感到焦慮而不光是唉聲嘆氣時，她會試著叫她的焦慮滾出去。點名說出你的情緒聽起來像是小孩子的把戲，不過它有著很巧妙的目的：它有效地在你的腦的焦慮中樞——杏仁核——和你思考的腦——前額葉——之間設置了一道壁壘。這個壁壘功能就像是壓艙物；你設定出可能性的路徑，便提供了自己一些保護，讓你未定義的情緒不會像浪潮般將你淹沒。

改變腦的透鏡

情感標記也可以幫助你重新界定（reframe）你的情緒，用較不具批判性的方式來描述它們。原本你可能對於停滯不進的感覺大發脾氣，重新定義之後，用不那麼負面的方式重新界定後，你或許會說自己是「情緒的強度走了調」。你原本可能因挫折而不快，現在你可以把它看成是「要改變的信號」。這不只是文字遊戲。這也不同於採取行動或做出回應之前的深呼吸——要你情緒冷靜下來時常見的建議。常見的深呼吸只是種壓抑（suppression）行為，但是引入可能性的概念——光是說出「解脫困境是有可能的」就是一種進展，或者說前進的思維。而它是無比重要的第一步。許多研究都顯示，重新界定情緒可以讓杏仁核——腦的焦慮處理器——變得穩定；你想要努力降低壓力時，重新定義情緒要勝過壓抑情緒。

依據解決方案來問問題

準備好心態冷靜、說法簡明的可能性思維，你就可以開始問自己有建設性的、找出解決方案為導向的問題。這裡的重點在「以解決方案為導向」（solution-oriented）。也就是說，不要問自己「我該怎麼做？」這類開放式的問題，轉而問「我如何讓它實現？」「有哪些特定的事我可以先做？」不要問「我怎樣改變我的生活？」這類問題可能不易回答，更讓自己感覺受困，你應該問：「其他人是怎樣成功度過這樣的困局？」以尋找解決方案為導向，你運用了專心的技巧航行於分心的可能性。在你腦中，專心與分心在更有生產力的認知節律中一同合作。你並不預設在二者的其中一端。

賈姬參考了其他人的婚姻——她欣賞的婚姻關係，以及她覺得有問題的婚姻關係——也參考了在職場上「衝破玻璃天花板」的人們。看其他人如何經歷這些過程，給了她一個範本來調整自己的狀況。

要把解決方案導向想像成「贏的策略」而不是「不要輸的策略」。參考我的網球偶像瑟琳娜．威廉絲（Serena Williams）的例子。二〇一二年的美國公開賽中，她與維多利亞．阿薩蓮卡（Victoria Azarenka）戰成了一比一平手。在第三盤，小威廉絲處於三比五落後兩局的不利局面。阿薩蓮卡氣勢正強，但小威還不打算投降。她緩慢、穩定且令人驚嘆地扳回了逆勢，以七比五贏得了第三盤。在賽後的訪問裡，她說自己並沒有去多想很可能輸球的機率，她把心思轉到另一個問題上：要贏球該怎麼做？她評估自己需要做的就是再拿下十二點，她運用可能性思維來導引她一球一球朝冠軍獎盃靠近。換句話說，她從「機率」思維（我贏的機會有多少？）轉向了「可能性」思維。（再拿十二點我就贏了！）

以信念維持旅程

沒有可能性，你的腦便無法計畫或學習。相信可能性也許像是個賭博——過於空洞的希望或如意算盤，這也是我們有許多人嘴上說有可能，但仍會保持一點自我保護的懷疑。不過懷疑可能讓你走偏，懷疑會讓你的神經狂亂分心，它會讓你的想法動搖，它會遲滯你通往改變的進展。在另一方面，信念對筋疲力竭的腦則是萬靈丹。它會重新帶給你思考的精力。在這種狀況下，你的思考可以跳脫出常態之外。

真的嗎？

你所見和體驗的現實並非牢不可破。對具預想能力的人而言，「現實」是盲目的。對努力擺脫僵化的心思而言，是不必要且會製造局限的分心事物。你的目標是要建構一個你所想要的願景——沒有限制、未經編輯、同時不受約束。你可以改造它來配合稍後出現的現實。把心靈擴展到你現有的生活之外，可能會給你帶來人生的改變。但即使是我們之中最優秀的人，也可能難以抗拒看似較安心的務實主義。

底下就是難以抗拒誘惑的例子。一九二九年，據《紐約時報》的引述，經濟學家艾文．

費雪（Erving Fisher）說當時的股價到達了「應該會一直持續的高點」。三天後，美國股市崩盤，引發了大蕭條。一九五七年，普林迪斯豪爾出版社（Prentice-Hall）負責企業書籍的責任編輯說：「我遊歷全國各地與最優秀的人們談話，我可以和大家保證，數據處理（data processing）只是一時的風潮，不會持續超過今年。」披頭四樂團在一九六二年試演之後，狄卡唱片（Decca Records）的一名主管告訴他們的經紀人布萊恩・艾普斯坦（Brian Epstein）：「他們的演藝事業不會有未來。」艾普斯坦說這位主管不喜歡他們的聲音，同時還認為吉他樂團快要過時。快轉回到最近幾年，這類「專家」和「仔細評估」的預測依然不大牢靠。在二〇一六年，絕大部分的英國脫歐民調都預測錯誤——與廣泛的預測相反，英國的公投結果是脫離歐盟。在同一年，唐納・川普在美國總統大選中打敗了希拉蕊・柯林頓，包括《紐約時報》的「結語」（Upshot）專欄與普林斯頓選舉聯盟都預測錯誤，他們預估希拉蕊的勝選機率在70%到99%之間。

我們很容易去相信權威人士的鐵口直斷，他們斬釘截鐵的說法令人安心，但是他們當然可能會錯！

科學家們知道，對可能的事抱持信念，並拒絕認定正確答案只有一個，才是科學進步的根源。科學家運用假說（hypothesis）——根據定義，它就是某種結果的可能性——來支持他們繼續向前的正當性。他們查看過去的證據，並據此對未來做出預測。接著他們利用實驗來測試他們的預測。假如他們的假說被證明為不正確，他們會找尋預測可能出問題的地方，再重新開始。真正的科學家滿懷好奇心，並充滿找出答案的渴望。成熟的科學家知道永遠不會有所謂最終的答案，永遠有更多要學習的東西，這是可能性思維的重要特質。

看似不可能的事物，因為科學而已經成為可能。例如天花這個由天花病毒（variola virus）所引發的傳染性疾病，據估計在歷史上奪走了三億到五億人的生命。在西元五六八年麥加象戰（Elephant War in Mecca in a.d. 568），它摧毀了衣索比亞的部隊。在一七一三年，它毀滅了霍登托特族（Hottentots）。在一七三八年，它造成半數美洲原住民族切羅基族死亡。而在一七七六年美國獨立戰爭裡，它造成了大陸軍相當慘重的死亡。

然而，在疫苗發現之後，天花大幅減少。第一次世界大戰之後，歐洲大部分地區天花絕跡。二次大戰之後，這種疾病停止在歐洲和北美散播。世界衛生組織在一九五九年決定，要在全世界根絕這個疾病。到了一九八〇年，經歷全球免疫抗戰後，天花已經絕跡。

多了不起的成就——可能性思維所展現的多麼驚人的例子！整個過程的每個步驟——從發現疫苗、到西半球以至全球的根絕——在宣告它的可能性之後緊接的實驗、嘗試和勝利。期待理想的結果並允許可能性思維為下一步行動鋪路，最終得到了成果。

當你的腦期待好的事物，正面的信念會導引出獎勵的感受和焦慮的降低。而這並不只是痴心妄想——這是實實在在的生理學。心理學家托爾．D．瓦格爾（Tor D. Wager）和他在科羅拉多大學的同事們在二〇〇七年展示，當你預期藥物會緩解疼痛，安慰劑會讓你腦中釋出鴉片（opioid），也就是緩解疼痛的神經化學物質。研究人員對實驗參與者的皮膚施以令人不適的熱度，接著提供他們兩種乳液：其中一種他們告訴受試者是可緩解疼痛的乳液，另一個對照組則告知他們乳液沒有效用。事實上，這兩種乳液成分完全相同。接受了安慰劑乳液——並預期疼痛會緩解——的這一組人，他們的腦中液分泌了天然的鴉片。

二〇一五年，預醫研究生索妮亞．弗里曼（Sonya Freeman）所主持的一項研究進一步說明了這一點。實驗中提供參與者三管相同的緩解疼痛乳液。其中一個標籤貼著「利多卡因」（lidocaine），因此受試者預期會緩解疼痛，一個標籤貼著「辣椒素」（capsaicin）（辣椒裡的重要成分），因此受試者預期會讓疼痛惡化，而第三個則貼著「中性」（neutral），因此他們不會預期有正面或負面的效果。弗里曼和她的團隊發現，預期疼痛會加劇的實驗者，他們腦部處理「厭惡」和「焦慮」的區域被啟動。然而，期待疼痛會緩解的實驗者，腦的獎勵中樞則會啟動。從生理上來說，相信本身就會帶來效果。

忠於你自己

採取可能性思維的一個關鍵要素是必須忠於你自己。堅持下去很重要，但是為了堅持而堅持——只因你相信這會讓你達到目標——差不多等於是假的樂觀態度。

不管是在家裡或是在工作，當你選擇用真心誠意，而不是只為達到目的而推銷，你就越容易讓人們接受你的處境。這個差別很微妙，二者相結合則是成功之道。關心你的聽眾——你想要說服的配偶或是事業夥伴——將會有助於調整你的訊息，引發他們對你的訊息的最大興趣。不過要是訊息一開始就非出自真誠，它很可能跌跌撞撞、超出你的能力範圍、甚至是出現你不希望的結果。

特別是在你受挫時，你可能忍不住套用別人的說詞，甚至像「我值得更好的」、「我不需再忍受這個」這類老套的說法。這類最硬的說法多少會打擊自己的信心。我把它們稱為「情緒性的倔強」（emotional pouting），它們並非真心的驕傲（pride）。

心理學家查爾斯．S．卡佛（Charles S. Carver）與同事在二〇一〇年要求一些邁阿密大學填寫關於驕傲、錯失的目標以及自我控制的問卷。這項研究評估兩種類型的驕傲：真心的自豪（authentic pride）——人們為某個事物感到真的成就感或真心的渴望——以及傲慢的自豪（hubristic pride），它源自傲慢或自大（「倔強」的驕傲）。真心自豪的實驗參與者說他們在完成目標時可以感受具有活力的幸福感，同時他們的回答也顯示他們有較好的自我控制和掌控注意力的能力。傲慢自豪的人較易生氣和衝動。

當你得到所想要的，你的腦感覺得到獎勵，它的獎勵系統會啟動。不過這個獎勵系統有兩個部分——一個紀錄來自內在的獎勵，稱為「內在獎勵」（intrinsic rewards），另一個紀錄來自他人的獎勵，也稱「外在獎勵」（extrinsic rewards）。當你真心自豪時，你得到內在的獎勵。你不會只專注於外在的標準和期待他人鼓勵，或得到其他想要的東西，而較依賴於自身的成就感和愉悅感受。渴望外在獎勵（讚美恭維、金錢、晉升、禮物）可能折損你腦裡的內在獎勵系統——它較難啟動，同時從外在獎勵得到的美好感受也較不持久。

當你處在可能性模式——隨著目標越來越清楚一點一滴持續向前進——你必須設法在充滿不確定的情況下堅定步伐。在這不確定的時刻，內在獎勵系統——對自己感覺良好且忠於自我——會幫助你持續行進。此時內在獎勵是你腦中的羅盤。但你不能始終處在不確定的狀態，三不五時你必然會回頭依賴舊有的行為和心理習慣，這時就是外在獎勵發揮的時候。受到讚美或得到晉升的確可能感覺很好，並且帶來一些有利的益處，不過當情況變得較不確定時，讚美與晉升會失去它們的力量，甚至可能關閉了你的內在動機。你可以專注於外在獎勵，然後由內在獎勵來導引。二者之間的來回轉換正是認知節律在發揮作用。

這有點像是慢跑。你可能喜歡它讓你看起來健康的外在獎勵，但慢跑必須幫你感覺到今天更健康，如此「健康」的目標才能夠長期間激勵著你。內在獎勵和外在獎勵都可以導引並激勵你達成你的目標。關鍵在於在二者之間達成規律，並不時自我檢查來評估你真正的滿意程度。

賈姬要脫離受困的狀態，理解真誠性和內在獎勵是重要的一步。她開始從內心深處說真話。她暫時停止靠說服她丈夫和老闆來幫助自己，而轉向於內心理解自己究竟想要的是什麼。她學到了當腦子困住了，心會來幫忙。

在診療過程中，賈姬讓自己暫且不在意受困的狀態，相信事情會有轉機。自由去想像並在心中開創一個未來，轉折迂迴的思考帶給她非預期的領悟和信念。如果她只專注於表面上顯而易見的事，她可能會遺落被隱藏的記憶和感受。在某次的療程裡，她談到了她多麼希望她的丈夫能更投入他們的婚姻，但是接下來她回想到，整體而言，她生活的各方面都越來越缺乏衝勁。接著在看似毫不相干的回憶中，她懷念起過去工作上晉升速度曾超乎自己的預期，其原因不在於某種策略或是外在的目標，而是她受內在的力量所驅動。

隨著這些談話，她開始了解自己主要關注的並不是感情、金錢和工作的問題。她真正最在乎的是她自身從內在重新點燃火花。當你能找到它，你的火花就是你最好的盟友。它是你能找到的最佳導引。如卡佛在上面的研究所發現的，它讓你有更大的自我控制力。

完全進入可能性思維的賈姬已經跨越了某些不快樂的分心事物。相對地，她開始得到鼓舞——有了目標和自主性。她的心思不再受困。她的心願意進一步漫走，準備探索透過分心開啟她生命的各種可能。

發亮的心

要了解心思漫遊時你腦中發生什麼事，先回想一下我們在第一章討論的預設模式網絡（D

MN）。把預設模式網絡想像成蜷曲成球的章魚。放鬆可以讓它發光，這種現象我們在功能性腦部造影的研究裡可實際看到。

發光的預設模式網絡延伸它的「觸鬚」與過去的觸鬚（腦的記憶庫）和未來的觸鬚（腦中的願景）相連結。這些「觸鬚」是連結腦部不同區域的神經纖維。你分心程度越高，發光就越明亮，你對過去的回憶和未來的想像就越清晰。

當過去、現在、未來進入了「觸鬚」，你的生活會更合理，因為你的身分——關於你自己的內在故事——不再那麼破碎支離。此時訊息開始自發流動。這種訊息的流動被稱為「自我覺知意識」（autonoetic consciousness）——可以把它想成自發性的思想或自動的知識。

當你受困時，自發性的想法是受歡迎的闖入者。它們代表著你已經啟動了無意識的腦。而這是個好事。

你有意識的腦最多每秒鐘處理六十個資訊。你無意識的腦吞噬資訊的速度要迅速許多——有人說大概每秒一千一百萬個。儘管實際的數字仍有爭論，大部分的專家們都同意無意識的腦是速度超級快的處理器。它的運作雖然不易被察覺，但是它會搜尋你有意識的、專心的腦不會發現的資料。

認知灰質的五十道陰影

擁有彷彿渦輪引擎推動的無意識，缺點在於它容易跳脫，跑在你有意識的腦的邏輯前面。在這種情況下，無意識的腦可能也較不準確。即使是下定了決心、有熱情、以可能性為導向的賈姬，有時這種大幅跳躍也會嚇到她自己。事實上，她開始自問一些問題——何時該和老闆正面攤牌？萬一和丈夫的衝突無法化解該如何？——正說明了她已經開啟了可能性，尋求自己真實的渴望。但是，它的結果也令人不安。

特別是賈姬從初步的進展建立信心之後，全力投入的想法很吸引人，但也令她畏懼。「要賭就賭一把大的」(go big or go home)，豁出去正面對決的心態有時並不壞，有些時間和場合總需要這麼做。不過非黑即白的想法有時候可能很空洞——而且可能太過分、太匆促。當你受困時，答案往往隱藏在好幾道陰影之下——你的想法只需要微幅的調整，而不是徹底大翻修。你並不需要追求你心思漫遊時想出來的所有可能性。你可以在可能選項之間進行修補、考慮情況、再進行修正。這才是真正合乎精神的工作程序。

修補精神

新聞記者亞列克·佛吉（Alec Foege）說：「與一般人看法正好相反，大多數美國偉大的創新是來自一連串新手和夢想家偶然的幸運意外，而非訓練有素的工程師或專業人員。」他指出了富蘭克林（Benjamin Franklin）——他發明了避雷針、複焦眼鏡、富蘭克林爐、里程表、以及美國郵政系統——和愛迪生（Thomas Edison），他把大量的時間用在找出發明電燈泡的適合材料。佛吉說，或許他們的修補思維來自於他們時代富於探索的美國精神。

不管是不是在美國（當然全世界都有無數修改精神的創新例子），他的觀察有趣之處在於，他指出修補的精神是達成進展所需。所有發明事物、規劃城市、或建造網站的人，共同之處在於他們的開拓精神——熱情接納修補和可能性。這並不是說他們的進行過程沒有計畫，而是說這些計畫並非不容變動，他們對大大小小的修改與變化都抱持開放的態度。

賈姬的修補精神出自於她的好奇心和她對改善人生的渴望，它源於不願對人生照單全收的精神。即使進展不順，她仍會說：「我的朋友都跟我說，我過得很棒，我不該多想那些傻念頭。不過我並不這麼看。我覺得多去想像怎樣讓生活更好是很有用的，就算我不是馬上知道要怎麼做到。正是這種開放心態讓我能持續前進。」

這就是修補精神。而你如果開始可能性思維，你也會在你自己身上發現這種精神。

迭代的力量

紐約大學的風險工程教授納西姆・塔勒布（Nassim Taleb）在二〇一一年說明了何以「修補表現優於設計」。智慧工程（intelligent engineering）多專注於以既定的計畫來建構（一個企業、一個技術、一套食譜、一樁婚姻），修補的概念與之正好相反，它容許你找出非預期的解決方案和回應非預期的意外。他解釋說，這是現代科技發明的基礎：每個新版本目的都是要改良先前版本和打敗競爭對手。事實上，塔勒布把修補視為「抗脆弱性」（antifragility）的基礎——也就是在不斷變化的世界裡保持韌性和相關性的能力。你維持彈性，並與時俱進。

視修補為過程

從專注在問題上，轉移到培養可能性的想法，中間牽涉到許多複雜的過程，不過分心是維持可能性思維所必須。與其認定眼前沒有解決方案，你應該用新的假設——可能有解決方案！——來取代「不知道」。你啟動想像力設計可能的實驗來發現一個解決方案。在進行過程中，你可能因為實驗不如預期而將它放棄——就像賈姬試圖和她的丈夫討論工作，而她丈夫卻只顧提供建議而不願聽她說。或者，你可能看到處理問題的更好方式——就像賈姬了解到，她必須更深度地重新理解自己期待從工作中得到什麼，確定自己願意放棄什麼，如此她才能帶著更明確的信念與老闆談判。

當你進行類似的思考實驗，你就在不斷修補這些想法。而當你開始想像解決方案，你同時也在修補和分心。腦部研究者路易奇．F．安納提（Luigi F. Agnati）和他的同事在二〇一三年解釋，想像力是依據獨特經驗不斷修補舊概念和想法，以創造出重組的新概念。在不同的實驗中轉換進行，在舊的概念之間來回思考，直到新想法的出現，這正是一個分心的過程。

換個方式來想：每個摩天大樓一開始都是個概念，接下來是個草圖，再來是一個正式的設計圖。在每個重要階段中，都會有新的規劃和調整。要到達自己生命的高峰——要不受困——學習成為聰明的修補者是不可或缺的。一個修補者的路徑並非狂野的迂迴漫走，它是經過仔細思考後的自由。對你計畫好的行動進程做修補永遠是明智之舉，而進程中繼續一路修補可能又更明智。

修補可能性——對未來的一些想法——就像是「思考打草稿」直到找到對的圖像。當你害怕大幅跳躍，你可以、同時也應該檢驗大跳躍可能激發的恐懼。如果用較小的、漸進式的步伐，你的大跳躍就變得比較容易管理。

不過，修補不光是採取小一點的步伐——同時它也容許你從盡可能多的不同角度觀察事物讓好奇心盡情發揮。好奇心啟動你的認知節律。它帶你脫離專心的「目標鎖定」（goal-targeting），進入分心的「目標探索」（goal-discovery）。

認知心理學家瑪麗葉克．傑普馬（Marieke Jepma）和同事們在二〇一二年進行了一項研究，觀察實驗參與者在好奇時腦部血液流動的情況。研究人員給受試者一些模糊的圖片以引發他們的好奇，然後分析他們的腦部血液的流動。稍後，他們再給受試者清晰的實際圖片來消除他們的好奇——隨後再進行腦部血液流動的分析，之後他們比較分析的結果。

他們發現，在好奇的狀態下，血液流向了腦部處理驚擾和衝突的區域。解除好奇心則啟動了腹側紋狀體（ventral striatum）——一個內在獎勵中樞。當你因好奇心進行修改時，你處於分心、被啟動的搜尋模式，而當好奇心因專心的探索而解除後，你再次感覺良好。每個好奇的行為——一次修補的單一問題——在你解決它時都會引發短期的獎勵。以這種方式建立短期獎勵，可以促發動機並給予你持續進行任務的精力。

在受困停滯時，沒有一套所謂一體適用的解決方案。可能性思維會給你漫遊的心提供力量，不過對這些被激發的想法和感受進行修補，是考慮可能選項最有實效的方法。

策略性的心智漫遊

不管是譬喻的或實際上的說法，當你策略性地撥出時間讓心思漫遊時，分心最能對你心智施展魔法。許多成功人士在迷失或受困的時候，會在生活中打造我稱之為「策略性的心智休息或迂迴漫遊」（strategic mental breaks or meanderings）。

蘋果電腦和皮克斯動畫公司的創辦人史蒂夫・賈伯斯從沒念完大學。他說自己「決定輟學並且相信終會找出路來」。請注意，他說的是相信，也就是說他抱持著可能性思維。他在一九七四年花了一段時間在印度的靜修處冥想、反芻、在附近的村落步行。一九七六年，他創辦了蘋果。

當臉書（Facebook）在二〇〇八年遇到了瓶頸，創辦人馬克・祖克柏（Mark Zuckerberg）遵循了賈伯斯的建議。他暫時休息來思考公司的未來。在此之後他逆轉了局勢。

比爾・蓋茲仍舊每年要過兩次與世隔絕的「思考週」來思考關於科技的未來。在一九九五年的一個星期，他突發靈感寫了論文「網際網路浪潮」，它促成了微軟公司開發出網路瀏覽器並打敗了它的對手網景（Netscape）。

成功預視未來的人都理解暫停一下、反芻想法的好處。當你停止專心，你的腦中會出現神奇的事物。你漫遊的心變成了偵探，尋找出原本較難捉摸的想法。它幫助你把原本受困的問題釐清條理。在充滿可能性的狀態裡，漫遊的心主動在搜尋某個東西。你不會在半途擋路。不過，你也不需要特別的預視能力、中途輟學，或是到遙遠國度冥想事物，你現時現地就可以啟動你的靈視能力。

認識自己的幽微隱匿處

修補想法、從多種角度探索這些想法雖然可以讓你充滿活力，但是你在開頭的興奮之後也可能失去衝勁。特別是當你發現自己處處碰壁，你可能會想放棄相信自己，改去做較為「實際」或「具體」的事。這是可以理解的——沒有人希望自己的腦子每天二十四小時都被激擾陷入衝突。這並不令人愉快。你需要內在的獎勵讓你即使解決方案仍未明的情況下仍有精力追求目標。你需要為腦補充能量，好讓更多的你「在場」。

我光是提到在場（be present）這個詞，就讓賈姬翻起了懷疑的白眼。不過哲學家布萊斯・胡布納（Bryce Huebner）和羅伯特・D・盧佩特（Robert D. Rupert）的一篇傑出論文給予了我與她繼續互動的管道。

基本上，胡布納和盧佩特解釋了人們如何鼓勵自己從A點到達B點。你追求的或許是某一個目標，但它本身未必是鼓舞你的事物。舉例來說，賈姬對於她的婚姻關係和她的工作，沒有辦法在腦中維持一個可以鼓舞她的圖像，目標太過模糊而無法激勵她。你可以被一些實際可感受的個人獎勵得到激勵，像是在慢跑的時候，但是光是如此往往仍不足以被激勵。

相對地，要追求你的目標，你必須在生命中出現——盡可能完整地在場。而且當我說「在場」，我指的不是你注意力的程度，我所指的是在你腦中啟動的「自我」迴路的數目。必須有相當的數量被啟動才能夠激勵你持續前進。

目標起動了你的信念和你的過去——打個比方，它們將你腦的記憶中樞畫廊裡的畫掛起來，把盡可能多的你「上線」。當足夠多的畫被掛上去，你感覺靈感飽滿。當畫不夠多、或是這些圖畫混雜了你對自己喜歡和不喜歡的圖，你可能感覺缺乏鼓舞。讓你靈感飽滿所需圖像的正確數量，我將它稱為「關鍵心理數量」（critical psychological mass，簡稱CPM）。CPM是激勵你去做某事時，你所需「你的面向」的最低數量，而且它們未必是明顯可見。

對賈姬而言，她的一個展現是重新開始鋼琴課。一開始你可能會問鋼琴課與賈姬目前的目標有什麼關係。答案是——通通有關。當你想要達成一個目標，重點不只是目標，你同樣也是重點。對賈姬而言，生命裡少了音樂讓她心裡上感覺麻木，重拾鋼琴課添加了她修補其他不相關目標的靈感。當我第一次見到她時，我以為她演奏鋼琴的渴望不過是無關痛癢的附帶想法。不過當她談到彈鋼琴過去曾帶給她的感受，我了解到她這個沉睡的部分是真正能帶動她的一個強大力量。更重要的是，這是她的一部分，少了它，讓她覺得較缺少活力。

在大型企業裡不乏已婚、有兩個孩子的人力資源部副總裁。不過賈姬只有一個。同樣地，不論你的年齡、種族、職業、家庭狀況，你只有一個。如果你尊重原創性自我的複雜性，你的過去的每個小拼圖都重要。魔鬼就藏在細節裡。而修補是唯一足夠小巧的工具，可以進入組成你的所有幽微隱匿處。

你祖母的氣味，你和爸爸一起打球的涼爽秋日，你五年級時把成績單帶回家時的羞愧感，你手拿撞球桿的愉悅，你玩「金剛戰士」遊戲沉醉的快感，這些都是儲存在你腦中的記憶，但是無法由專心的心讀取，要修修補補挖掘出這些懷舊事物。它容許你預測的腦運用你的記憶來填補對你自己心靈圖像中的缺漏，好讓它建構一個你的未來的不同圖像，同時它也讓你感覺更加全面和完整，這種真實感提供你前進的動力。

當可能性開始展現——這是你讓心靈漫遊的附帶產物，你必然會發展出 1.0 版本的計畫，之後隨著你更多的發現而更新。這個事先計畫的發展和修正是修補的一種形式。允許它隨著時間開展進程會帶來成果。把它想像成品味一塊高級巧克力，隨著巧克力片在你的口中融化，微妙而愉悅的氣味浮現。如果你一兩口就吞入肚中，你就錯過了這個氣味。同樣地，細細品味你的想法會顯露出微妙的資訊。關鍵是當你的 1.0 版本沒有符合所有目標時，不會因此灰心氣餒。你是否曾經拿舊式的家用電話和智慧型手機做比較？很難相信前者會發展成後者的樣子，但現實確實是如此。

你也不需要執迷於追求完美。修補過程中，你越是不過度執迷於完美，你的第一版解決方案就能夠越快進行。你會為了下一個版本而學習，接下來你甚至會感覺較不遲滯。當你把每個決定都當成下一個版本的前身，不完美就不是那麼重要了。人生比較像是玩樂高積木，而不是蓋水泥房子。你可以隨意搬動材料。

賈姬對自己的選項進行修補，隨時間進展而更有準確的理解。當她做出結論她應該和老闆談判，她並不是馬上就做。她做了仔細的思考。很快她就了解到，如果她準備好更多的資訊，談判就能有更好的成果。其他人多快得到升遷？是否男性較占優勢？其他人的薪資是多少？她的升遷會幫助或傷害到其他人嗎？

在她學到修補之前，原本她認為開場她要說的是「我想跟你談談加薪的問題」。在她對可能的情境進行推敲之後，她的開場白變成了「從得到升遷的人們身上，我看出了一個模式。我很想知道自己理解的對不對，我覺得我也符合其中的標準」。

老子說：「以其終不自為大，故能成其大。」可能性是關於存在（being）與放手（letting go）；修補則是變的過程。賈姬的修補容許她變得訊息更充分、更確認自我、更有自信、更有動機。她鼓起勇氣和她的老闆談判，而結果是正面的，她得到了晉升！

於是她打鐵趁熱，她覺得接下來該和丈夫鮑伯談一談如何改善他們的婚姻。不過她提及這個問題時，她的丈夫卻認為這不切實際。他每天上十二個小時的班，轉換節奏以符合好萊塢式的年輕男女浪漫戀情，對他而言顯得荒謬，他們兩人都如此努力工作想存下孩子們的大學教育費。她也部分同意。於是她打消了討論的念頭，準備放棄。

我提醒她，這是她丈夫初步的反應。說不定，這並不是他最後的結論？

拿酸檸檬做好喝的檸檬汁——從神經學上而言

大部分人——當然還有大部分的企業——透過事先防範來避免錯誤發生。不過，如此一來，我們也錯過了錯誤可能帶來的好處，也就是我們能從錯誤中學習到並運用來轉化我們生活的東西。

你是否曾忘了冰箱裡有塊乳酪最後放到壞掉？或者你的洗碗槽裡盤子堆積如山，最後發現它們上面已經長出了綠色的怪東西？你的自然反應是捏著鼻子然後把乳酪丟掉，對吧？此外，如果你沒有盤子丟掉，你應該也會很快把它們放進洗碗機，以最快速度按下清洗鍵。

好吧，幸好蘇格蘭生物學家亞歷山大．佛萊明（Alexander Fleming）不拘小節，也不急著丟棄發髒、發臭的東西。某年的八月，他離開實驗室去放假，實驗室正在研究葡萄球菌——一種25%的人在鼻腔、口中、肛門和陰部存在，但沒有帶來太大後果的細菌。不過，葡萄球菌還是可能導致化膿的皰疹、蜂窩性組織炎、甚至心臟瓣膜發炎。當佛萊明度假結束回來，他在實驗室培養皿裡長了奇怪的菌類。他並不是自然而然地把培養皿丟棄，而是興味盎然地注意到這個細菌已經殺死了周邊的葡萄球菌。這促成了盤尼西林的發現。如果他看到了這個菌後，捏住鼻子、閉著眼睛、把它丟掉，或許我們所見的傳染病治療進展會遲緩許多。

此外，還有另一個出名的醫藥例子。心絞痛（angina pectoris）是因為心臟動脈阻塞導致的胸部疼痛。製藥公司輝瑞（Pfizer）生產一個叫UK92480的藥物用來減緩這類的胸部疼痛。雖然這個藥品是個毫無希望的大失敗，輝瑞卻注意到它一個有趣的副作用——它似乎會造成勃起。他們並沒有忽略這個副作用，反倒是進行了研究。日後它名為威而鋼（Viagra），是經認可的治療勃起功能障礙的藥物。

說不定你生活裡某個副作用也有它的用處？專心的心思會把非意想的結果視為不相關，分心的心思會停下來思考、修補、設想可能的機會。就和佛萊明以及輝瑞藥廠的科學家一樣，運作中的可能性思維不只被動反應，也會主動探詢，不只是認清錯誤，同時也在找尋機會——同時也樂於分心而不是只專注在眼前的事物。

想想看，把所有讓你感覺不走運的事情記下來並問問自己：「要是我不那麼矯枉過正會怎麼樣？」如果你在犯下錯誤時順便隨意塗鴉情況會如何？我們傾向於忘記自己的錯誤，並抹除掉它們的痕跡，但是它們或許也是充滿收穫的機會。

偶爾笑一下

認知心理學教授亨克・范・史汀伯根（Henk van Steenbergen）和同事在二〇一五年進行了一項實驗來檢驗幽默對腦的影響。它是否軟化緊張狀態下的衝擊，對腦部帶來影響？

實驗的參與者被要求完成一項對他們思考造成壓力的任務。在箭頭側邊夾擊試驗（arrow-flanker conflict task）中，螢幕上會出現一個向左或向右的箭頭符號。受試者要儘快在鍵盤上按下相對應的箭頭符號。不過在目標箭頭的兩側（flank）還有其他指著相同或相反方向的箭頭。如果兩側的箭頭和中間的箭頭指的是同一個方向，腦部就比較容易反應。如果它們方向不一致，大多數的人就需要花點時間思考判斷，再按下按鍵。

在進行測試之前，受試者先觀看中性的或是有趣的卡通。研究人員想了解觀看好笑的東西是否對腦有幫助。

確實如此。受試者如果看了有趣的卡通，他們可以較不費腦力地按下正確的按鍵。在腦中，幽默會幫助額葉皮質的衝突偵測器。它鈍化了這個腦部區域的需求，容許腦思考更加有彈性。

不過，錯誤有時確實會造成壓力，在解除受困狀態的過程中，幽默扮演向前推進的重要角色。當你面對一個你認為是可怕的錯誤時，幽默可能是你最大的資產，因為它容許你做不一樣的思考，並且想得更透澈。

當賈姬第二次與鮑伯談話時，她與他一起笑談自己怎麼會變得這麼正經八百。她較輕鬆的處理方式讓對方可以更輕鬆地討論改變，同時一起來設計生活的不同體驗的方式。他們並沒有立刻投入高張力的約會夜晚——要求自己做他們目前似乎假裝不來的（或至少是按表操課的）浪漫演出。他們也不期待彼此虛假的關心，刻意造作的親密，或不承認彼此分心。相反地，他們從小地方開始：每天晚上他們挪出三十分鐘來思考正面的問題，例如婚姻是如何改善了他們的生命，或是他們的孩子如何令他們引以為傲。他們同時也開始了每週一次在家裡的「雞尾酒之夜」，並把它變成一個活動，甚至連孩子們也都用這個名稱，因為他們也期待自己的假雞尾酒。嘗試新的事物對他們而言不是驚天動地——沒有東西是一夕改變——不過思考和嘗試共同生活方式的過程，讓他們感覺到更有活力，連繫也更加緊密。

同時，他們不斷從成功與失敗中進行修補。當每週的雞尾酒之夜變得像是強制性的歡樂，他們就改為兩週一次。當他們每晚的聊天時間開始變得像心靈雞湯課程，他們就更用心和更隨興，不強迫自己一定要是正面的談話。他們把它擴大應用到一整天——彼此互相打電話——不是每天需要做，而是想到就做。這需要花一些工夫，不過一旦他們了解彼此讓對方感到愉快，次數就逐漸增加。

「接受現實」可能是忙碌夫妻的最大夢想，它擺脫了一些不實際的壓力。你也可以不時地做一些變化，同時你也可以取笑自己在生活上太過正經嚴肅的事。

全心投入減少摩擦

多數人聆聽建議後做出相對應的改變，卻幾乎不見成效。這是因為他們改變想法和行動的同時，卻沒有改變最根本的人生態度或信念。

把你的心想像成一個水族館。你的想法和行動是魚；你的人生哲學就是它們的「心靈媒介」，是水、氧氣、和餵魚的飼料。你嘗試改變你的想法和行動之前你必須先改變你的心靈媒介。從現在開始，你的人生出現撞牆的情況，首先就先改變你的心靈媒介。

關閉製造藉口的機器

心理學家傑克．布瑞姆（Jack Brehm）在一九五六年進行了一項實驗，他請求人們評判一些家居用品如烤麵包機、檯燈、馬表、收音機對他們的吸引力。許多人對兩件物件有同樣的評分。出現這種情況的時候，他要求他們從兩者之間選擇一個東西把它帶走。二十分鐘之後他們被要求重新評判這些用品。有點讓人驚訝的是，他們對自己選擇帶回去的禮物有比較高的評價，儘管原先他們對另一個東西有相同評價。舉例來說，如果他們選擇了烤麵包機而不是馬表，他們對馬表的評價會降低。他們說服了自己是做了正確的選擇。

心理學家羅伯特・E・諾克斯（Robert E. Knox）和同事們要求人們評估一匹馬贏得賽馬的機會。在他們下注之前，人們評估牠會贏的機會平均是三點四八。在下注兩美元之後，評估的機率變成了四點八一。同樣地，當你投資於某個事物時，你的腦會把它看得更重要。同樣的原則適用於你在做出決定之前和之後對一個度假地點的選擇。研究確實顯示，這種偏見可能持續兩三年；你往往會記得自己重視的事，也會重視自己記得的事。

換句話說，你腦部的機器會把你的選擇合理化或找出藉口，而這也會影響到你對擺脫受困狀態所做的努力。光是想到改換跑道或是最輕微的分心，都會引發腦的混亂。專業名詞稱它為認知失調（cognitive dissonance）。儘管改變可能有好處，你的腦對改變會出現反叛，並且不理性地試圖維持受困的狀態。受困可能比改變感覺更加安全。

要關閉製造藉口的機器，第一步是先認知到這是可能出現的情況。由於用第二人稱來自我對話比第一人稱更能有效降低壓力，因此這裡的自我對話應該是「你不會接受任何藉口。你的目標是擺脫困境」。

當然，有些時候你的藉口與你最核心的存有共鳴。你可能會說「我就是不適合這樣子」而順從了你對自我所謂的自知之明。你可能合理化你的選擇，說自己不是天生的冒險家而接受現況。這類的想法是你腦中製造藉口的機器在進行干涉的徵兆，因此要用自我對話來介入。

（許多研究想分辨和確認「冒險」的基因。有些實驗報告指出多巴胺D4接收器基因「DRD4」可能與找尋新奇事物有關，不過其他一些研究則無法複製同樣的發現。即使你的基因促成了這類的行為，整體而言，它們也只占其中的4%至6%。我們可以大膽地說，如果你現在不是冒險類型的人，也不是完全沒救。你並不是你的基因或你的習慣的囚徒，只要你願意改變，你有能力改變你的心態想法。）

在生活中加入「無壓力時段」

壓力是一股水底逆流，把你拉離開你想到達的冷靜海岸。它把你困鎖在你的習慣之中。你在有壓力的情況下很難改變想法、情緒或習慣。

生活壓力擺脫不易，但你可以學著對它做更好的管理。對初學者而言，一個好方法是撥出一段時間保證自己不受日常壓力困擾。要挪出一點給自己的時間也許很不容易，但你應該讓自己明白好好管理會帶來的好處。要知道，醫師過勞是越來越普遍的流行病——它是壓力造成的嚴重後果。梅奧醫院（Mayo Clinic）的內科醫師柯林．P．威斯特（Colin P. West）在二〇一四年要求醫師們每兩個星期在工作時間中抽出一小時來參與小組討論。在這段時間裡，他們進行內心的反省、分享經驗、同時彼此互相學習。在過了九個月之後，他們工作的投入、活力、過勞情況、憂鬱症狀、生活品質，以及對工作的滿意度都出現明顯改善。他們可能仍要面對同樣的壓力，但是他們整體而言感覺好多了。

我知道每個月找出一個小時都不簡單，更不要說每個星期了，但是，每個禮拜不被打斷的一個小時，正是你應該努力營造的時間。目的是在那個小時裡把你所有的困擾都暫時拋開，從你心智的輸送帶上把你心理的包袱搬離開。選擇一個最可能為你工作時間帶來平靜的活動，不管你是自己一人或與他人共享，不管這個活動是畫圖、帶狗散步，或是坐在你最喜歡的椅子上瞪著天花板。

一位內科的同事最近告訴我一個讓我有點震驚的故事。一個病患與她透過電話談話時，突然出現心臟不適。我的同事告訴她：「我想你可能是心臟病發。你最好過來。」這名病患客氣地婉拒了，因為她的兒子正參加一場重要的比賽，她的丈夫剛結束長途旅程回來，還有千千萬萬種其他的理由。她說希望至少延後一天再看病。很荒謬，不是嗎？但是如果你自己不在你的日常作息時刻表中刻意營造一個休息或無壓力的時段，你有可能錯過了徵兆，在荒謬的情況下損害了自己的健康。

以信念驅動的人生

信念是感官訊息的入口閘道器。它們往往會導引你的感官。你的信念一旦改變，你的所看所聽也會有所不同。

疾病因為信念而出現和消失的例子，在醫學文獻中不勝枚舉。心理學家尼可拉斯·史班諾斯（Nicholas Spanos）和同事們在一九八八年進行了一個研究，長了疣的人們接受催眠讓自己身上的疣消失。他們拿這種干預措施的效果和接受安慰劑以及完全未接受治療的對照組做比較。催眠與疣的消退有關，特別是當實驗參與者發揮生動的想像力。

為何出現這樣的結果仍存有爭議，和其他大部分干預措施一樣，它或許不是對每一種疣或是在每一個情況下都會有效。不過超過二十個研究報告，包括在實驗室控制下以及軼事類型證據都證明了它的效果。有些人將它歸論是信念啟動了「生化戰策略」。化學的信息傳導協助免疫細胞殺死了微生物造成的疣，或者它們引發小動脈選擇性的收縮，切斷了供應疣的重要養分。信念存在著重要的生化機制。這也是它可以在你感覺受困時提供幫助的原因。

不要害怕在腦中把這種信念合理化——要跟自己解釋（大聲說出來或在內心想著）你需要它來獎勵你的腦。提醒自己去回想我前面提到的緩解疼痛和安慰劑的研究。

如果有人做到了你想做的事，那就說明了它是可行的。至少有個窮光蛋得到了經濟上的自由。世界上有很多人始終單身，直到晚年才終於發現了真愛。要記住，我們要注意的不是它的出現的可能性有多大，而是要在意它是否可能。一旦深刻認知到這一點，你便開始要擺脫受困。

看向地平線

你可以把限制想像成地平線。別讓限制癱瘓或延誤你，你要不斷前進並一路修補。如此一來，你就會把限制看成和地平線一樣，它也會不斷移動。如果你持續探索，你會發現所謂盡頭並沒有止境。

保持這種觀念，試著把你的想法甚至你遇到的路障當成是地平線上的點。你要知道隨著你靠近它們，它們也會變化——或許它們會越變越大，或許它們會倒退——接著再把它們想像成一些你的選項。牢記這個原則——一開始第一個月每個星期採取一個小步驟，接著第二個月每星期兩個步驟。這些步驟不一定是前進式的或是互相有關的。

比如說，你想換工作但是實際上行不通。與其什麼都不做，你還是應該開始找別的工作，同時很清楚自己要面對實際上可行性的問題。花三十分鐘瀏覽網路找尋工作機會。它會擴展你的想法，讓你知道有哪些可能，同時還可能刺激腦進一步想出更多的可能性。

想想看賈姬一開始如何把事情思索一遍，即使在鮑伯直接拒絕她對於如何共處做出改變的提議之後，她仍重新回想，並重新檢驗。隨著時間演進，逐漸增加這類的行為。把每一小步當成是修補的工作，把自己當成是自己生命的雕刻家。

打開白日夢的門

過一個「全腦」（whole brain）的生活，意思是為你的無意識找出時間和空間，它會在不受注意的情況下以分心的方式運作。每天生活中刻意營造等待與漫遊的時間，讓你不用為了擺脫受困而真的拿頭去撞牆。

耶魯大學的心理學家傑洛姆．辛格（Jerome Singer）在一九五〇年代辨識出三種類型的白日夢：正面建設性白日夢（positive constructive daydreaming），這是相對較少心理衝突的過程，你用遊戲式的、生動的，而且合自己意願的方式想像事物；罪惡感不安的白日夢（guilty-dysphoric daydreaming），由企圖心、失敗、與攻擊性共同驅動，或是執迷於想解除創痛的想法；還有一種或可稱為注意力控管不良（poor attentional control），它是焦慮和難以集中精神的的人們典型會出現的白日夢。你想要做的是第一種類型的白日夢——正面建設性的白日夢。

一旦容許自己做白日夢，你的想法會幫助你做出對未來更好的計畫，同時會注意到你腦中正在處理的諸多事物。除此之外，這些白日夢讓你有機會擺脫常態，這是著手讓自己擺脫困境的好方法。

每天撥出時間做心思的漫遊是一個關鍵。有些人在他們剛睡醒時——在起床開始一天工作之前——進行。你也可以在眼睛盯著窗戶外、坐在會客室裡或是在散步時做白日夢。聽起來也許有點矛盾，但生活中如果沒有等待，反而更沒有效率；你的腦的電池會很快消耗結束。雖然沒有確實而固定的數據，不過如果你從一開始每天十五分鐘，之後慢慢變成一天三到四次，每次十五到三十分鐘，你就可以感覺到你受困程度的明顯變化。

如果你覺得在你一天的工作行程中，安排六十分鐘的時間做白日夢太過吃力，你也許是在開自己的玩笑。許多研究顯示，我們醒著的時間其實大概至少有一半是在做白日夢。與其讓它悄悄出現到你身邊，你為何不讓它進入你的修補時間表裡，並且在你可能感覺最疲乏或最無聊的時候刻意為之，讓它變得更有建設性？一開始你也許需要鬧鐘來提醒你做白日夢。時間久了，它自然會成為習慣。

心靈之旅

你腦中的情感中樞和你思考的腦彼此相連。這句話其實沒那麼深奧。想想看：你郊外遠足看到一隻狐狸，你的焦慮會讓你思考如何避開牠，對吧？如果你在購物商場看到你的死黨站在電扶梯上面，你的興奮會讓你想到要衝上電扶梯。這麼想的話，你應該可看出思考和感受是密不可分地連結在一起吧？事實上，神經學家安東尼奧．達馬西歐（Antonio Damasio）寫了一整本書來談論這個主題，書名叫《笛卡兒的錯誤》。他主張在神經學上，說「我思故我在」並不正確。相反地，思想和情感的迴路在腦中相互交織。

「你的腦袋被卡住時，用心來運作」是很有道理的。（當然，你的腦袋也參與到很多所謂「心」的工作——它處理直覺、愛、和本能——不過我這裡是用比喻的說法。）當你迷路時，重要的是要回到你真正想去和你所相信的地方，在這個地方，你無需說服自己用什麼東西來提振自己。

希臘裔美國電影導演約翰．卡薩維特斯（John Cassavetes）被視為是當代最有影響力的電影製片人之一。當他被問到如何決定想拍什麼電影（通常預算很低或需要借貸），他回答他有個單向的思路。他全部在意的就是愛，所以他只拍愛的電影。探索愛是他的熱情所在。讓你感覺屬於自己的是什麼？承認它。擁抱它。

要把「心」納入你的生活，每個星期安排一次「心靈之旅」，獨自一人或與你親密的人做些你自己所愛的事。它不用花太多時間，但它對你順利前進很重要。如果你所愛的是烹飪，那就每星期撥出一個晚上準備你的拿手菜或是你懷念的餐點。如果你熱愛音樂，找時間來演奏或是聆聽。如果你享受閱讀的樂趣，排出時間來做。如果寫詩讓你心靈得到滋養，每天試著寫上一兩行。重點在於做些有感情的事。如今諸多研究都指出，我們的情感是在我們迷失時指路的光。

在這個自我檢查的時間，問問你自己，指引我的人生哲學是什麼？我真正關心的是什麼？它有了什麼改變？回答這些問題會啟發強大的情感，幫助你把人生的這塊大拼圖湊在一起。

當你成了專心的俘虜，你會覺得陷入困境。但是當你用可能性來當你的羅盤，你就不可能被困住！把新的分心哲學和原則加入你專心的生活，你可以取得你的認知節律。你的生活不會再陷入停滯。如此一來，生活就不會感覺像是苦差事，而更像冒險的遊戲。

底下的圖表總結專心和分心帶給你心態的差別，在你感覺生活難以負荷時可供參考，用俯瞰全局的角度總是有幫助。

專心的心態	分心的心態轉變
讓外在現實導引你	讓你的信念塑造外在現實
創造策略並執行它們	在各種策略之中與之間等待
接受生命是有壓力的	每天固定安排一些無壓力時段
如果目標不能達成，在行動之前先擬好萬無一失的策略	如果目標不能達成，把每個新的行動當成你最終想要完成的塑像的雕琢過程
一個可靠的思考者是理性的、目標導向的	一個可靠的思考者永遠也和自己的心相連繫

第六章

從潰散到偉大

我認為平凡人也可以選擇不凡的人生。

——伊隆．馬斯克（Elon Musk）

一九六四年的一月，在阿爾伯克基一個未滿二十歲的新婚媽媽生下了小男嬰。不到一年半之後，這位母親受不了缺乏關愛又酗酒的丈夫而訴請離婚。孩子四歲大時，她嫁給了一個古巴裔移民並一起搬到休士頓，男孩在青春期時一家人又搬到了邁阿密。從此男孩再也沒見過他的生父。

儘管童年經歷生活動盪，這個小男孩充滿好奇而且求知慾旺盛。在幼兒時期，他覺得自己已經長大不該再睡嬰兒床，於是他拿了一把螺絲起子把床拆了。他裝設了一個電子警鈴讓他的弟弟妹妹們不敢進他的房間。他用灌了水泥的輪胎製作了大門自動關閉裝置。他還用一把傘和一些錫箔紙做出了簡易的太陽能鍋子。到最後，他的父母要他把自己發明和實驗的亂七八糟東西搬到車庫，成了他的實驗室。在十二歲時，他已經登上一本關於「小天才」的書，書中形容他「友善」而「認真」，不過「在領導方面不是特別有天分」。

在青少年時期，這男孩開始專注於電腦，在中學時代他已經跟他的女友一起開辦了暑期教育營。這個名為「夢想學院」的夏令營推動四、五、六年級小學生的創意思考，還要說他沒有領導能力嗎！他畢業時擔任了致辭代表並進入了普林斯頓大學，取得資訊與電機學士學歷。之後他先後任職於電信新創公司 Fitel、銀行家信託公司（Bankers Trust）和德劭投資公司（D. E. Shaw），在德劭他成了公司史上最年輕的副總裁。

不過華爾街薪資優渥的工作對他而言仍不足夠。真正的「夢想學院」存在他的腦袋裡，它正準備浮現。於是在一九九四年，他決定放棄優渥的薪資、穩定的工作以及前景可期的公司紅利，辭去工作搬到了西雅圖。在那裡他在自己的車庫裡開發軟體。一九九五年七月他開始經營線上書店，也就是現在人盡皆知、無所不包的網路商城：亞馬遜（Amazon）。

傑夫．貝佐斯（Jeff Bezos）給圖書、教育和人群帶來重大貢獻。他在一九九九年被選為《時代雜誌》年度風雲人物。二〇〇八年《美國新聞與世界報導》把他列入美國最佳領袖之一。二〇一二年，《財星》雜誌選他為年度企業家。二〇一六年，《富比世》把他列為全球富豪榜的第四名，《哈佛商業評論》則評定他是全球排名第二優秀的執行長。

提到貝佐斯的成就，往往我們很容易把「偉大」跟讚譽或財富混為一談。不過貝佐斯所體現的偉大並不僅止於他所累積的財富或權力。他的獨特之處在於他對自己內心願景所抱持的信念——以及他願意付諸行動，並在結果不符預期時調整心態。事實上，他的名言是：想法的一致性並不算特別正面的心態；他相信會把事情做對的人可能在隔一天就有自相矛盾的想法。他的例子告訴了我們偉大並不只是一種非凡的心態——它是將這個狀態轉化且持續迭代，化為具有深遠意義的行為。

這個深遠意義往往可能抽象或難於達成，因此很多人可能認為「偉大」不過是個人造的假目標，光是鼓勵你追求偉大就可能讓你倒胃口。不過偉大也許不是那麼無趣，只要你把它想成是重新安排你的腦細胞和迴路好讓你自己能成為最好的自己——這是人人都可擁有的能力。你的腦子會變化——美妙之處在於它可由你來改變。

專心毫無疑問是偉大的一個要素。不過更重要的是，你的成敗取決於專心的源頭處。在本章中你將學到，分心實際上是塊肥沃的土壤，專心的行動將由此而升，而且說到底，偉大和你的距離只在於你有多少意願把分心建構到你的日常思考。

當我們談到分心，它的重點不只是「休息」和「打發餘暇時間」。在談論偉大時，分心將幫助你表現出不同面向的自己、讓自我沉浸在某種目的性、用不同的角度來檢驗過去的經驗、脫離邏輯順序的思考，以及去想像並且表達你對未來的願景。在各種情況下，你都必須微調你自己和理性思維的關係，不致讓它成了負擔沉重的阻礙。

自我的兩面性

人的天性本質上就是充滿弔詭，因此偉大也存在著弔詭。在很多情況下，為了仁慈你必須殘忍，為了機智和好奇你必須一派天真，為了探索自己的長處，你得暴露弱點。不過傳統上我們習於非此即彼地定義自我，這讓我們不得不只專心於自我某一側的面向。這就類似於用你的工作職稱來定義你自己。當你只能表現自己的一個面向，「偉大」就像是你的一隻手被綁在背後，只能用另一隻手接球。專心把你的另一面給切除了，你的偉大也隨之而去。

每個故事都至少有兩面。舉例來說，原創藝術品透過複製讓任何人都能掛在自家牆上，它的獨特性被貶低，但這些複製品同時也讓一些原本負擔不起的人有了欣賞的機會。基因修改的食品可能對人體有害，但是它們使用的農藥較少並提供了餵養全世界的可永續替代品。資本主義代表著各式各樣的踰越和剝削，同時也提供了經濟和政治自由的機會。還有，雖然我們抱怨行動裝置在我們談話時讓人分心，我們也歡喜享受科技提供我們的連結性。

常見的情況是我們受到自己偏愛的關注焦點所左右，而從議題的正面或反面來形成意見。這種專心有時會讓我們採取強硬的立場。我們甚至可能參與社會倡議——政治動員、素食主義、反基因改造組織、或占領華爾街運動。採取某種立場並沒甚麼不對。不過當你只專心於議題的某一側面，你可能會陷入思慮狹隘的風險。如此就錯失了隱含在衝突、矛盾、對立中浸潤的張力。過度的簡化往往會帶來錯誤的滿意感。你必須學習不時放鬆焦點來觀看大的整體圖像，同時你必須當一個動態的修補者來消除失落感。

以貝佐斯為例，為人所知的是他是當今較慷慨大方的執行長之一，不過他對待員工也是出了名的脾氣暴躁和嚴厲。此外，雖然外界認定他天生嚴肅，但他也有頑皮的時候；在他的婚禮上，他安排了成人賓客包括打水球仗在內的戶外遊戲時間。同時，他給人們的一個建議是要頑固並有彈性——夠頑固才不致太快放棄你的實驗，有彈性所以你願意考慮不同的解決方案。在不同時間有不同的能力，是偉大的人授予他們自己的特許狀。你無須固著於一。

在做決策的時候，貝佐斯喜歡由數據來幫忙，不過他有時候也會賣一些經研究「證明」消費者不會買的東西，因為他相信短期的研究未必能對某個東西長期可行性或接受度做準確的預測。也就是說，他放鬆對眼前數據的專心，用分心來觀察長期的效應。他這裡用的是遠光燈！

真正造就偉大人物的，不是純淨無菌的人格特質或主張，而是複雜多樣性。而你要成就你自身的偉大，就要脫離對自己預設身分的專心——讓你去觀察自己的另一面。如此一來，分心將幫助你感覺自我更加統合，並給予你力量來啟動你的偉大。

擁抱矛盾

在你的腦中，疼痛可導致「愉悅」化學物質的釋出。壓力可以適時地導引你的注意力，但是如果你不加以管理，它可能令你喘不過氣。愛與恨的平行迴路可能在同一時間作用。預設模式網絡（DMN）在啟動容許自我連結的同時，也會讓你與他人有更深刻的連結。你的矛盾是與生俱來的——既然如此，何不坦然接受？

要擺脫專心以理解你的矛盾本質，一個方法是在設想某個自我界定的特質時，想像它是在光譜的某一點，而非在最極端的位置。然後，找一天在某個對話中，思考一下這個光譜。舉例來說，與其自認為自己是內向的人，你應該想像哪些情況你確實是內向的人，又有哪些時候你可以自在隨興。或許你也可以寫下三個符合你的個性，然後各自找些你不符合這個個性的例子。每個星期做這種練習，很快你就會發現你的個性和信念有著無法靠專心捕捉的多樣色彩。

修補心態要求你去探索讓你不自在的觀點並管理矛盾：你既得專心，但同時也要分心；要有規劃地做白日夢但不是隨興空想；要超級多工作業，但不是要多工作業；要強力投入以致可以全然放手。這些明顯的矛盾反映了你實際的複雜性。修補心態接受這種複雜性，並得到它的支持。

人生並不是要你找到時間去做你所愛的事——所謂人生是運用你的時間，因為你的生命很重要。如果你管理好你的矛盾並在你的人生中把「你」展現出來，你就等於是增加了自己的參與和生產力，因為你可以從中展現真正樣貌，而不只是一個經過消毒處理、蒼白無力的「你」的版本。

夢想的燃料

要成就偉大你必須成為具最大能量的「你」的版本。這個「能量」往往源自某個使命感，即使情況艱困仍不動搖。

使命感既非一個念頭，也非某種感受，而往往是不易察覺的、自發的，而且可辨認的驅動力，為你的企圖心提供燃料。而且它給予的智慧——讓事情能夠發生的方法——常不是純粹靠理性就可解釋。每當它出現時，你腦部的獎勵中樞就會被啟動。

心存目標性的人們「抱持使命」（就像貝佐斯一樣，在籌募足夠的資金建立倉儲系統之前，必須自己徒手包裝數以千百計的書籍）。他們受使命提供的持續獎勵驅動和鼓舞。從最根本上而言，具備目標性意味著人們「受到感動」（feel moved），感動之後他們可能會思考個人的傳承和對世界的影響。《時代》雜誌在二〇一六年的百大最有影響力人物包括了歌手艾黛兒（Adele）、實境節目明星兼奧運選手兼變性平權倡議者凱特琳・詹納（Caitlyn Jenner）、美國NBA職籃明星史蒂芬・柯瑞（Stephen Curry）。你可能不容易把這些人和其他如教宗、翁山蘇姬、和梅克爾這類人聯想在一起，不過他們被選入是有理由的。這些人憑著令人難忘而影響深遠的「演出」登上了「中央舞台」，他們靠的是投入了使命感努力行動。他們並不是一開始就打算改變世界。如今他們的人生旅程讓他們擁有全球的平台可以去改造他們想要的世界，不過這一切是始於一個目標感。在我診療工作上，有些人參與某些當前社會的倡議，卻往往沒把它連結到自己的使命感，即使他們為自己的社會良知感到暫時的安慰。同時，街頭演講的肥皂箱並不是表達使命感的有效載具，常常只是提供對現實幻滅的人一個發洩的管道。

舉例來說，一個喜歡自己的工作的醫師，往往不是由想要挽救生命的熱忱所驅動，儘管挽救生命多半是令人渴望和喜悅的結果。相反地，引燃她熱忱的往往是為了活出最高表現的自我。這是個抽象的感覺。達成目標——挽救生命——是達到這個心理感受的方式。但真正驅動她的是感受，而非目標。如果你曾試著連結你的使命感（而非你的目標！）你會知道這就像用徒手捕捉蝴蝶一樣。蝴蝶飄忽輕舞，只有真正想停時才會落下來。不管你連結多麼強大的動機，專心也不會達到太大的效果。相對地，分心就像是等待蝴蝶自己停在你的手上，它讓你真正達到目標。

如果你要問前面提到的知名人士他們的使命感是什麼，他們大概不會說他們想要服務人群。他們比較可能會說的，大概是他們想達到自己最佳表現，並盡可能忠於自我。這是你操作次序上的第一要務。這個指令最大的問題在於它有些模糊，你無法真的專心做最好的自己或是「最真」的自己——你需要去發掘它，同時它也是不斷進展的過程。不僅如此，展開一場沒有地圖指路的自我探尋旅程可能引發焦慮。不過，正是這種不舒適感，才能夠幫助你自我實現。

我們大部分人在面臨緊張壓力時會精神耗弱。在這情況下，很容易就會降低自己企圖心的標準來降低焦慮。這被稱為「自我妨礙」（self-handicapping），這種減少努力或者不去嘗試的心態讓我們避免了失敗的恐懼，我們容易受它誘使，但這卻是我們最不應做的事。如果把自我妨礙當成習慣，你的腦部壓抑負面情緒的區域——衝突偵測器——可能發展出更多灰質。但是它保護你自尊的同時，也讓你無法達到目標或偉大。相反地，當你感到焦慮時，你應該考慮提高籌碼。而拉高籌碼需要分心——探索自我和自發地回應你的發現。

正向解離（positive disintegration）：波蘭精神學家與心理學家卡茲米爾茲·達布洛斯基（Kazimierz Dabrowski）發展了正向解離理論，解釋為何焦慮和緊張對自我實現是必要的。他主張，焦慮和緊張塑造你的人格，但更重要的是，少了它們你就無法成長，它們激勵你前進。如網壇巨星金恩夫人（Billie Jean King）的名言：「壓力是種特權。」在你分心解離的時候，你就不得不想出該怎麼辦。為追求偉大而改造你的腦，其重點就在重組。

如它的名稱所喻示的，正向解離的意思是用好的方式四分五裂，為的只是一個更大更強的自我新版本和新人生。它並非一次性的過程；它是源於自愛的終身努力，持續不斷地重建自我，往更高的偉大形式前進。

動態的鼓手

發展你的完全潛能依靠三個要素——在生命極端狀態下發展的能力、現有的才華和能力、以及朝向成長和自律的驅動力。通往偉大並沒有所謂「正確」的路徑，而且它也絕非專注於一或是清晰劃界。

天資優異的學生經常體驗到正向解離。由於他們情感的敏銳度及能隨內心感應而自行其是的傾向，往往被誤診為注意力不足過動症（ADHD）。不過他們並非注意力不足——他們不過是轉移注意力到更佳版本的自我，並在調整適應這個新浮現的心理狀態。儘管常因為情緒的敏感而出現解離，但他們馬上又會重新統合。

解離常常被稱之為「動力」（dynamisms），因為它們是情感流動的狀態。這類的學生會隨著自我質問而間斷地自我解離，每次發生時，會再以完全不同的方式重新統合，直到形成了一個他們自我可以接受的版本。人們會告訴他們要專心、選擇、定下來。但是有天賦的學生寧可犧牲這種永遠不致分裂的平和狀態，因為對他們而言，停滯不前所受的苦還更糟。

每個人內在，都有這種「天賦」在等待。你的偉大很多時候取決於你開啟它的意願。

達布洛斯基解釋，要達到正向解離首先你必須處理（不是解決）內在自我的衝突，然後再處理目前的自我與你渴望更高的自我之間的衝突。他把內在自我的衝突稱為水平衝突（horizontal conflicts），因為它們出現在目前水平的自我。而你目前的自我與你更高的自我之間的衝突則是垂直的（vertical）——它們要求向上的運動，進入比目前的你更高或更偉大的自己，也就是你的偉大。

在水平衝突中，你想要理解究竟自己想留在原職還是換工作，應該維持目前的這段感情還是向前邁進尋找新的關係。這些選擇並非清楚明白。你無法很簡單做出決定。衝突會讓你陷入分裂，不過你不致陷入恐慌。相反地，你學著忍受內心浮現的張力，就像你舉起啞鈴直到把它舉回原位為止。每個焦慮的時刻就像舉重時讓它升高而暫停，當它變得太沉重你就將它放下。

一開始你可能會懷疑這一切能帶來什麼好處。為什麼不乾脆結束這不舒適的狀態，做個快速的決定，是吧？你不這麼做，因為這就像是不去鍛鍊，而把情緒的缺乏練習誤解為放鬆生產力。這二者並不是同一件事。

同時，隨著你進行這種焦慮容忍的練習，對不同程度的焦慮進行修補（這就像隨著你更強壯而增加訓練重量），你就進入了垂直衝突的階段。這時你只需問，我是否活出了最高版本的自我？大部分人都不是。當我們一想到自己浪費掉的時間，不免感到害怕。同樣地，與其閃避這種焦慮，比較好的辦法是逐步地接受它，在感覺幾乎難以承受時慢慢將它釋放。隨著時間進展，這種焦慮會變成燃料，提升我們進入更高層次的自我，推動我們達到我們的偉大。

焦慮和張力可能讓我們四分五裂，不過如果我們耐心應付，讓它們啟動我們最大的憤怒、決心和力量，我們就更可能啟動我們的偉大。

解決我們水平和垂直衝突不容易，因為我們擔心自己可能不小心做出錯誤的決定。我們的腦對於錯誤極度地敏感。這不是成人才有的恐懼——它從出生一開始就存在。心理學家安德莉亞．伯格（Andrea Berger）在二〇〇六年給一些六個月到九個月大的嬰孩兩個數學等式，一個正確另一個錯誤：1+1=2和1+1=1。她也根據她提供的等式給他們看一或兩個玩偶。當她提供嬰兒1或2的答案選項（配合相對應的玩偶數目），孩子們盯著錯誤答案的時間會比正確答案的時間更久。

大人們這種敏感性會增加。當你做錯了某件事，你腦中衝突和焦慮的警報會響起。理想上來說，你會希望它們迫使你把事做得更快更好，不過如果你不是處在正向解離的心態，你會嚇住不動或是逃跑。在某些情況下，這是正確的反應，不過如果懊悔讓你停止前進並反覆回想錯誤，而不是檢視錯誤和矯正它們，你可能很快就會陷入自責之中。

在競技運動上你可以看到這種情況，當人們在壓力之下表現不佳、患得患失，然後輸掉比賽。他們開始瓦解。不過接著下來，他們突然明白自己陷入了自我防衛的選項之間（困在水平衝突中），而不是做真正具攻擊性的競爭者。他們投入了這麼多的練習，他們應該有更高層級的表現——也就是說，他們應該思考他們的水平衝突。他們做了有意識的新選擇，擺脫防禦性的曖昧不明，並達到全新境界的演出。

在日常生活裡，以這種方式探索職涯選擇很有幫助。舉例來說，如果你身為醫師，而你真正想做到科技和醫學的連結，你可能會放棄你固定的診療和醫療研究，然後重新統合出一個新的醫療技術的新職涯。或者，你是想要打零工的家管，你可能會重新安排如何處理家事來實現你的計畫。重新做安排的時間往往是最折騰、最讓人四分五裂的時候。當你開始感覺自己掌控自我命運時，你就知道自己走對了路。

自發性（spontaneity）：自發性是讓你的目的性浮現的入口——真相將自我顯現的放鬆時刻。你自發的時候，不會過度思慮，如此你的使命感就更加真誠而不做作。

自發性說來容易做起來難，不過它對發掘和表達你的目的性具有重大的價值。當你具自發性，就像你腦裡的控制區域鬆開了記憶寶庫的閘門，容許記憶浮現並與腦部其他的活動混合在一起。自發性同時會啟動即興迴路（improvisation circuit）——你樂於接受犯錯和「不知」（not know），因為你隨即可以探索並創造出解決方案。例如爵士樂手並不做傳統意義上的專心；相反地，他們把音樂訊息奔流的不可預測性傳送到他們的腦中。

專家們如何鬆手

自發性一旦運作良好，在生活上特別有用處。它把感覺神經和運動神經有效地混合。不論何時，你腦子的這兩部分都在活躍。你移動，且移動的同時你看、聽、聞、品味或撫觸。專注力強制局限我們其中某一個心智感官的優先性，以自發性為展現形式的分心則挖掘更深層、更自動、也更加統整的智力。

或許正因如此，許多的專家將它們的腦轉換成了「打呼嚕」模式（“purring”

mode）——低度活躍、不過存在感非常強烈。職業的賽車選手不像業餘選手徵用那麼多任務相關的腦部區域，同時他們在區域之間的資訊統整也比較好。同樣地，專業的弓箭手腦部啟動範圍不像初學的新手那麼廣泛，這說明了他們有意識的活動很平靜。頂尖的乒乓球選手也是如此，他們腦中的專心迴路較不活躍。

我們喜歡隨時掌控，因此自發性可能有違直覺。它需要深刻的自我認識以及對自我復原的信念。你不會一步到位。你無法引發自發性，但是你可以持續練習自發的狀態好讓你習慣於與它相關的焦慮和恐懼。每星期選擇一天跟一個老朋友連絡，到本地的公園做一次未知的遠足，或是在可能情況下不去工作。說來有點反諷，用這個方法「練習」自發性，會幫助你在脫離常軌冒險出發時，較不容易因為心跳加速而感到畏怯。你生理上的反應（快速的心跳）大概不會因為練習而消解，但你對它的感覺會較自在，而這最終可以導引你朝偉大更加接近。

要發現目的性，你就不能專注於它。相反地，要達成這種正向解離和自發性的狀態，你就必須擁抱這些思維狀態的核心價值，不時用「理想中的自我」來提醒自己，以無盡的好奇心去發現探索，樂於去接受焦慮、緊張和錯誤，並注意哪些事物可讓你「過度興奮」。所有這些要素都有助你重新改造自我。

從未曾發生的過去

經驗教導我們。如果你過去做過某件事，下一次你做同樣任務就有經驗可以處理更容易。即使你做的是某個新的事物，你也可以從類似的經驗中得到幫助。不過過去的經驗也可能是個陷阱。商業諮詢顧問安德魯·坎伯（Andrew Campbell）和他的同事在二〇〇九年研究好的領導人為什麼會在全神貫注下做出壞的決定，他們找出了兩個禍首：基於過去經驗錯誤附加的情感，以及把先前模式錯誤地套用在當下的情況中。你自己過去的經驗也可能成為自己的囚籠！

我們的記憶像是布滿鏡子的迷宮。我們的腦，藉由隨機置入的訊息，可以杜撰出我們「記得」的故事。這是心理學家查德·多德森（Chad Dodson）和萊西·克魯格（Lacy Krueger）在二〇〇六年對錯誤記憶（misremembering）進行研究所得到的發現。

這個研究的實驗參與者會觀看一個搶案和警匪追逐的影片。接下來他們會拿到一份問卷，其中一些問題和實際的影片相關，還有些問題則提到相關的、但完全沒有在影片中出現的事件，比如說他們會被問到關於「警方開槍」或是搶匪持槍的問題，這兩件事都沒有在影片中出現。

接下來研究人員要求受試者回想哪些事在影片中出現，哪些出現在問卷中，哪些兩者都出現、或是都沒出現。研究人員跟受試者解釋不是所有問卷中提到的事都在影片中出現，更增加了不確定因素。

結果如何？年齡層在十七至二十三歲的受試者在不確定情況下會記憶錯誤。他們混淆了影片和問卷的訊息。比如說，他們提到了影片中警方開槍，但實際上影片裡從沒出現——它是在問卷裡提到的。年齡層較高的（六十歲至七十九歲）也會錯誤記憶，不過他們在對自己答案有信心時也會記錯。在這兩種情況下，每個新的相關事件都會扭曲先前的記憶。訊息都被搞亂了。

我們可能不只扭曲了訊息，同時還創造出根本沒發生的事件。在這種記憶的幻象中，你的情緒可能受到你記憶的強烈影響。研究者利用一些相關字清單（例如：護士、生病、醫藥）來研究這個現象，要求人們事後來回想這個清單。在稍後清單裡會加入用來誤導的所謂「陷阱」（例如：醫生）。

很有趣的是，當你處在負面情緒但還不到沮喪的程度，你會記得「醫生」並沒有在原本的相關字清單裡。這是心情不好的一個好處！不過當你處在正面情緒，你比較有可能「回想起」醫生這個詞，儘管它從沒在你眼前出現過。你壓力的程度、以及被激擾或興奮的程度，也都可能扭曲你對記憶的回想。

而且被扭曲的還不只是記憶，連時間順序也可能被扭曲。心理學家尤瑟夫．艾茲亞特（Youssef Ezzyat）與里拉．達瓦契（Lila Davachi）在二〇一四年描述了我們對時間的記憶可能非常多變而不準確。我們不時會錯估了在某一天裡看到人們面孔的時間順序，端看情緒和記憶如何相互干涉。

總括一句就是你的記憶並不可靠。當你回想與某人分手、應徵工作的面談、或是人生某次重大的進展時，它可能像是個故障的羅盤。所以，何必專心在它們上頭？相反地，你要拿它們進行修補。嘗試各種替代的可能性。打斷你有一致性的敘事——重新檢驗它們，並以不同的方式把它組成一個整體。遊戲般的跟自己重述一個不同版本的人生。當然，記憶在日常生活上有其角色，不過過度投資於記憶並無必要。

未來的人生是寫在沙子上，不是刻在石頭上

邏輯和記憶一樣，二者都能帶來幫助，卻也會誤導。少了它們我們難以行動，但是我們有理由要克制自己對它們的盲目信賴。偉大的思想家總是會質問一些看似必然的事。他們對於光靠邏輯抱持著懷疑，即使邏輯提供的專心有令人安心的作用。

舉例來說，很多年以前，醫師相信胃潰瘍的發生是胃分泌的鹽酸侵蝕到了分泌它的胃黏膜。大家也相信吃辣的食物會導致鹽酸的分泌。根據這樣的資訊，我們會建議有胃潰瘍的人避免吃辣的食物。在當時這是合理的說法。況且，有誰會相信相反的情況，認為吃不辣的食物會帶來胃潰瘍的風險？

在一九九五年，在新加坡由消化內科醫師康真勇（Jin-Yong Kang，音譯）帶領的研究團隊詢問了一〇三位患有胃潰瘍的華裔病患的吃辣椒習慣。與有潰瘍的病人相比，沒有潰瘍的這一組人每個月吃辣椒的次數是三倍頻繁，大約也是吃三倍的辣椒量。看起來，辣椒似乎反而對抗胃潰瘍有保護效用！

隨後的研究解釋了辣椒的重要成分辣椒素（capsaicin）抑制胃酸的分泌，刺激鹼和黏液的分泌，同時會促進腸胃黏膜血液的流量，這些都有助於預防和治療腸胃潰瘍。同時，辣椒素對我們現在所知潰瘍「真正的」原因——幽門螺桿菌（Helicobacter pylori）——也有抑制作用。

像康博士這類的偉大心智，拒絕接受明顯而易見的事。他們提出質問後，對自己的預感進行修補。他們了解，當人們說某件事是必然的，其實他們可能只是懶得嘗試改變。偉大的心靈則常常會暫停一下、放鬆焦點，然後從不同的角度來查看。

當我們嘗試去改變舊的信念體系時，如果用專心來印證我們的偏見就會出現問題。腦部研究者馬提恩．穆德（Martijn Mulder）和同事們在二〇一二年發現，人們傾向於相信他們認為最有可能、而且會得到較大回報的選擇。他們會這麼做，額頂葉皮質——腦的專心手電筒——得負責任。專心會讓你只顧看著單一的邏輯理路，而偉大的心靈知道這當中有陷阱，因為邏輯和真理並不是同義詞。

在我們思考的時候，我們固定會採取捷徑避免腦力耗費。刻板類型（stereotype）就是其中一個捷徑。有意識而且是真的刻板印象，而且是用來描述人而非評斷人的時候確實是有幫助。不過有些時候刻板類型讓我們思考沒有彈性，而且它們往往並不正確。它們讓我們的偉大打折扣。

以年齡為例。大多數人會說年齡代表的是他們活了幾年。但是怎樣叫做一年？它是地球繞著太陽走過一圈的時間，對吧？在遙遠的過去，有某個人決定人體的年齡和地球繞行太陽的時間有某種的關聯。這聽起來是不是有點太隨意？直到最近，我們都還接受這套思考體系。

只要確定地球會繼續繞著太陽旋轉，我們預期自己的年歲會持續增長直到死去。不過逐漸地，這種身體與地球運動之間的關聯如今受到嚴重的質疑。

即使地球持續繞著太陽走，至少我們似乎可以透過美容術（利用外科整形和肉毒桿菌）讓我們的皮膚看來像抗拒老化。如今我們甚至更進一步。博士研究員瑪麗耶拉·賈斯克里歐夫（Mariela Jaskelioff）和同事們在二〇一一年透過啟動一種維持組織青春的酶，成功逆轉了老鼠的老化。其結果非常驚人——老化過程被反轉了！在二〇一三年十二月，大衛·辛克萊（David Sinclair）和他的同事發現了一個稱為NAD的自然化合物可反轉老鼠與老化相關的死亡。較年輕老鼠的體內，NAD幫助牠們的細胞維持青春和活力。不過隨著牠們變老，NAD的含量也隨之下降。

不過一名研究者發現，提供老鼠一個可轉化成NAD的物質，就可以反轉老化。這個結果令人吃驚。用人類的觀點來說，這就像一個六十歲的人體內的特定細胞的功能運作和二十歲的人一樣。透過比皮膚更深一層的修補，辛克萊和他的同事們進一步打破我們對年齡的既定看法。對人類的研究如今持續進展中。知名的哈佛大學基因學家喬治·邱奇（George Church）解釋老化不過是一個可以被重寫的程式。不久之後，我們的身體可能更有辦法抗拒時間的流逝。

我們甚至不需改變基因就可以改變老化的效應。心理學博士生丹尼爾拉・艾森伯格（Daniela Aisenberg）和同事在二〇一五年對兩組的年長者進行研究。其中一組相信八十歲仍然有強大的認知技能，而另一組的想法則正好相反。他們發現，如果你認定年紀大的人仍能敏銳思考，而你本人是年長者，那麼在考驗彈性思考的任務中你就能表現得比帶有負面偏見的人更好。同樣地，博士生迪爾德蕊・羅伯森（Deirdre Robertson）和同事在二〇一五年發現，對年老的負面想法，會讓人們走路步伐變得更緩慢。

我們的刻板印象顯然會改變我們的感知。不過幸運的是，我們的刻板印象也可以被反轉，只要我們不要老是開著閃爍的信號燈，放鬆專注力來質問自己事先的認定。

心理學家馬爾格札塔・葛克洛斯卡（Malgorzata Goclowska）和她的同事在二〇一三年進行了一系列的實驗來觀察，建立與刻板類型相反的印象，是否可增加與這個刻板類型無相關的事物在思考上的彈性與創意。在一項實驗中，他們要求實驗受試者想出形容詞來分別描述女性技工（反刻板印象）和男性技工（刻板印象）。接下來，研究者要求受試者想出三種新的義大利麵食的名字，來測試受試者的認知彈性。

首先，他們會舉例提供一些義大利麵名稱。過往的實驗顯示，當受試者被提供例子時，他們先想到的名字多與例子的文法結構有關（比如說，linguini，義大利寬扁麵，字尾是i）。

不過想法有彈性的人則會跳脫這種結構。研究者發現，在反刻板印象條件下的受試者，他們思考較有彈性。

在另一個實驗中，在進行反刻板印象和刻板印象的實驗之後，受試者被要求為大學舞廳的主題之夜提出新構想，首先用文字描述，然後畫出一個海報廣告。他們的想法之後透過固定的標準來衡量創意程度。同樣地，在反刻板印象狀態下的受試者思考較具有創意。

偉大的人想法比他人更有彈性和創意。他們脫離專心的範疇之外思考。要訓練自己這樣做的一個方法，是回想你自己抱持的刻板印象（比如說，自戀的男人和太情緒化的女人）。接下來，有意識地做出反轉。大聲說出或寫下這類刻板形象的反例。接著再嘗試解決不相關的問題——你或許剛好就會想出新解答！

知道的必要

有些時候，我們抗拒分心是因為它讓我們失去方位感。人性的自然傾向是專心並希望結束開放的思考。用科學的術語來說，這種渴望被稱作認知閉合的需求（need for cognitive closure，簡稱NCC）。

心理學研究者丹尼爾・韋伯斯特（Daniel Webster）和艾里耶・克魯格蘭斯基（Arie Kruglanski）在一九九四年指出，有高度認知閉合需求的人具有五個特質：對模稜兩可的不舒適感、偏好可預測性、偏好秩序、有決定力、以及封閉心態。在表面上看，這些特徵理性且思路清楚——或許是你希望領導者具備的特質——不過在可能不斷變化的世界裡，這些特質對誰都沒好處。這五個特質是讓我們平庸的處方。

高度的認知閉合需求在不一致的任務同時出現時，會導致適應衝突出現困難：這是因為重要的腦部區域像是短期記憶杯和其他思考控制的區域連結性較低。這意味著你腦部改變事物的能力，會受制於既有的認知閉合的需求。光是想把事情完成的心態，可能在你需要心智彈性時帶來妨害。

要訓練自己擺脫認知閉合需求並進入有彈性的思考，你需要每週製造一些低認知閉合需求的時間。有哪些事情你一定事先無法明確知道結果？你可以朝一個你從沒有走過的方向做不超過十五分鐘的散步。如此一來，就算你真的迷路了，可以設法找別的路回來。或者，你可以選一個你感到興趣的題目，查一下資料並做點筆記，儘管它和你目前的生活沒有實際上的關聯。這類的活動會讓你的腦習慣低認知閉合需求的概念，並讓你變得更敏銳、心智更有彈性。

在心裡用腦想像

偉大的人不只是希望變偉大——他們會準確地想像它，並修補他們的想像力直到把它做對。投入到你的想像力就是離開現實投入分心。你不是在追求某個目標，而是要創造目標。你不是循著某個專心的路徑，而是在想像中創造出路徑。

早在一九九五年，神經學家馬克．尚納羅（Marc Jeannerod）等人就對意象（imagery）如何影響腦部展開先驅的研究。他們發現想像的移動確實刺激了腦部重要的運動迴路。意象為腦部展開行動暖機，它幫助意圖的出現。自此之後，許多的研究證實了意象可以幫助人們在中風損害行動之後再次能夠運動：光是憑想像就能提升，或是想像使用某個如今無用的肢體，就可以幫助這些人運動能力改善。之後在二〇一五年，腦部研究者朴昌賢（Chang-Hyun Park）和他的同事們證實意象刺激了「行動的腦」（action brain）。由於行動的腦涉及到實際的運動，因此它幫助了人們運動——不管是需要更多移動力的老人或是想要提升成績的年輕運動員。

你在想像的時候，你的意象一開始也許無法完整成形。你必須做些修補。有一個方法可以知道你的腦在你想像時要做什麼，它稱為腦機介面（brain-computer interface，簡稱ＢＣ

I）。腦機介面的運作是從你的腦將電子活動經由電極傳送到電腦。隨著你改變想像，在螢幕的回饋也會出現改變。因此你可以改變你正在思考的事，直到你看到你想要看到的圖形為止。這個特定的圖形是根據你想要達成的目的而定。比如說，如果想像創造出的圖形對應到你手臂的運動，你就學習透過這個強度和清晰度的想像來產生相同的圖形。

內科醫師兼神經生理學家佛洛里亞娜·皮奇歐里（Floriana Pichiorri）和她的同事在二〇一五年研究了二十八位近期因中風而受到嚴重身體損害的病患。受試者被區分成了兩組。兩組的人都接受了運動意象訓練（motor imagery training，想像自己的肢體在運動的訓練），不過只有一組同時提供腦機介面的視覺輔助。使用腦機介面的這一組在運動上明顯有更大的進步。透過電腦螢幕的回饋來修補他們的意象並進行微小的調整，他們中風後的運動就得到更多的改善。沒有進行修補的這一組進步較少。當然，你不大可能走進一間實驗室嘗試腦機介面，不過不管何時你想到一個意象，你可以把它畫出來，然後對它進行調整。隨著你對你的意象做修補，你的腦部生物運作也很可能出現改變。

換句話說，當你想像在運動，你刺激了腦部在你實際運動時會刺激腦部的相同區域。你沒有真的動，是因為想像力是較弱的啟動器，或者因為其他區域對你的動作踩了煞車。當你對腦下達行動指令，它就會鬆手。

試試看這麼做：選出一到三個代表你想要達成目標的意象。假如你想要的是最佳的健康狀態，那就想像自己在跑馬拉松衝過終點線的情況。如果你想要實現感情關係，想想你自己心滿意足躺在某個人的身邊。如果你想要的是更多的錢，那就想像某個你用那筆錢得到可信的、令你滿意的東西，像是開張支票給你最支持的慈善團體、送母親一棟房子，或是度過一個刺激有趣的假期。不過如果你選擇的東西對你造成明顯的衝突，比如說金額大到你自己都不相信能拿到，你可能在無意識中破壞了效果。

你一開始不需要只想著一個意象，多多試探幾個意象會有助你選出一個有效的意象。

用第一人稱和第三人稱的觀點進行修補：許多腦意象研究顯示，腦會受到第一人稱和第三人稱意象的強烈刺激——一個是想像自己正在做某件事，另一個則是觀察自己在某件事。第一人稱意象讓你感覺自己是在實際的情況裡，它們往往更鮮明生動，不過它們也可能因為太過真實而讓你出現焦慮。因此，如果第一人稱意象會讓你焦慮，你就從第三人稱意象開始。（回想一下第二人稱的自我對談也是降低焦慮！）更好的方式是對二者都進行修補，以取得相同情況下的不同「取景的角度」。

修補可信度：當你相信某件事是困難或不可能辦到，你的腦會受局限而無法達成意象。比如說，想像你的左手旋轉九十度；接著再想像它旋轉三百度。對於前者，你的腦會很快產生這個可能性的圖像，但是對於後者，你要花更多時間才能讓意象出現。

根據這一點，我們可以大膽假設，如果你有個目標（比如說減重三十磅、談一場戀愛、賺十萬美元），你可能需要調整這個目標直到你的腦「買單」。想像你減重五磅、有個成功的約會、比現在多賺兩萬美元可能會比較容易。根據必要來調整——以信念為指引——直到你調整到正確的數字。

修補你的目標：心理學教授巴貝兒．諾珀（Bärbel Knäuper）在二〇一一年帶著一群想要多吃水果的學生並把他們分成了三組。一組是有意願吃更多的水果的人，另一組則有意願在特定時間吃某個特定水果，還有一組則是想像著在特定時間吃特定的水果——不光是有意願而已。

這個研究裡發現到第三組的人，他們想像自己在某個特定時間吃了特定的水果，結果比較可能實際去多吃水果。有針對性地去想像（不光只有意願）你要做的事，會增加你得到或做到的可能性。你必須不斷雕鑿你的意象，直到它變得歷歷在目。專心與分心共同作用，創造了一個清晰而明確的意象。因此，如果你有個偉大的目標，那麼你運用想像力時就要盡可能明確。越是有針對性、明確的想像，你就越可能實際做得到。

處於弱勢的想像力

有五種類型的意象在你尋求偉大時可以運用：贏得勝利、後來居上、苦練弱點、從戰術板觀看出自己的策略、如願以償的興奮感。

人體工學教授克雷格·霍爾（Craig Hall）和同事們在二〇〇九年觀察了三四五名運動員，了解哪些類型的意象可以在關鍵時刻提升他們的自信心。研究發現只有兩種類型實際提升了信心：針對弱點進行苦練和想像後來居上。廣泛嘗試這兩種類型的意象，有助於你在追求偉大時得到你所需要的信心。

修補意象的品質：一旦你用第一人稱和第三人稱開始想像你所想要的、目標明確，並且全心相信、感覺有自信之後，接下來你得回頭重新觀察這個意象做出一些修正。

想像某個事物時，你要運用所有的感官。試著感受你在那種情況下的感受，想像那個情況可能有的口感和氣味。盡可能讓想像更真實。以諸多方式來想像可減少你的焦慮、增加你的信心。由於壓力可能關閉想像力，此時感官的探索非常有幫助。正念冥想（mindfulness meditation）（一個很好的分心活動！）也可以幫你減輕壓力，為浮現意象做準備。同時，你也要確認意象清晰明確而且會帶來獎勵。你會看到什麼顏色？它給你的感受是如何？你的意象是3D立體的嗎？這些都會有助意象變得更加清晰，讓你的腦以它為藍圖，構想出達成目標的計畫。

老鷹的俯視觀點

Google的工程總監雷．庫茲韋爾（Ray Kurzweil）是全世界最知名的未來學家之一。他對未來預測有86%的驚人準確率。他在一九九九年預測個人電腦將會出現各種不同形狀，並且十年之內成為可穿戴的。他也預測了在二〇〇九年之前可攜式的電腦將蔚為風尚。在二〇〇〇年，他預測了在二〇一〇年之前網際網路隨時有超高頻寬的無線通訊。在那一年他同時也正確預測了十年內電腦將網狀連結成巨大的超級電腦和記憶庫。他的這些預測都是正確的，他預測未來的準確性相當驚人。

近來庫茲韋爾預測搜尋引擎很快將提供我們自發性的回饋。比如說我們搜尋一個新開幕的餐廳，這個想像中的新搜尋引擎會在它開幕時提醒我們，甚至送上一份菜單。它如同我們輔助的腦。庫茲韋爾甚至更大膽地預測，用我們的DNA製造的奈米機器人將在我們的血液裡奔走。它們將我們和雲端連結，而我們將可以直接從我們的腦傳送電子郵件和照片。

如果你仔細觀察庫茲韋的思考模式，你會發現他對於人和機器有非常聚焦而精密的知識。除此之外，他能投射到未來，想像出指數成長的某個臨界點出現的時間。當DMN啟動分心，它會開啟你的慢波節律並幫助你建構未來的可能樣貌。但是，庫茲韋爾是如何以分心構想出如此激進的概念？還有，他的準確率為何這麼高？

理論物理學家和數學家弗里曼・戴森（Freeman Dyson）提出了一種解釋。他把自然科學家區分為兩類，一個是凌駕於自然令人困惑的特殊性之上的老鷹，一種是沾惹雜亂細節的青蛙。庫茲韋爾是隻老鷹，樂於不時分心的觀察整體大圖像。在這種情況下他得以預想遙遠未來的可能性。

把自己變成老鷹並追問關乎整體大圖像的問題，會讓你與自我的偉大更加接近。而且，你要去預測的並不是無人機或是奈米機器人。你可以問一些關於自己人生的大問題，比如說，如果我設想未來六個月內我事業最大的指數型發展機會，它可能會是什麼？

貝佐斯的分心展現在他所謂的「遺憾最小化框架」(regret minimization framework)。有三點可以應用在你的人生：預想你在八十歲時的人生；問問八十歲的自己，如果當初的你沒有嘗試自己的重大構想，是否會感到遺憾；然後再問現在的自己，對於離開自己的工作、放棄未領到的紅利和穩定生活而去追求夢想，是否會感到遺憾。採取這種長期的觀點將喚醒你腦中的老鷹。

在分心時啟動的DMN讓你的腦可以像水晶球一樣預測未來。它會讓DMN本身內在的連結開始運作，同時會開啟DMN和腦部其他區域的連結，一起拼湊出拼圖來預測未來。與其固著於你過去已經拼好的拼圖，你要做的是對未來的拼圖進行修補，注視每個可能的圖像，重新安排它們直到它們變得合情合理。

「要，還是不要」

在正常的清醒意識中，你用邏輯思考、計畫、分析，並遵循你行動的意圖。在這種情況下，你運用的只是你腦部一小部分的資源。不過還有一種更高層次的智力主宰著你的決策，幫你移除你腦中的偏見，並清除你心中往往讓你無法獲致偉大的障礙。它被稱為超驗意識（transcendental awareness），它避開了內心持續吵雜發聲所造成的分心和誤導，幫助你擁有更好的思想控管並做出更好的決定。

要擁有超驗意識關鍵不在你要做什麼（doing），而在你存在的狀態（being）。許多練習可幫助你到達這種狀態。其中有最廣泛研究的是正念（mindfulness），在這種練習中，你專心在你的呼吸，安靜忽略你心頭的雜音，每次你的心思漫走到這些雜音時就再次回歸你的呼吸。這種練習（一般的標準建議是每天兩次，每次二十分鐘）讓你學會如何深化你的自覺，控制你的情緒，之後能理解和體驗到自我是宇宙更大整體的一部分。同時你也可以使用被稱為開放覺察（open monitoring）的技巧來做正念練習，這個技巧你需要做的是不帶價值判斷，去接受所有想法、情緒、感知並進行覺察。

除了正念冥想之外，以曼陀羅（梵咒）為基礎的超覺冥想（transcendental meditation，簡稱ＴＭ）、氣功冥想、甚至有幾種禱告的方式，都顯示可帶來心理上的益處。如果你無法安靜打坐也不要覺得沮喪，因為冥想也有散步的形式。同時，如果你真的無法長時間靜坐，你可以試用一個叫 Headspace 的手機 app，它是一種互動模式的冥想。好玩的是，萊恩．希克雷斯特也是它的投資者之一。

人們往往認為冥想——不論是以梵咒或是呼吸為主——是一種極度專心（hyperfocus）。不過當你專心在你的梵咒或呼吸，實際上會帶引你到一個神奇的分心狀態，在這種分心狀態中，你超越了自我。在超覺冥想（TM）時，腦部掃描顯示頂葉（parietal lobe）——這個區域與發展自我感有關——停止活動。破壞或是關閉自我感，可讓你與他人的分隔感降到最低。

另一方面，正念練習刺激了你腦部負責同理心（empathy）和社會理解（social understanding）的區域。它們類似於DMN，會提升你與周遭人們的連結，讓你能更深刻理解自己如何融入社會環境脈絡，以及讓這個背景脈絡提供你更多思考。即使是注意力不足過動症（ADHD）的孩子，正念冥想——專心在呼吸而不是無聲的內在雜音——也有助於他們提升專注力。

專心三部曲

從專心到分心，三個階段可以讓你實現超越。

每日生活中，你專心在工作、例行的雜務、你的子女和你的健康。在最理想情況下，你可以阻止分心的事物而只關注眼前的問題。這是雷射銳利般的專心。

專心在第二個階段的演進是感知的持續流動。在這個狀態下，你不僅擺脫了分心，同時也更深度集中精神，不因欲求渴望而躁動不安。你的注意力不僅專心，同時也持久。舉個例子來說，你可能把某個字在腦中重複五次，但之後你心思漫走，你得設法把它帶回來。但是當你熟習集中意念，你腦海中會持續重複這個字，心思也不會隨意漂蕩。

到了最後的一個階段，你和你所專心的事物之間的界線已經完全消失了。你就在前述的專心事物之中。你與你的言語合一。比如說，如果我問你「桌子」是什麼，你可能描述桌子是「一個有四隻腳和一個平面的物品」。不過，這只是用多一點詞來代替一個詞。當你處在最後的超越狀態，你看一張桌子時你體驗到桌子的本質。在這個狀態，你會用很不一樣的方式來描述桌子——也許會說它是「一些極輕微震動的木頭原子聚合在一起的集合，把任何東西放在水平面的震動原子集合上，它能提供抗拒重力牽引所需要的潛在能量」。許多科學上的洞見都是在這種心靈狀態下出現。

當意識的三種狀態在同一個時間出現，三種類型的注意力並存在腦中不同的迴路。我稱它為注意力的三重奏（attention triad）。在腦的一個小房間裡，聚光燈正開著，另一個小房間開著休息燈。而在第三個小房間，光線透過窗戶流進來，讓房內和房外界限變得難以分辨。這就是分心的威力！

冥想帶來的廣泛健康好處將幫助你的偉大得以持久。冥想除了降低壓力之外，也可以延續你生命的長度。分子生物學家伊莉莎白·布萊克本（Elizabeth Blackburn）因發現染色體上稱為端粒（telomere）的保護性「帽子」而在二〇〇九年獲頒諾貝爾獎。她同時也發現了保護端粒不受老化效應損害的酶（端粒酶，telomerase）。在她最初進行的研究中，三十名自願者來到科羅拉多州北部的香巴拉山中心（Shambhala Mountain Center）進行三個月的閉關冥想。在他們身上，她發現端粒酶活動增加了30%。隨後更多的研究也複製了同樣的發現。你冥想的時候，端粒就不會隨年齡而縮減。你會活得更久！

全心投入追求你的偉大

所有偉大的原則，可以在三個你應已具備的基本身分特質中找到。

內在的探索者

有人會告訴你，偉大是你必須攀爬的一座山。或許如此——不過它無須外求。相反地，在你清除迷霧之後就會發現，它存於你的內在。要達到這個目標，你必須重建你的個人敘事，重新檢驗你的記憶，容許諸多面向的自我浮現，並在不斷多番修補之後建造你未來的意象。所有這一切都是為了雕鑿出你的塑像。它就是你要顯現的偉大。

多年來正規教育、社會價值，及早年的挫敗讓你誤信偉大是在你所能企及的範圍之外。不論你的年齡大小，我要在此斬釘截鐵地告訴你，這是錯的。偉大是一個普遍的真理。在我的診療和教練課程裡，我在看似最不可能的人身上，一次又一次見證偉大的顯現。

每個人都要為自己的偉大負責。要練就這種信念並無玄妙之處。你要知道自己是偉大的，這是生命的一則公理。就如太陽會照耀、海水會漲落，你也必須相信你是偉大的。如果你有所懷疑，就勇敢向前對懷疑提出質問。如果你對它感到害怕，就對害怕提出質疑。如果你不相信它，就對你的不相信提出質疑。不過，絕對絕對不要質疑偉大。

另一方面，你要分心，空出時間去試試看。花些時間做你喜歡的放鬆活動。你越是學會做白日夢，並把白日夢連結到你的慾望和自發的理解，你就越接近你的整體目標。如此說來，偉大是一種生活方式！

搜尋的工程師

搜尋引擎最佳化（search engine optimization，簡稱SEO）是組織你的網路內容，讓它出現在較高的頁面排行的一個方式——你的SEO越好，就會有更多人拜訪你的網站，因為它會在相關字搜尋的第一位（或是接近第一位）出現。（這可能是讓亞馬遜如此成功的大功臣！）不過另一種SEO是自尊最佳化（self-esteem optimization），它可提升你的自尊，相對於只是保護你的自尊讓它維持現狀（自尊維持，self-esteem maintenance，簡稱SEM），SEO可以讓你的生命提升到新的層次。

舉例來說，貝佐斯離開他在華爾街的工作後，他的自尊受制於不確定性。如果他「保護」

它，他也許會退縮到自尊維持（SEM）。相反地，他選擇把它最佳化——認知並實踐他的慾望。為了把自尊做最好的管理，你必須從SEM改為SEO。

在某些情況下，你也許不容易看出自己正受困於SEM。比如說，降低要求和簡化你的生活可能讓你負擔大為減輕，讓你認為自己是在進行優化，但是你實際上可能只是降低標準讓自己更有效地應付人生的壓力。這是給自己製造障礙！也因此，每一次對人生做出降低要求的決定時，你就應該問問自己，如果我把人生拉高到下一個層次會如何？這是你尋求SEO該問的問題。不過你也要對你的腦可能做出反擊先做好準備。

在我的診療和教練工作中，我鼓勵人們提高籌碼。這一開始往往會引來反彈。他們拒絕改變，不明白這是SEM在發揮它的作用。SEM往往是上層目標（superordinate goals）——在其他目標之上的目標。如果你不處理它，它就會追趕著其他的目標直到結束。當你的腦說：幹嘛去試？那就是你的偉大正在瓦解的徵兆。你必須設法建造你的偉大。

你應該把SEO當成你的上層目標，而不是SEM。要做到這一點，你要運用自我對話。

你要認知到，努力必然需付一點代價。建造一個你所要的意象，同時要讓自己知道你的未來是由你的心、而非你目前的環境所打造。試著深入探究你的矛盾。寫出三個把你限制住的刻板印象，以具體的行動對它們各自提出反駁。比如說，如果你認為自己「不是有創意的人」，你就每天塗鴉十五分鐘，在一個月後再檢視你的塗鴉。你可能會看到你喜歡的東西，某些難以言說的圖形將會浮現。

當你檢驗SEM時，你會了解正是它讓你維持不良的飲食習慣、阻礙你上健身房、把你困在某個社經框架中、讓你情感關係陷僵局、脫離了人生的樂趣。運作SEO意謂著你已經決定把自尊拆解開來，讓自己將它重新組合。偉大的人們在人生各階段都會運作他們的SEO。

想想看這個比喻：你在鍛鍊身體時，你的肌肉實際上是先撕裂之後修護，才讓你變得更壯更強。同樣地，以正確的方式裂解自尊，可以重建自尊讓你感覺更加強大，為成功做更好的準備。也可以說，你順從它的擺布。這正是正向解離的重點。

人生的奧運選手

一名奧運滑冰選手在冰上移動，必須專注於執行技巧的熟練度，但是當她騰躍到空中，她必須放鬆。許多菁英運動員指出，他們在最具競爭性和最高張力的時刻啟動無意識，是決定他們歷史地位的關鍵因素。他們放棄自己！

這聽起來像是禪宗公案。許多運動員在他們的職業巔峰會談到學習停止思考。他們談的是放棄，把自己從專注於過去所學的壓力中釋放開來。舉例來說，世界級體操選手和一般人相比，腦的DMN連結特別強烈。這很合情合理，因為體操選手做動作的過程中，專心往往成了累贅。假如你不確定自己是否頭下腳上或者右側向上，或者你不確定你是在下降還是飛升，也許你最好別去問。最好的辦法是信賴自己、用心體會、放棄專心，而不是戒慎警醒。

不論你是否是世界級的運動員、頂級的企業策略專家，或只是嘗試成就自我偉大的普通人，學習這種「放棄思維」的心智能力是很重要的。偉大是當你把邏輯、記憶、以及關於自我矛盾的困惑都掃除開來後，令你臣服之物。

飆出超高音讓你毛髮豎立的歌手、搶救出嬰兒的消防員、成功盤球射入球門的足球員、率先衝過終點線的跑者——這些人之所以偉大，全因為他們學會在關鍵時刻臣服。

要記住隨波逐浪更勝於操控大海。所謂專業並不是只關乎操控——它也關乎知道該在何時「放棄」。

當你嘗試成就偉大，你會遇到的問題是每一次你跳上衝浪板，海浪都可能將你擊倒。如果它一再地發生，你甚至可能放棄衝浪。不過任何衝過浪的人都會告訴你，只要你回到板子上，你終究會成功。有些時候特別艱難，你也許會乾脆收起衝浪板，但是你終究會再回來。

這是正向解離發揮的功用。暫停一下，隨著自己的心念去散散步。每個頂尖的演出者都會告訴你，停機時間和「運轉中」的時間一樣重要。所以要不時地放鬆對目標的追求，只需保持「在場」。

討論所謂的「在場」往往會太過抽象，不過我這裡用的是較單純的說法。只需要練習不時釋放你的目標，對它們保持分心。或許，今年你不想要賺到那麼多錢或得到晉升。或許你想。不過，只要你不時把事物放入再移出焦點，你會覺得自己與它們更有連結。如果對目標一直保持專心，就意味著分心無法對你施展它的神奇魔力。

這整本書就某個方面而言，討論的是關於你的偉大。要解決你的水平衝突，垂直地轉化到你更高層次的自我，脫離記憶的陷阱，並建立一個不悖離現實的未來，請記住把底下圖表中的分心能力納入。

專心的心態	分心的心態轉變
你必須「整合在一起」才能偉大	正向解離容許你持續地重新構想你的生命
不要虛偽	放鬆進入你的矛盾中並擁有它們
目的性需要一個目標	目的性會帶引你到你的目標——帶著危機和自發性來啟動它
對手中的事隨時保持專心	練習順從於你的自發性
要實際	用你的想像力來改變你的現實

結語

修補匠宣言

我們這行許多人缺少多元的經驗。因此他們沒有足夠多的點做連結，最後只能提出很線性的解決方案，對問題缺乏更寬廣的觀點。對人類體驗的理解越更寬廣，我們做出的設計會越好。

——史帝夫・賈伯斯

I cdnuolt blveiee that I cluod aulaclty uesdnatnrd what I was rdanieg.（能我懂讀我在正看的西東我連自己敢都相不信）。

你是否意外自己有辦法理解這個順序亂七八糟的句子？根據心理學家葛蘭姆・羅林森（Graham Rawlinson）的說法，只需要第一個字母和最後一個字母的順序正確，你的腦會自動把其他字母排好、把正確的詞拼出來。除了一些特定限制和例外，這印證了本書的基本信念：你的腦不需要合乎邏輯地專注於連串發生事物的順序，也可以理解發生了什麼事，情境脈絡和相關聯的概念會幫助腦把事情弄清楚。

我在前面幾章提供的各種資訊、建議、策略也是如此。你可以選擇、同時你也應該選擇吸收令你感興趣或有啟發性的材料，其他的部分你可以等到在人生的戰場上，因為過度專心導致停滯困頓時，再回頭來看看。當然，多數人也會認為把修補思維的基本原則都整理在一起很有幫助。

不管你是想改善自我生活，或是想和員工互動以提升利潤的公司領導者，都應該運用這些基本原則做為你的指引。如果你在專心和分心之間來回漫遊時迷了路，這些原則可以提醒你最初做這些改變的原因，同時也幫助你重新設定認知節律。

練習自我原諒

你應該有注意到本書反覆提醒你要「試一試」。如果失敗就不原諒自己，你人生絕不會再嘗試任何事情。願意去嘗試，事實上就代表了你樂於接受失敗，而且在失敗時，會設法脫困再繼續向前。

當你在修補時，你是心智的旅行者、採集標本者、舞者。旅行者的你不時會發現新的想法，但有時也會迷路；而身為採集標本者，你有快速放棄不愉快經驗的特權，但同時各種樣貌的體驗也可能令你屏息；而身為舞者，你可能會享受與他人同步運作的愉悅，但也可能不時失去和自我的連繫。扮演這些角色時，錯誤會幫助你重新調整想法和作法。你可以想像一下，如果每次你開車看到路標顯示你方向錯誤，你就放棄旅程，坐在原地懊悔不願意再做任何行動——或是一路上不斷咒罵自己，會是什麼情況？你大概沒有走太遠就已經把自己逼瘋！

或許，懶散符合我們的本性，或者至少無意識中是如此。如心理分析學派的動機研究中所指出的，活在罪惡感之中，給了我們無意識的特權去避免活得太完整——讓我們停滯（stagnate），以抗拒我們看似不可避免的、朝向死亡的行軍。但是這個策略並不會奏效。死亡終究會找上我們。所以，為何不學習修正路線，鼓起更大的精神向前邁進？

自我原諒（self-forgiveness）是這種重鼓精神或是重新注入活力過程的一部分。你可能做錯了，犯下錯誤然後探索錯誤從錯誤中學習；你可以、有時也應該對自己的行動感到懊悔。不過要發現新的事物，要避免重蹈過去的創痛，你就必須向前看。修補讓你在繼續前進的同時思索你的人生。

自我原諒並不只是把某個東西掃到一邊，它是深刻地理解和接受自己並不完美——而且顯然天生的設計就不完美，但你的人生仍舊可以卓越、美好和偉大。對一個修補者而言，錯誤並不代表禁止通行的標誌——它們只是車輛改道的路標。有些時候改道是值得的，只要你重新安排你的注意力，思考可能性而不是光顧著責備自己。可能性的思考會幫助你到達目標。

醫藥領域的兩個例子可供參考。米諾地爾（Minoxidil）這個藥物被開發用來治療高血壓，但是它剛好也能促進毛髮生長，科學家了解這個副作用給其他症狀帶來實際療效後，把它研發成了治療雄性禿的外用藥物。華法林（Warfarin）這個常見的抗凝血劑一開始是用在引發出血以殺死老鼠，後來科學家才了解到同樣的反應也可以用來幫助延長生命。因此它後來被研發成為抗凝血藥物，可幫助溶解人體中危險的血栓。

專心讓你認為副作用就只是副作用。分心則讓你開始會問，暫時擺脫看似明顯的想法，這個副作用是否能帶來更好的結果？在有效的管理下，衝突可以打造腦的能力，而錯誤則代表修正路徑的需求。愛因斯坦曾提醒我們，從不曾犯任何錯誤的人，代表他從沒有嘗試過任何新的東西。

在超過二十年對腦部的學習和研究之後，我深信我們是「天生古怪」。身而為人，我們的體驗如此豐富多樣，但同時我們也充斥著一些沒道理的錯誤。為什麼愛伴隨這麼多痛苦？為什麼辛勤工作不見得有收穫？為什麼我們不能天生連結並相互幫忙，而必須期待從彼此間的差異——甚至為此彼此相爭——尋找到自己？

這些不可避免的矛盾令人百般困惑。這是我們身而為人必須謙卑——也是認知到我們的腦會經常出錯，以及尋求答案時要求助自我的多個面向的原因所在。認知到自己組織能力的母親，可以輕鬆應用到經營事業；或者，認知到自己技能的企業擁有者，可以輕鬆應用到處理家務——他們帶著目的性帶領自我和他人朝向可以抱持好奇、彈性適應、和自由發揮的許諾之地。在那裡，他們將發現自己的偉大。

一旦你脫離專心的牢牢掌握，你就不再執念於你的錯誤，可以用更多時間來發掘和展現自我的真實天才。

保持輕盈

如果你曾拿著氦氣球，手抓著線開心地看它飛舞，那麼你應該也知道它不預期地逃脫並飄走時帶來的輕微驚慌。在高空翱翔是一回事，但是毫無目標的漂蕩則完全是另一回事。

自由的呼喚十分強烈，但極少人注意傾聽它，如果認真傾聽，多半會感覺自己擺脫了拘束。配備了你如今擁有的修補工具，你可以確認自己隨著認知節律打造和重建你的人生，DMN這個發著光的章魚會幫助你用拼圖的碎片拼出新生命的可能情境。

生命不只是包含了沉重，同時我們也在尋找生命的重量，讓我們不至於毫無意義地從一處飄移到另一處。即便我們說我們想要快樂和自由，但我們同樣也希望能有著根落腳之處。合理情況下，有著根落腳處是件好事。但如果像是船停在乾船塢，或是孩子被禁止離家就不好了。

擁有工作時程表、家人、朋友、和穩定的工作，當然有明顯的好處。不過這些要素雖然可以帶給你深刻的意義和舒適感，但你也可能無意識中因它們而變沉重。正如丹麥哲學家索倫·齊克果（Søren Kierkegaard）主張，太多的自由和太多的可能性讓我們焦慮。他所謂的「自由的暈眩」（dizziness of freedom）會造成反彈，反倒讓你更專注於蹲低身子，緊握自己的財產和處身的環境。修補則是比較好的選項。你可以一路修補讓自己到達另一個層次的舒適感——學著用較輕鬆的方式看待之前的教訓，即使你是個本性嚴肅的人。

你必須順服於水，讓水幫你的身體漂浮起來，你才有可能學會游泳。同樣地，除非你順服於輕盈並跟隨它行動，否則你無法擁有自由。擺脫自我過多的重量，以免它們成為你的負擔。你可以做出選擇。

人是否有選擇的自由似乎有兩種主張。有些人相信，人並沒有自由意志，不過很顯然在這本書裡提到的人物並沒有這種問題！相反地，他們以及其他許多人都相信，我們可以做個人自由的行為人——我們有能力選擇想往哪裡去，以及想要做些什麼。對這些人而言，另一個說法似乎荒謬。不過，事實上，選擇自由存在於一個光譜，端看我們選擇的是什麼。舉例來說，你無法選擇你的父母，但你可以選擇你和他們的關係。光是擁有選擇的信念，就會啟動你的腦去展開旅程，進行修補、更新，同時，如果它因壓力而過度拉扯，你也知道如何重新啟動你腦部的彈簧圈。

分心迴路在幫助你擺脫環境局限、從真實的自我取得解答的過程中，扮演重要的角色。當你修補、淺嘗、塗鴉和試一試，你會逐步更新你的所知，自由會變得較不那麼令人畏懼。

讓生命逐步加總

在我這本書裡特別介紹的所有人物，你可以把他們解讀成透過可能性思維和單純的決心達成目標的例子。確實是如此，但是那只是部分的、相對的事實，因為他們每一個人一路走來都有各自的掙扎、疑惑和失敗。有誰可以說這些逆境不是更激發他們的動力？

大部分你認定為真的，其真實性也只到一定程度。很少有事情是絕對的。毫無條件地愛某個人，徹底地受到激勵，成就你可能的最偉大的自己——這些通常只是相對的。「部分真實」這個詞聽起來不太和諧也不常用，但它們往往才是常態而非例外。隨著你進行修補，接受部分的真實也是重要的事，因為它們是較可靠而且有代表性的指引原則，可以領導你通往你尋求的偉大。

就連電腦現在也為部分真實設計程式！程式設計師如今不是依據是或否的二元電腦邏輯來發展人工智慧，而是越來越常使用「模糊邏輯」（fuzzy logic），它較相近於人腦的運作，因為它根據的是真實的程度。運用模糊邏輯，一個與人腦更加相似的電腦聚合或多或少真實的資訊，然後運用這些近似值來得到一個更準確的答案。你無須專注於每一個事件，就像是我稍早給你看字母順序混亂的字詞一樣。相反地，你按照你所認定的去設想，然後繼續向前。

這就是修補匠的精神。

卡瑞．穆利斯博士（Kary Mullis）是模糊思維獲得傑出成就的例子。根據他同事的說法，在發現聚合酶連鎖反應（PCR）的過程中，他並不是進行控制精密的實驗。相反地，促成這項發現的實驗結果受高度質疑，而且不大完整。事實上，他的一位同事形容他是「修修補補，是個修補匠（bricoleur）」，同時也是個「喜歡玩東弄西……喜歡做各種嘗試……不管人們跟他說這做不到」。當你累積了足夠的部分真實，在可能性思維的鼓舞推動下，每個新發現都可能從全然不同的方向導引你到最終的發現。

穆利斯博士並沒有運用清楚、按部就班的實驗結果進行連續的實驗，但是他獲得了諾貝爾化學獎。大部分重大的發現都是如此——修補促成了部分真相的累積，最終通過了門檻。回頭來看，它們可能看起來清楚而且合乎邏輯，因為我們的腦會用倒推的方式連結一些點來釐清事物——這也是假性記憶形成的方式。

當你成為一個修補者，模糊邏輯和部分真相不會造成猶疑阻礙。透過修補相對的真實，你增加大腦持續嘗試在這些部分真相之間填補缺漏的機會，幫你的人生釐清道理。

擁抱複雜性

簡單的意圖易於理解。你需要散個步嗎?穿上運動鞋就開始走。餓了嗎?做點食物吃個晚餐。對於簡單的行動，你需要的是我們所謂的簡單認知（simple cognition）。要清楚你的意圖和做出行動很容易。不過對於較複雜的事情，像是想要快樂或富有或偉大，簡單意圖還不足夠。這些目標，或是通往它們的途徑往往昏暗不明。而且，即使你以為自己很清楚，實際上往往並非如此。

首先同時也是最重要的是，越來越多的研究顯示，不同於腦的行動中樞，腦中並無一個主要的意圖中樞或迴路。依據你的行動——不管是說話、做減法、或是移動你的手——你的意圖會啟動不同的腦迴路。

「意圖」（intention）並不是單一的功能，而是依據記憶、概念、情緒和想法的配合促成行動的綜合力量。如果在某個關鍵的時刻，你仍然認為某件事是不可能或是認為自己太笨，你再怎麼努力，成功都會難以企及。首先你必須結合所有這些元素來打造你的意圖。分心則可以幫助你做到這一點。

同時，早在你有意識要行動的意圖之前，你的腦就已能夠刺激行動。當你的意圖存在的時候，你的腦早已引發了你的意圖，而當你行動時，也並不一定是你已決定了要去行動。相對地，無意識的資料已經累積到足夠多而引發行動——同時它獨立於你有意識的意圖之外。理解這個複雜性可以鼓勵你保持耐性——讓你慢慢、逐一回想不同部分的自我，直到足夠多的「你」浮現在你的腦中。當足夠數量的「自我」要素被召喚出來，你的存有將受到動機鼓舞。你必須運用這些充分數量的「自我特質」的總和，而不是光仰賴強化慾望。換句話說，如果你不上場，就不可能贏得這場生命的比賽。日常狀況下，許多人在清醒時刻都把他們最重要的特質留在一邊。

複合認知最有趣的一個特點是，你的「意識」可能不只是實際腦部迴路彼此相互作用的結果，大部分看不見的磁力可能也在發揮作用。

有許多理由讓我們認定意識與電磁有關。生物物理學家阿伯拉罕．R．李博夫（Abraham R. Liboff）在二〇一六年指出，腦細胞可以透過細胞膜和周圍磁場產生電力。同時，血紅素是有磁性的，當它流過腦迴路，它可以促成這個電磁效應。

這些力量無法被觀察到，但是它們對腦的衝擊影響深遠。要理解它，你可以想像磁場是看不到的，但是如果你拿個磁鐵到電冰箱旁邊，你就馬上看到它的作用。你的腦部電磁場可以透過如正念冥想這類分心技巧來改變，正念始於專心，然後導向了分心狀態。

勇於跳躍

著名的雙縫實驗（Double Slit Experiment）證明了電子——你腦中微小的「粒子」——行動的方式。要理解這個實驗，想像你在一個板子前面，板子上有兩個足夠網球通過的大洞。現在想像板子後面有個布幕，因此當你把網球丟穿過和它大小相吻合的洞時，它們就會打在布幕上。如果你用直線丟網球穿過這些洞，它們打在布幕上的位置應該和洞的位置相同，對吧？不過在雙縫實驗裡，當你使用的是電子而不是網球，情況有些不一樣。

你看到電子打在布幕上的位置，和它穿過的縫位置並不一樣，你看到的會是電子「打擊點」在整個布幕上形成條狀。不像網球的打擊點大小一致而位置固定，它們打中的範圍要廣泛許多。

經過一番漫長的苦思之後，科學家們推論當電子穿過細縫時，它們形成波一同移動到布幕。這些波就類似你兩手靠近各拿一個小石子，再同時投入池塘時出現的同心圓。就如同石頭在池塘裡會產生向外移動的圓圈一樣，通過雙縫的電子束會朝布幕產生同心圓。這兩個同心圓朝布幕移動的同時越變越大，在某個點彼此的線會交錯在一起，最終會有越來越多的波線朝布幕移動時交錯。

布幕上的帶狀對應電子波交錯的位置。交錯的點很多，因此布幕上會有很多條帶狀。不過故事的發展，到這裡變得更加離奇。

如果你要設一個測量裝置來觀察電子通過細縫（一個專心的比喻），電子的行為就不再像波，而是像粒子般行動——和網球一樣。你看到它們只出現在細縫正前方的布幕上。如果你把裝置關閉（一個分心的比喻），它們的活動又開始像波，你又看到帶狀。同時，假如你把測量儀器放在隙縫入口和布幕的中間，它們通過裝置線時，又出現相同的行為：觀察裝置開啟時是粒子，關閉時是波。

這彷彿是說電子「知道」你是否在觀察它們。更奇怪的是，科學家們稍後證實了你可以把測量裝置隱藏在較遠處在極短的時間內出現，讓電子來不及「感應」。不過，在93％的情況下，它們被觀察時是呈現粒子的狀態。為何會出現這種情況仍是個謎。不過我們可以公允地說，電子不被觀察時，會出現的位置有較多的可能。

我們知道這個現象涉及許多量子物理的相關理論。我們也知道，不管我們樂不樂意，你沒辦法把主宰像電子這樣的小粒子的原則，應用到人類這樣較大的物體。不過如果你能體會電子也是組成你的一部分，同時這些組成你的腦的粒子在不被觀察時可以發生改變，應該有足夠的理由讓你對分心以及未知之物抱持深深的敬意。

抑制或壓抑自我懷疑遠不如接受奧祕、可能性思維、直覺、自發性，並依據你的心理重心來運作。如此一來，你脫離了既存的證據（或缺乏證據）去追求成功，並運用你的腦來預想和模擬你可以探索的未來範本。接受這個更為神奇的路徑並且加速前進，你就不會因專心限制了你的可能性或拖慢你的速度。

專心的思維框架會投注在有意識、線性的、目標導向的、有目的性的、有產能的、和可感知的思考。你不能沒有它。但是光靠它本身，卻不足以得到可觀的進展。相對地，只有當分心也加進來，你才能利用無意識快速度處理專心以外的領域、給因專心而疲乏的腦重新恢復能量、並讓專心時無法獲取的隱藏記憶浮現。你如此做的時候，等於是讓自己站在量子跳躍的位置上——你人生的進展將是突然、巨大，而且往往出乎預期之外。

修補者心態會注意在正確的時機做出這個跳躍——要離開專心這片聖地並過著一半靠計畫、一半靠模擬和想像的生活。就算它不是你眼前最重要的事，至少會始終擺在你的心裡。每個小小的修補步驟，每個小小淺嘗的實驗，都會讓原本因恐懼卻步的你，更靠近那個大步的跳躍。

看著鍊子上的珠子，而不是海上孤立的浮圈

我們的腦彼此相連，這是生物學上的事實。你的頭顱上有孔竅（眼、耳、鼻、口、皮膚），裡頭有個腦——你的腦向著全世界開放！我們的頭像是眾多的珠子，用無形的線連結在一起，而不是漂浮在海上各別的浮圈。有諸多證據指向，不只是各別的腦被這條線連在一起，我們的腦可能也是所謂的「普遍意識」（universal consciousness）這個巨大鍊子的一部分。

你無法「看到」這個普遍意識，並不代表它就不存在。舉例來說，我們相信用眼睛可以可靠地看見周遭的世界，但是每個人類眼睛都有實際的盲點，因此完全沒看到某個東西的情況是可能出現的。同樣地，頻率達到一萬七千四百赫茲的任何聲音只有青少年才聽得出來。一旦你超過了十八歲，大概就不會聽到。類似的局限也適用於味覺、觸覺和嗅覺。這個世界充斥著比你感官所處理的還要多的資訊。鏡像神經元（mirror neurons）是我們即時連結的證明。這些腦中的迴路當你靠近我的時候就會啟動，「反映」（像鏡子一樣）我的動作、意圖和情緒。

你的腦中可以毫不費力地出現我腦子裡的圖像。透過某種方式，你和我之間的某個東西「轉換」了資訊。你可以稱它是氣、是無線電波或是任何你想要的稱呼——這個通訊線在你

我之間開放，而且作用是即時的。觀察一個滑冰選手跳躍到空中，你會感覺到華麗壯美，因為你腦中的反應有如你在做同樣的動作——但是它尚未超過行動的閾界，或者，它是被壓抑了，所以你不會因此從沙發上跳起來。和某個心懷不良的人談話，你的腦也會映射這個意圖。同樣的情況是有些人的笑容具感染力——你的鏡像神經元自動地在你自己的腦中反映了意圖和情緒。

令人驚訝的是，你甚至不需要靠近我，我們的腦就能溝通——網際網路同樣可以連結思想。精神科醫師卡爾斯．葛勞（Carles Grau）和他的同儕在二〇一四年進行了一項實驗，證明了一個人只要在印度想著 hola 或 ciao（招呼用語），不需要大聲說出來、被看到、或是打字出來，就可以傳遞給在法國的人。這給我們什麼啟示？想法是一種電流。當你運用網路時，這個電流可以越過遙遠距離進行溝通。

我們的腦可以彼此自動同步。心理學家尤莉亞．戈蘭德（Yulia Golland）和同事們在二〇一五年說明，當人們一同看一部電影，他們不需要刻意相互連結，光是處在同一個物理空間就會讓他們在生理上同步。

所有這些概念都暗示了某種「溝通線」存在於你我之間——這是一個連結我們的腦的「網際網路」。

當你觀看這個世界，你是把它看成眾多事物的一個集合體（collection）還是一個連結（connection）呢？（還記得學術上的「統合派」和「分割派」嗎？）你的感官認知會讓你相信這世界是眾多事物的集合體，但是當你暫停感知，你又會把世界看成眾多事物的連結，如一個巨大而相互協調配合的宇宙。偉大的心靈能從專注心移動到分心，先把它看成一個集合體，然後再看成一個連結。他們輕鬆自如地在這二者之間來回移動。

我們把東西看成是各別物件的集合體，這種傾向可以追溯到嬰兒時期，當時我們的腦發展出區別自我和他人的能力。當一個嬰兒第一次學會怎樣抓住東西，像是人的大拇指，就宣告了他們第一次體驗到與「他人」分別存在的「自我」。頂葉皮質的神經元在充分發展之後，主要負責這種體驗。而隨著你成長，你會持續把世界看成外在於你自我的物體，而你會認定這是生命中不容撼動的事實。並非如此。要不要回想一下，冥想能給它帶來的改變？

專心無法幫助你看到這個「物聯網」（Internet of things）之間的連結。不論你如何努力觀察它具體可掌握的跡象，你都不會看出來。這也是我們需要感知以外的「觀看」方式的原因。為了讓這個連結更加清楚可見，我們需要進入分心的狀態。

把世界看成彼此相互連結還有其他眾多好處，尤其是它定義了一個新的思維。飛機、電話、還有網路，若不是因為發明者至少心裡部分相信人們可以越過長距離溝通，不可能被發明出來。同時，把世界看成彼此相連，可能讓我們更容易處理像是偏見這類的社會問題。把男人和女人視為不同，長期以來對雙方面一再地帶來了謬誤的論述和不公平的待遇。把男人和女人視為人，則讓我們理解，我們彼此的共通之處遠遠超乎我們自己的想像，而且基於這個連結，我們對於彼此都要負起責任。

取代演化

很久之前，演化生物學家就知道人體會隨時間演化。當某個東西變得不需要，身體會把它處理掉。而當新的能力需求出現時，身體會設法將它發展出來。我相信分心是腦相對較新進演化出的一個習慣，以喚回文藝復興時代的光輝並企求符合不斷改變中的世界——一個當代的新文藝復興——的要求。

不過，腦並不是像變戲法一樣從帽子裡掏出一個清楚的新功能。它透過不斷修補推動它的進化。就如同演化修補我們的腦以賦予我們分心的能力，我們需要學習如何操作這個能力讓它發揮最大效益。

不過在許多方面，我們比演化要更加快速。而且不管如何，我們都不能等待演化來趕上這個我們所創造的、不斷變化的世界。相反地，修補者必須和演化共同運作。他們知道，求存活的腦只會助長恐懼，奪走他們的機會。他們要透過可能性思維，以及一個處於認知節律中、更樂於理解世界廣泛可能性的腦，來挑戰一個只求存活的腦。

這種思維心態的轉變只有當修補者接管演化時才會出現——伴隨著完整的力量、產能和熱情，這個宣言代表了人類新的、生猛有勁的潛能。

修補匠宣言

我珍視自我原諒
我輕盈工作——而不對抗輕盈
我樂於在模糊世界裡貢獻產能
我擁抱複雜
我擁抱未知
我是萬物之網的一部分
在此生中，我能運作得比演化速度還快

致謝

從構想到成書，我要對這本書的團隊致上深深的感謝。

如果不是我的經紀人西萊斯特．范恩（Celeste Fine）聰慧、敏銳、而且「一語中的」的思維，這本書和它的概念可能只會一直存在於我的想像。西萊斯特看出我迫切想要鼓舞所有人從自身的複雜性發現內在的偉大——在「複雜性」這個詞幾乎被當成不雅字的時刻。在她不斷灌輸信念和承諾，及她敏銳感受力與知性協助下，讓這本書得以實現。

在本書孕生之前，西萊斯特要求我進行一個小時的獨白，以了解我在做些什麼，以及為何我如此熱愛我的人生和工作。在聽完我似乎無止境的喃喃自語之後，她看著我說：「分心——你應該把分心這個概念為何如此美好，以及人們如何把它用在自己的生活裡寫出來。你已經辦到了。為什麼不把它分享出去？」西萊斯特不只是出版代理商。她對她的作者有深刻的理解。她為我倡言發聲，同時也在整個過程中與我一同閱讀、思考、想像、和提問。她是個溝通大師，而且從不廢話，有如假包換的自我本色，她激勵人心的「自我所有權」主張無人能比。她的團隊所有成員，包括約翰．馬斯（John Maas）和莎拉．帕希克（Sarah Passick），協助我持續寫作這本書，即便有些時候我的想法會漂蕩奔逸不知所終。

的確，可能真的會不知所終，幸虧編輯馬妮．柯川（Marnie Cochran）帶來令人印象深刻的合作經驗。不知該從何說起——要說她敏銳的感受力讓每個字都能最充分展現生命力、或落入最準確適當的位置？或者是她持續不斷追求文字清楚的同時，又能明白展現輕鬆愉快的深度？或者是我何其幸運有她的始終不放棄，對有時顯得太空靈、有時映照人性觀點又太強烈，以致模糊了核心意旨的這本書，能屢屢忍住要袖手不管的念頭。馬妮，感謝你驚人的才華，和我合作時如此配合的無上理解和專業精神，儘管我的文字有時不羈、無禮、甚至陷入自身狂熱興奮中。感謝你不辭煩勞的對話、聆聽、理解、調整、在堅持信念時堅定不移，同時也感謝協助我清楚釐清分心的巨大力量。同時也非常感謝麗茲．史坦（Liz Stein）和珍娜．畢爾（Janet Biehl），幫助我們在文字上的修飾。

接下來還有我生命中所有忍受我對這本書的如此執迷，以及我在社群媒體向外連結打擾到的人們，儘管他們也極需保留個人的隱私。我簡短表達我的謝意：謝謝烏瑪——你是無與倫比的魔法師，忠實可靠地提供了愛、理解和批判性的回饋，同時在精神上以超驗的方式提供了支持和信賴。謝謝拉吉夫——你不墨守成規的性格和洞察力給我重大的啟發，你陪伴我並忍受我神經質糾纏仍毫不倦怠的能力有如分心的化身。謝謝拉贊——感謝你扮演「心靈護衛」來掩護我，排解我對於我的家人、我的選擇、以及對我自己的焦慮，並給予我信心，一路鼓勵我到本書的完成。感謝我的父母，拉茲和莎娃，我對你們有無盡的感謝。他們存在於這本書的一字一句、每個意念之中，同時難以分捨地連結到我的靈魂——我的母親，依舊是我最忠實的粉絲，同時也是我所能親眼見證的奇蹟；我的父親，雖然已經逝去，但卻始終存在我的工作倫理中，提醒著我「不要無謂空談」。感謝寶拉，她的耐心、鼓勵、智慧、工作倫理、以及執著努力讓我受益良多。謝謝薇琪和艾琳娜，協助我經營我的生活。

還有，我怎麼能夠忘了在這段過程中我的親朋好友裡未被歌頌的英雄們——巴比叔叔、馬諾、珊、賈亞、貝比斯、舒娜、尚、鮑伯、普拉格森、布蘭登、馬哈德夫、丹尼斯、史蒂芬、達芬尼、菲利浦、JT、達榮、札克、布倫達、吉迪恩，這些人的愛、貢獻、陪伴、支持、以及「存在」都在無形中給這本書莫大的影響和支持。

我生長於一個充滿特色的家庭，我的堂表兄弟姐妹也出自同一個系譜：本恩奇、湯姆比馬馬、波亞馬馬、佩里馬、達亞馬馬、蘇里亞、薩格里、普拉卡希、蒙迪、品蘭、納維恩、洛基斯、巴什尼、喬治、德文、朵莉絲、安娜、亞吉——多樣貌的名字和多元的特色，但是卻是我理解非二元意識的基礎經驗。為此，我有無比的感謝。

每本書被寫出來，心裡頭都會有個師法的對象。我要感謝P．D．奈杜博士（P. D. Naidoo），他是啟發我研究人腦的第一人；瑪格麗特．奈爾（Margaret Nair），感謝她鼓勵我接受精神科學的教育；舍維里．法蘭澤博士（Sherveri Frazier），感謝他指引我走出了許多黑暗陷阱，特別是在我夢幻狂想的時候，很遺憾他最近離開了人世；布魯斯．柯恩博士（Bruce Cohen），感謝他為我開啟了我學術生涯的道路；羅斯．巴爾德薩里尼博士（Ross Baldessarini），感謝他鼓勵我不停探問；德拜．尤格倫—托德博士（Debbye Yurgelun-Todd）和佩里．倫紹博士（Perry Renshaw），感謝他們讓我進入全世界最創新的哈佛腦部成影中心；比爾．卡特博士（Bill Carter），感謝他能看出我具備但尚未展現，且往往連自己都訝異的能力；列斯．哈文斯博士（Les Havens），感謝他讓我理解身而為人，何時該清楚自己有更重要的事要做；還有當然要感謝強納森．柯爾博士（Jonathan Cole），感謝他對我、和對修補過程的信念，也感謝他為我打開了通往美國的大門，讓美國成了我的家、和我休養與再造的處所。同時，我也一定要提到和我共處的同事們——莫里吉歐．法瓦博士（Maurizio Fava），感謝他協助我的最初研究，還有約翰．赫曼博士（John Herman）和傑瑞．羅森鮑姆博士（Jerry Rosenbaum），感謝他們在我畢業不久後就到這裡，並在我有需要時隨時提供幫助。

最後，如果不是我的病患、我的學員客戶、以及我的線上社群，這一切不可能實現，他們不斷教導並且提醒我生命藏在隱匿之處；我們所見的「自我」實為幻影；我們透過「自我」探尋才能找到光憑邏輯不可能顯露的自我。我感受到一個令我謙卑臣服的力量——姑且稱之為神——我向你們致敬，我感受充滿了敬意，所以我稱之為神——不論「祂」是什麼，致上我深深的感謝。

《胡思亂想的爆發力》不只是一本書；它也是宣告一場嶄新充滿活力的運動的信使。我希望你從閱讀這本書受到啟發，能擁有並展現你冒險家的身分。或者你已經做到了，那就把它提升到另一個層次。

我們天生具備自我察覺的能力，但也會在自我之中漫走，因此我們可以品味生命的神奇同時應時而做——時時修補中——真實地活著！

參考資料

導言　告別專心的迷信

1. K. Mullis, "Polymerase Chain Reaction," Dr. Kary Banks Mullis, n.d.: http://www.karymullis.com/pcr.shtml.
2. K. Mullis, Dancing Naked in the Minefield (New York: Vintage Books, 1998), pp. 3–4.
3. "Biography," Dr. Kary Banks Mullis, n.d.: http://www.karymullis.com/biography.shtml.
4. C. Kreitz, P. Furley, et al., "The Influence of Attention Set, Working Memory Capacity, and Expectations on Inattentional Blindness," Perception 45, no. 4 (2016): 386–99.
5. C. F. Chabris, A. Weinberger, et al., "You Do Not Talk About Fight Club If You Do Not Notice Fight Club: Inattentional Blindness for a Simulated Real-World Assault," Iperception 2, no. 2 (2011): 150–53.
6. D. J. Simons and C. F. Chabris, "Gorillas in Our Midst: Sustained Inattentional Blindness for Dynamic Events," Perception 28, no. 9 (1999): 1059–74.
7. B. Hahn, A. N. Harvey, et al., "Hyperdeactivation of the Default Mode Network in People with Schizophrenia When Focusing Attention in Space," Schizophrenia Bulletin (February 28, 2016).
8. C. Chen and G. He, "The Contrast Effect in Temporal and Probabilistic Discounting," Frontiers in Psychology 7 (2016): 304.
9. C. N. Dewall, R. F. Baumeister, et al., "Depletion Makes the Heart Grow Less Helpful: Helping as a Function of Self-Regulatory Energy and Genetic Relatedness," Personality and Social Psychology Bulletin 34, no. 12 (December 2008): 1653–62
10. R. M. Kanter, "Innovation: The Classic Traps," Harvard Business Review 84, no. 11 (2006): 154.
11. E. Yoffe, "Is Kary Mullis God?" Esquire 122, no. 1 (1994): 68.
12. K. McRae, B. Hughes, et al., "The Neural Bases of Distraction and Reappraisal," Journal of Cognitive Neuroscience 22, no. 2 (2010): 248–62
13. A. E. Green, M. S. Cohen, et al., "Frontopolar Activity and Connectivity Support Dynamic Conscious Augmentation of Creative State," Human Brain Mapping (2014), conference abstract.
14. H. C. Lou, M. Nowak, and T. W. Kjaer, "The Mental Self," Progress in Brain Research 150 (2005): 197–204.
15. A. Golkar, E. Johansson, et al., "The Influence of Work-Related Chronic Stress on the Regulation of Emotion and on Functional Connectivity in the Brain," PLoS One 9, no. 9 (2014): e104550.
16. T. Amer, K. W. Ngo, and L. Hasher, "Cultural Differences in Visual Attention: Implications for Distraction Processing," British Journal of Psychology (2016), epub. ahead of print.
17. A. Kucyi, M. J. Hove, et al., "Dynamic Brain Network Correlates of Spontaneous Fluctuations in Attention," Cerebral Cortex (2016), epub. ahead of print.
18. L. L. Beason-Held, T. J. Hohman, et al., "Brain Network Changes and Memory Decline in Aging," Brain Imaging and Behavior (2016), epub. ahead of print.

19. K. Mevel, G. Chételat, et al., “The Default Mode Network in Healthy Aging and Alzheimer’ s Disease,” International Journal of Alzheimer’ s Disease 2011 (2011): http://dx.doi.org/10.4061/2011/535816.

20. S. Sandrone and M. Catani, “Journal Club: Default-Mode Network Connectivity in Cognitively Unimpaired Patients with Parkinson Disease,” Neurology 81, no. 23 (2013): e172–75.

21. R. S. Wilson, C. F. Mendes de Leon, et al., “Participation in Cognitively Stimulating Activities and Risk of Incident Alzheimer Disease,” Journal of the American Medical Association 287 (2002): 742–48.

22. C. Fabrigoule, L. Letenneur, et al., “Social and Leisure Activities and Risk of Dementia: A Prospective Longitudinal Study,” Journal of the American Geriatrics Society 43 (1995): 485–90; C. Helmer, D. Damon, et al., “Marital Status and Risk of Alzheimer’ s Disease: A French Population-Based Cohort Study,” Neurology 53 (1999): 1953–58; J. Verghese, R. B. Lipton, et al., “Leisure Activities and the Risk of Dementia in the Elderly,” New England Journal of Medicine 348, no. 25 (2003): 2508–16; X. Zhang, C. Li, and M. Zhang, “Psychosocial Risk Factors of Alzheimer’ s Disease,” Zhonghua Yi Xue Za Zhi 79 (1999): 335–

第一章　腦子裡的節拍

1. D. Gui, S. Xu, et al., “Resting Spontaneous Activity in the Default Mode Network Predicts Performance Decline During Prolonged Attention Workload,” NeuroImage 120 (October 15, 2015): 323–30.

2. M. Tanaka, A. Ishii, and Y. Watanabe, “Neural Effects of Mental Fatigue Caused by Continuous Attention Load: A Magnetoencephalography Study,” Brain Research 1561 (May 2, 2014): 60–66.

3. M. A. Killingsworth and D. T. Gilbert, “A Wandering Mind Is an Unhappy Mind,” Science 330, no. 6006 (November 12, 2010): 93 2.

4. J. E. Dowling, Creating Minds: How the Brain Works (New York: W. W. Norton, 1999), p. 22; M. A. Persinger, “Brain Electromagnetic Activity and Lightning: Potentially Congruent Scale-Invariant Quantitative Properties,” Frontiers in Integrative Neuroscience 6 (2012): 19.

5. S. Herculano-Houzel, “The Human Brain in Numbers: A Linearly Scaled-up Primate Brain,” Frontiers in Human Neuroscience 3 (2009): 31.

6. A. Kucyi, M. J. Hove, et al., “Dynamic Brain Network Correlates of Spontaneous Fluctuations in Attention,” Cerebral Cortex (February 13, 2016).

7. N. H. Liu, C. Y. Chiang, and H. C. Chu, “Recognizing the Degree of Human Attention Using EEG Signals from Mobile Sensors,” Sensors (Basel) 13, no. 8 (2013): 10273–86.

8. X. Jia and A. Kohn, “Γ Rhythms in the Brain,” PLoS Biology 9, no. 4 (April 2011): e1001045.

9. J. W. Kim, B. N. Kim, et al., “Desynchronization of Θ-Phase Γ-Amplitude Coupling During a Mental Arithmetic Task in Children with Attention Deficit/Hyperactivity Disorder,” PLoS One 11, no. 3 (2016): e0145288.

10. M. Graczyk, M. Pachalska, et al., “Neurofeedback Training for Peak Performance,” Annals of Agricultural and Environmental Medicine 21, no. 4 (2014): 871–75; S. di Fronso, C. Robazza, et al., “Neural Markers of Performance States in an Olympic Athlete: An EEG Case Study in Air-Pistol Shooting,” Journal of Sports Science and Medicine 15, no. 2 (June 2016): 214–22; T. Hulsdunker, A. Mierau, and H. K. Struder, “Higher Balance Task Demands Are Associated with an Increase in Individual A Peak Frequency,” Frontiers in Human Neuroscience 9 (2015): 695.

11. S. Zohn, Music for a Mixed Taste: Style, Genre and Meaning in Telemann’s Instrumental Works (New York: Oxford University Press, 2008), p. 20.

12. L. Gensel, “The Medical World of Benjamin Franklin,” Journal of the Royal Society of Medicine 98, no. 12 (December 2005): 534–38; M. W. Jernegan, “Benjamin Franklin’s ‘Electrical Kite’ and Lightning Rod,” New England Quarterly 1, no. 2 (1928): 180–96.

13. S. Vossel, J. J. Geng, and G. R. Fink, “Dorsal and Ventral Attention Systems: Distinct Neural Circuits but Collaborative Roles,” Neuroscientist 20, no. 2 (April 2014): 150–59.

14. L. E. Sherman, J. D. Rudie, et al., “Development of the Default Mode and Central Executive Networks across Early Adolescence: A Longitudinal Study,” Developmental Cognitive Neuroscience 10 (October 2014): 148–59.

15. D. Tomasi, N. D. Volkow, et al., “Dopamine Transporters in Striatum Correlate with Deactivation in the Default Mode Network During Visuospatial Attention,” PLoS One 4, no. 6 (2009): e610 ~

16. A. Mohan, A. J. Roberto, et al., “The Significance of the Default Mode Network (DMN) in Neurological and Neuropsychiatric Disorders: A Review,” Yale Journal of Biology and Medicine 89, no. 1 (2016): 49–57.

17. I. Neuner, J. Arrubla, et al., “The Default Mode Network and EEG Regional Spectral Power: A Simultaneous fMRI-EEG Study,” PLoS One 9, no. 2 (2014): e88214.

18. A. Karten, S. P. Pantazatos, et al., “Dynamic Coupling between the Lateral Occipital-Cortex, Default-Mode, and Frontoparietal Networks During Bistable Perception,” Brain Connectivity 3, no. 3 (2013): 286–93; T. Piccoli, G. Valente, et al., “The Default Mode Network and the Working Memory Network Are Not Anti-Correlated During All Phases of a Working Memory Task,” PLoS One 10, no. 4 (2015): e0123354.

19. F. Lopes de Silva, “Neural Mechanisms Underlying Brain Waves: From Neural Membranes to Networks,” Electroencephalography and Clinical Neurophysiology 79, no. 2 (1991): 81–93; Neuner, Arrubla, et al., “Default Mode Network”; W. Gao, J. H. Gilmore, et al., “The Dynamic Reorganization of the Default-Mode Network During a Visual Classification Task,” Frontiers in Systems Neuroscience 7 (2013): 34; X. Di and B. B. Biswal, “Dynamic Brain Functional Connectivity Modulated by Resting-State Networks,” Brain Structure and Function 220, no. 1 (January 2015): 37–46; R. N. Spreng, W. D. Stevens, et al., “Default Network Activity, Coupled with the Frontoparietal Control Network, Supports Goal-Directed Cognition,” NeuroImage 53, no. 1 (October 15, 2010): 303–17.

20. G. Bush, “Attention-Deficit/Hyperactivity Disorder and Attention Networks,” Neuropsychopharmacology 35, no. 1 (January 2010): 278–300; M. Schecklmann, A. C. Ehlis, et al., “Diminished Prefrontal Oxygenation with Normal and Above-Average Verbal Fluency Performance in Adult ADHD,” Journal of Psychiatric Research 43, no. 2 (December 2008): 98–106.

21. M. Drolet, R. I. Schubotz, and J. Fischer, “Authenticity Affects the Recognition of Emotions in Speech: Behavioral and fMRI Evidence,” Cognitive, Affective and Behavioral Neuroscience 12, no. 1 (March 2012): 140–50; C. G. Davey, J. Pujol, and B. J. Harrison, “Mapping the Self in the Brain’s Default Mode Network,” NeuroImage 132 (May 15, 2016): 390–97.

22. K. L. Hyde, J. Lerch, et al., “Musical Training Shapes Structural Brain Development,” Journal of Neuroscience 29, no. 10 (March 11, 2009): 3019–25; L. Jancke, “Music Drives Brain Plasticity,” F1000 Biology Reports 1 (2009): 78.

23. P. Hart, Fritz Reiner: A Biography (Evanston, IL: Northwestern University Press, 1994); H. Edgar, “CSO Unveils Fritz Reiner Bust at Symphony Center,” Chicago Maroon (June 15, 2016): http://chicagomaroon.com/2016/06/15 /cso-unveils-fritz-reiner-bust-at-symphony-center/; “The Forgotten Great Conductors,” Gramophone (October 12, 2013): http://www.gramophone .co.uk/features/focus/the-forgotten-great -conductors.

24. G. Stein, “Fritz Reiner: A Marriage of Talent and Terror,” Dr. Gerald Stein: Blogging About Psychotherapy from Chicago (October 12, 2013): https://drgeraldstein.wordpress.com/tag/our-strengths-are-our-weaknesses/.

25. A. Anticevic, M. W. Cole, et al., "The Role of Default Network Deactivation in Cognition and Disease," Trends in Cognitive Sciences 16, no. 12 (December 2012): 584–9 。

26. M. Ziaei, N. Peira, and J. Persson, "Brain Systems Underlying Attentional Control and Emotional Distraction During Working Memory Encoding," NeuroImage 87 (February 15, 2014): 276–86; T. Piccoli, G. Valente, et al., "The Default Mode Network and the Working Memory Network Are Not Anti-Correlated During All Phases of a Working Memory Task," PLoS One 10, no. 4 (2015): e0123354.

27. D. Vatansever, A. E. Manktelow, et al., "Cognitive Flexibility: A Default Network and Basal Ganglia Connectivity Perspective," Brain Connectivity 6, no. 3 (April 2016): 201–7; A. W. Sali, S. M. Courtney, and S. Yantis, "Spontaneous Fluctuations in the Flexible Control of Covert Attention," Journal of Neuroscience 36, no. 2 (January 13, 2016): 445–54.

28. C. G. Davey, J. Pujol, and B. J. Harrison, "Mapping the Self in the Brain' s Default Mode Network," NeuroImage 132 (May 15, 2016): 390–97; P. Qin, S. Grimm, et al., "Spontaneous Activity in Default-Mode Network Predicts Ascription of Self-Relatedness to Stimuli," Social Cognitive and Affective Neuroscience 11, no. 4 (April 2016): 693–70 。

29. W. Li, X. Mai, and C. Liu, "The Default Mode Network and Social Understanding of Others: What Do Brain Connectivity Studies Tell Us," Frontiers in Human Neuroscience 8 (2014): 74; R. B. Mars, F. X. Neubert, et al., "On the Relationship between the 'Default Mode Network' and the 'Social Brain,' " Frontiers in Human Neuroscience 6 (2012): 189.

30. M. Konishi, D. G. McLaren, et al., "Shaped by the Past: The Default Mode Network Supports Cognition That Is Independent of Immediate Perceptual Input," PLoS One 10, no. 6 (2015): e0132209; Y. Ostby, K. B. Walhovd, et al., "Mental Time Travel and Default-Mode Network Functional Connectivity in the Developing Brain," Proceedings of the National Academy of Sciences 109, no. 42 (October 16, 2012): 16800–4.

31. R. E. Beaty, M. Benedek, et al., "Creativity and the Default Network: A Functional Connectivity Analysis of the Creative Brain at Rest," Neuropsychologia 64C (September 20, 2014): 92–98; N. C. Andreasen, "A Journey into Chaos: Creativity and the Unconscious," Mens Sana Monographs 9, no. 1 (January 2011): 42–53.

32. J. Yang, X. Weng, et al., "Sustained Activity within the Default Mode Network During an Implicit Memory Task," Cortex 46, no. 3 (March 2010): 354–66; T. Ino, R. Nakai, et al., "Brain Activation During Autobiographical Memory Retrieval with Special Reference to Default Mode Network," Open Neuroimaging Journal 5 (2011): 14–23.

33. S. M. Fleming, C. L. Thomas, and R. J. Dolan, "Overcoming Status Quo Bias in the Human Brain," Proceedings of the National Academy of Sciences 107, no. 13 (March 30, 2010): 6005–9.

34. K. Izuma, M. Matsumoto, et al., "Neural Correlates of Cognitive Dissonance and Choice-Induced Preference Change," Proceedings of the National Academy of Sciences 107, no. 51 (December 21, 2010): 22014–19.

35. S. Yin, T. Wang, et al., "Task-Switching Cost and Intrinsic Functional Connectivity in the Human Brain: Toward Understanding Individual Differences in Cognitive Flexibility," PLoS One 10, no. 12 (2015): e0145826; P. S. Cooper, P. M. Garrett, et al., "Task Uncertainty Can Account for Mixing and Switch Costs in Task-Switching," PLoS One 10, no. 6 (2015): e0131556.

36. E. Harmon-Jones, C. Harmon-Jones, et al., "Left Frontal Cortical Activation and Spreading of Alternatives: Tests of the Action-Based Model of Dissonance," Journal of Personality and Social Psychology 94, no. 1 (January 2008): 1–15.

37. I. Sarinopoulos, D. W. Grupe, et al., "Uncertainty During Anticipation Modulates Neural Responses to Aversion in Human Insula and Amygdala," Cerebral Cortex 20, no. 4 (April 2010): 929–40.

38. B. R. Payne, J. J. Jackson, et al., "In the Zone: Flow State and Cognition in Older Adults," Psychology and Aging 26, no. 3 (September 2011): 738–43.

39. S. B. Ostlund and B. W. Balleine, "On Habits and Addiction: An Associative Analysis of Compulsive Drug Seeking," Drug Discovery Today: Disease Models 5, no. 4 (Winter 2008): 235–45.
40. M. A. Boksem, T. F. Meijman, and M. M. Lorist, "Effects of Mental Fatigue on Attention: An ERP Study," Brain Research: Cognitive Brain Research 25, no. 1 (September 2005): 107–16.
41. R. Yu, "Choking Under Pressure: The Neuropsychological Mechanisms of Incentive-Induced Performance Decrements," Frontiers of Behavioral Neuroscience 9 (2015): 19.
42. D. van der Linden, M. Frese, and T. F. Meijman, "Mental Fatigue and the Control of Cognitive Processes: Effects on Perseveration and Planning," Acta Psychologica 113, no. 1 (May 2003): 45–65.
43. M. C. Stevens, K. A. Kiehl, et al., "Brain Network Dynamics During Error Commission," Human Brain Mapping 30, no. 1 (January 2009): 24–37.
44. A. F. Arnsten, "Stress Signalling Pathways That Impair Prefrontal Cortex Structure and Function," Nature Reviews Neuroscience 10, no. 6 (June 2009): 410–22.
45. T. Thompson and A. Richardson, "Self-Handicapping Status, Claimed Self-Handicaps and Reduced Practice Effort Following Success and Failure Feedback," British Journal of Educational Psychology 71, pt. 1 (March 2001): 151–70.
46. R. N. Spreng, E. DuPre, et al., "Goal-Congruent Default Network Activity Facilitates Cognitive Control," Journal of Neuroscience 34, no. 42 (October 15, 2014): 14108–14.
47. T. H. Ogden, "Reverie and Interpretation," Psychoanalytic Quarterly 66, no. 4 (October 1997): 567–95.
48. J. Smallwood and J. Andrews-Hanna, "Not All Minds That Wander Are Lost: The Importance of a Balanced Perspective on the Mind-Wandering State," Frontiers in Psychology 4 (2013): 441.
49. C. M. Zedelius and J. W. Schooler, "Mind Wandering 'Ahas' Versus Mindful Reasoning: Alternative Routes to Creative Solutions," Frontiers in Psychology 6 (2015): 834.
50. R. N. Spreng, R. A. Mar, and A. S. Kim, "The Common Neural Basis of Autobiographical Memory, Prospection, Navigation, Theory of Mind, and the Default Mode: A Quantitative Meta-Analysis," Journal of Cognitive Neuroscience 21, no. 3 (March 2009): 489–510.
51. R. L. McMillan, S. B. Kaufman, and J. L. Singer, "Ode to Positive Constructive Daydreaming," Frontiers in Psychology 4 (2013): 626.
52. E. Kross, E. Bruehlman-Senecal, et al., "Self-Talk as a Regulatory Mechanism: How You Do It Matters," Journal of Personality and Social Psychology 106, no. 2 (February 2014): 304–24.
53. D. Cutuli, "Cognitive Reappraisal and Expressive Suppression Strategies Role in the Emotion Regulation: An Overview on Their Modulatory Effects and Neural Correlates," Frontiers in Systems Neuroscience 8 (2014): 175.
54. D. M. Wegner, "Ironic Processes of Mental Control," Psychological Review 101, no. 1 (1994): 34–52; D. M. Wegner, "How to Think, Say, or Do Precisely the Worst Thing for Any Occasion," Science 325, no. 5936 (2009): 48–50.
55. D. M. Wegner, R. Erber, and S. Zanakos, "Ironic Processes in the Mental Control of Mood and Mood-Related Thought," Journal of Personality and Social Psychology 65, no. 6 (December 1993): 1093–104.
56. M. Oppezzo and D. L. Schwartz, "Give Your Ideas Some Legs: The Positive Effect of Walking on Creative Thinking," Journal of Experimental Psychology, Learning, Memory, and Cognition 40, no. 4 (July 2014): 1142–52.
57. R. A. Atchley, D. L. Strayer, and P. Atchley, "Creativity in the Wild: Improving Creative Reasoning through Immersion in Natural Settings," PLoS One 7, no. 12 (2012): e51474.

58. J. Xu, A. Vik, et al., "Nondirective Meditation Activates Default Mode Network and Areas Associated with Memory Retrieval and Emotional Processing," Frontiers in Human Neuroscience 8 (2014): 86.

59. A. L. Pinho, O. de Manzano, et al., "Connecting to Create: Expertise in Musical Improvisation Is Associated with Increased Functional Connectivity between Premotor and Prefrontal Areas," Journal of Neuroscience 34, no. 18 (April 30, 2014): 6156–63.

60. A. Maraz, O. Kiraly, et al., "Why Do You Dance? Development of the Dance Motivation Inventory (DMI)," PLoS One 10, no. 3 (2015): e0122866.

61. E. Watkins, "What May Happen in the Next Hundred Years?" Ladies' Home Journal (1900): 8.

62. S. Sandrone, "The Brain as a Crystal Ball: The Predictive Potential of Default Mode Network," Frontiers in Human Neuroscience 6 (2012): 261.

63. J. Mossbridge, P. Tressoldi, and J. Utts, "Predictive Physiological Anticipation Preceding Seemingly Unpredictable Stimuli: A Meta-Analysis," Frontiers in Psychology 3 (2012): 390.

64. C. S. Soon, A. H. He, et al., "Predicting Free Choices for Abstract Intentions," Proceedings of the National Academy of Sciences 110, no. 15 (April 9, 2013): 6217–2 2.

65. M. Iacoboni, I. Molnar-Szakacs, et al., "Grasping the Intentions of Others with One' s Own Mirror Neuron System," PLoS Biology 3, no. 3 (March 2005): e79.

66. S. Hameroff, "How Quantum Brain Biology Can Rescue Conscious Free Will," Frontiers in Integrative Neuroscience 6 (2012): 93.

67. E. A. Miendlarzewska and W. J. Trost, "How Musical Training Affects Cognitive Development: Rhythm, Reward and Other Modulating Variables," Frontiers in Neuroscience 7 (2013): 279.

第11章　召喚創造力

1. V. Muniz, "Art with Wire, Sugar, Chocolate and String," TED (April 2007): https://www.ted.com/talks/vik_muniz _makes_art_with_wire_sugar/transcript?language=en.

2. M. Schwendener, "Smile and Say 'Peanut Butter,' Mona Lisa," New York Times (March 2, 2007): http://www .nytimes.com/2007/03/02/arts/design/02muni.html?_r=0.

3. Erkan, "10 Most Creative Artworks Made from Unexpected Materials By Vik Muniz," Most 10 (February 19, 2013): http://www.themost10.com/creative-artworks-unexpected-materials/.

4. M. Ellamil, C. Dobson, et al., "Evaluative and Generative Modes of Thought During the Creative Process," NeuroImage 59, no. 2 (January 16, 2012): 1783–94.

5. Edelman Berland (for Adobe), "Seeking Creative Candidates: Hiring for the Future" Adobe (September 2014): http://www.images.adobe.com/content/dam/Adobe/en/education / pdfs/creative-candidates-study-0914.pdf?scid =social 33220386.

6. J. S. Mueller, S. Melwani, and J. A. Goncalo, "The Bias Against Creativity: Why People Desire but Reject Creative Ideas," Psychological Science 23, no. 1 (January 1, 2012): 13–17.

7. M. Gilead, N. Liberman, and A. Maril, "From Mind to Matter: Neural Correlates of Abstract and Concrete Mindsets," Social Cognitive and Affective Neuroscience 9, no. 5 (May 2014): 638–45.

8. S. M. Ritter and A. Dijksterhuis, "Creativity—The Unconscious Foundations of the Incubation Period," Frontiers in Human Neuroscience 8 (2014): 215.

9. D. Safan-Gerard, "Chaos and Control in the Creative Process," Journal of the American Academy of Psychoanalysis 13, no. 1 (January 1985): 129–38.

10. M. Faust and Y. N. Kenett, "Rigidity, Chaos and Integration: Hemispheric Interaction and Individual Differences in Metaphor Comprehension," Frontiers in Human Neuroscience 8 (2014): 511; N. C. Andreasen, "A Journey into Chaos: Creativity and the Unconscious," Mens Sana Monographs 9, no. 1 (January 2011): 42–53.

11. R. Feynman, quoted by S. Weinberg, in D. Overbye, "Laws of Nature, Source Unknown," New York Times (December 2007).

12. K. Dunbar, "How Scientists Really Reason: Scientific Reasoning in Real World Laboratories," in R. Sternberg and J. Davidson, eds., The Nature of Insight (Cambridge, MA: MIT Press, 1995), pp. 365–96.

13. C. J. Limb and A. R. Braun, "Neural Substrates of Spontaneous Musical Performance: An fMRI Study of Jazz Improvisation," PLoS One 3, no. 2 (2008): e1679.

14. K. Resnicow and S. E. Page, "Embracing Chaos and Complexity: A Quantum Change for Public Health," American Journal of Public Health 98, no. 8 (August 2008): 1382–89.

15. "Penzias and Wilson Discover Cosmic Microwave Radiation," PBS, 1965: http://www.pbs.org/wgbh/aso/databank/entries/dp65co.html; R. Schoenstein, "The Big Bang' s Echo," All Things Considered, NPR, May 17, 2005: http://www.npr.org/templates/story/story.php?storyId=4655517; "June 1963: Discovery of the Cosmic Microwave Background," APS News, July 2002: https://www.aps.org/publications/apsnews/200207/history.cfm.

16. L. Zhang, W. Li, et al., "The Association between the Brain and Mind Pops: A Voxel-Based Morphometry Study in 256 Chinese College Students," Brain Imaging and Behavior 10, no. 2 (June 2016): 332–41.

17. V. C. Oleynick, T. M. Thrash, et al., "The Scientific Study of Inspiration in the Creative Process: Challenges and Opportunities," Frontiers in Human Neuroscience 8 (2014): 436.

18. G. M. Morriss-Kay, "The Evolution of Human Artistic Creativity," Journal of Anatomy 216, no. 2 (February 2010): 158–76.

19. D. Landy, C. Allen, and C. Zednik, "A Perceptual Account of Symbolic Reasoning," Frontiers in Psychology 5 (2014): 275.

20. O. Vartanian, "Dissociable Neural Systems for Analogy and Metaphor: Implications for the Neuroscience of Creativity," British Journal of Psychology 103, no. 3 (August 2012): 302–16.

21. M. Benedek, R. Beaty, et al., "Creating Metaphors: The Neural Basis of Figurative Language Production," NeuroImage 90 (April 15, 2014): 99–106.

22. E. Jauk, M. Benedek, and A. C. Neubauer, "Tackling Creativity at Its Roots: Evidence for Different Patterns of EEG A Activity Related to Convergent and Divergent Modes of Task Processing," International Journal of Psychophysiology 84, no. 2 (May 2012): 219–25.

23. L. Galland, "The Gut Microbiome and the Brain," Journal of Medicinal Food 17, no. 12 (December 2014): 1261–7 2.

24. E. Svensson, E. Horvath-Puho, et al., "Vagotomy and Subsequent Risk of Parkinson' s Disease," Annals of Neurology 78, no. 4 (October 2015): 522–29.

25. T. McCaffrey, "Innovation Relies on the Obscure: A Key to Overcoming the Classic Problem of Functional Fixedness," Psychological Science 23, no. 3 (March 2012): 215–18.

26. W. Li, X. Li, et al., "Brain Structure Links Trait Creativity to Openness to Experience," Social Cognitive and Affective Neuroscience (April 7, 2014): 191–98; B. Shi, D. Y. Dai, and Y. Lu, "Openness to Experience as a Moderator of the Relationship between Intelligence and Creative Thinking: A Study of Chinese Children in Urban and Rural Areas," Frontiers in Psychology 7 (2016): 641; S. B. Kaufman, L. C. Quilty, et al., "Openness to Experience and Intellect Differentially Predict Creative Achievement in the Arts and Sciences," Journal of Personality (December 8, 2014): 248–58.

27. D. Wood, S. D. Gosling, and J. Potter, "Normality Evaluations and Their Relation to Personality Traits and Well-Being," Journal of Personality and Social Psychology 93, no. 5 (November 2007): 861–79.

28. R. E. Beaty, S. B. Kaufman, et al., "Personality and Complex Brain Networks: The Role of Openness to Experience in Default Network Efficiency," Human Brain Mapping 37, no.

2 (February 2016): 773–79.

29. C. Kino, "Where Art Meets Trash and Transforms Life," New York Times (October 21, 2010): http://www.nytimes.com /2010/10/24/arts/design/24muniz.html?_r=0.

30. E. Nahmias, J. Shepard, and S. Reuter, "It' s OK If 'My Brain Made Me Do It' : People' s Intuitions About Free Will and Neuroscientific Prediction," Cognition 133, no. 2 (November 2014): 502–16.

31. T. Zander, N. K. Horr, et al., "Intuitive Decision Making as a Gradual Process: Investigating Semantic Intuition-Based and Priming-Based Decisions with fMRI," Brain and Behavior 6, no. 1 (January 2016): e00420; K. G. Volz, R. Rubsamen, and D. Y. von Cramon, "Cortical Regions Activated by the Subjective Sense of Perceptual Coherence of Environmental Sounds: A Proposal for a Neuroscience of Intuition," Cognitive Affective and Behavioral Neuroscience 8, no. 3 (September 2008): 318–28.

32. R. C. Wilson and Y. Niv, "Inferring Relevance in a Changing World," Frontiers in Human Neuroscience 5 (2011): 189.

33. A. K. Seth, K. Suzuki, and H. D. Critchley, "An Interoceptive Predictive Coding Model of Conscious Presence," Frontiers in Psychology 2 (2011): 395.

34. L. Zhang, W. Li, et al., "The Association Between the Brain and Mind Pops: A Voxel-Based Morphometry Study in 256 Chinese College Students," Brain Imaging and Behavior 10, no. 2 (June 2016): 332–41.

35. C. Kino, "Where Art Meets Trash and Transforms Life," The New York Times (October 21, 2010): http://www.nytimes.com/2010/10/24/arts/design/24muniz.html?_r=0.

36. S. Jobs, "You' ve Got to Find What You Love," Commencement Address at Stanford University, June 12, 2005: http://news.stanford.edu/2005/06/14/jobs-061505/.

37. N. C. Andreasen and K. Ramchandran, "Creativity in Art and Science: Are There Two Cultures?" Dialogues in Clinical Neuroscience 14, no. 1 (March 2012): 49–54.

38. A. Miller, Einstein, Picasso: Space, Time, and the Beauty That Causes Havoc (New York: Basic Books, 2002), pp. 1–5.

39. organizational psychologist Kevin Eschelman K. J. Eschleman, J. Madsen, et al., "Benefiting from Creative Activity: The Positive Relationships Between Creative Activity, Recovery Experiences, and Performance-Related Outcomes," Journal of Occupational and Organizational Psychology 87, no. 3 (September 2014): 579–98.

40. R. S. Root-Bernstein, M. Bernstein, and H. Garnier, "Correlations Between Avocations, Scientific Style, Work Habits, and Professional Impact of Scientists," Creativity Research Journal 8, no. 2 (April 1995): 115–37.

41. J. Chu, "Getting a Move On in Math," MIT News (December 23, 2013): http://news.mit.edu/2013/getting-a-move -on-in-math-1223.

42. The ancient Greeks considered W. Eamon, "The Invention of Discovery," William Eamon (January 16, 2014): http://williameamon.com/?p=97 2.

43. M. A. Killingsworth and D. T. Gilbert, "A Wandering Mind Is an Unhappy Mind," Science 330, no. 6006 (November 12, 2010): 93 2.

44. O. Pamuk, Other Colors (New York: Vintage, 2008), p. 7.

45. R. L. McMillan, S. B. Kaufman, and J. L. Singer, "Ode to Positive Constructive Daydreaming," Frontiers in Psychology 4 (2013): 626.

46. B. Baird, J. Smallwood, et al., "Inspired by Distraction: Mind Wandering Facilitates Creative Incubation," Psychological Science 23, no. 10 (October 1, 2012): 1117–2 2.

47. McMillan, Kaufman, and Singer, "Ode to Positive Constructive Daydreaming."

48. M. Popova, "The Psychology of How Mind Wandering and 'Positive Constructive Daydreaming' Boost Our Creativity and Social Skills," Brain Pickings, n.d.: https://www.brainpickings.org/2013/10/09/mind-wandering-and-creativity/.

49. A. W. Flaherty, "Frontotemporal and Dopaminergic Control of Idea Generation and Creative Drive," Journal of Comparative Neurology 493, no. 1 (December 5, 2005): 147–53.

50. P. Huston, "Resolving Writer' s Block," Canadian Family Physician 44 (January 1998): 92–97.
51. A. K. Leung, S. Kim, et al., "Embodied Metaphors and Creative 'Acts,' " Psychological Science 23, no. 5 (May 1, 2012): 502–9.
52. M. L. Slepian and N. Ambady, "Fluid Movement and Creativity," Journal of Experimental Psychology: General 141, no. 4 (November 2012): 625–29.
53. P. McNamara, P. Johnson, et al., "REM and NREM Sleep Mentation," International Review of Neurobiology 92 (2010): 69–86.
54. S. M. Ritter, M. Strick, et al., "Good Morning Creativity: Task Reactivation During Sleep Enhances Beneficial Effect of Sleep on Creative Performance," Journal of Sleep Research 21, no. 6 (December 2012): 643–47.
55. D. Kahn, "Brain Basis of Self: Self-Organization and Lessons from Dreaming," Frontiers in Psychology 4 (2013): 408.
56. S. Khodarahimi, "Dreams in Jungian Psychology: The Use of Dreams as an Instrument for Research, Diagnosis and Treatment of Social Phobia," Malaysian Journal of Medical Science 16, no. 4 (October 2009): 42–49.
57. S. Turner, A Hard Day' s Write: The Stories Behind Every Beatles Song, 3rd ed. (New York: Harper, 2005).
58. T. McIsaac, "5 Scientific Discoveries Made in Dreams," Epoch Times (June 4, 2015): http://www.theepochtimes.com/n3/1380669-5-scientific-discoveries-made-in -dreams/.
59. M. P. Walker and R. Stickgold, "Overnight Alchemy: Sleep-Dependent Memory Evolution," Nature Reviews Neuroscience 11, no. 3 (March 2010): 218; author reply on 18.
60. S. C. Mednick, D. J. Cai, et al., "Comparing the Benefits of Caffeine, Naps and Placebo on Verbal, Motor and Perceptual Memory," Behavioural Brain Research 193, no. 1 (November 3, 2008): 79–86.
61. S. I. Pereira, et al., "After Being Challenged by a Video Game Problem, Sleep Increases the Chance to Solve It," PLoS One 9, no. 1 (2014): e8434 2.
62. D. J. Cai, S. A. Mednick, et al., "REM, Not Incubation, Improves Creativity by Priming Associative Networks," Proceedings of the National Academy of Sciences 106, no. 25 (June 23, 2009): 10130–34.
63. A. J. Tietzel and L. C. Lack, "The Recuperative Value of Brief and Ultra-Brief Naps on Alertness and Cognitive Performance," Journal of Sleep Research 11, no. 3 (September 2002): 213–18.
64. M. Currey, Daily Rituals: How Artists Work (New York: Knopf, 2013).
65. V. C. Oleynick, T. M. Thrash, et al., "The Scientific Study of Inspiration in the Creative Process: Challenges and Opportunities," Frontiers in Human Neuroscience 8 (2014): 436.
66. D. Dumas and K. N. Dunbar, "The Creative Stereotype Effect," PLoS One 11, no. 2 (2016): e0142567.
67. R. A. Chavez, "Imagery as a Core Process in the Creativity of Successful and Awarded Artists and Scientists and Its Neurobiological Correlates," Frontiers in Psychology 7 (2016): 351.

第三章 動態學習的美麗新世界

1. "What Is Fuckup Nights?" Fuckup Nights, n.d.: http://fuckupnights.com; C. D. Von Kaenel, "Failure Has Never Been More Successful," Fast Company (November 14, 2014): http://www.fastcompany.com/3038446/innovation-agents/failure -has-never-been-more-successful.

2. D. Gage, "The Venture Capital Secret: 3 Out of 4 Start-Ups Fail," Wall Street Journal (September 20, 2012): http://www.wsj.com/articles/SB10000872396390443720204578004980476429190; C. Nobel, "Why Companies Fail—and How Their Founders Can Bounce Back," Harvard Business School: Working Knowledge (March 7, 2011): http://hbswk.hbs.edu/item/why-companies-failand-how-their-founders-can-bounce-back.

3. J. Goldman and J. McCarthy, "Job Market Optimism Up Sharply in Northern America, Europe," Gallup (May 21, 2015): http://www.gallup.com/poll/183380/job-market-optimism-sharply-northern-america-europe.aspx.

4. A. C. Edmondson, "Strategies of Learning from Failure," Harvard Business Review 89, no. 4 (April 2011): 48–55, 137; M. Lindstrom, "The Truth About Being 'Done' Versus Being 'Perfect,' " Fast Company (April 25, 2012): http://www.fastcompany.com /3001533/truth-about-being-done-versus-being-perfect; R. Asghar, "Why Silicon Valley' s 'Fail Fast' Mantra Is Just Hype," Forbes (July 14, 2014): http://www.forbes.com/sites/robasghar/2014/07/14/why-silicon-valleys-fail-fast-mantra-is-just-hype/#46b8da722236.

5. "Brightworks: An Extraordinary School," Brightworks, n.d.: http://www.sfbrightworks.org.

6. E. Keto, "Visual Research: Galison Brings Together Art and Science in Scholarship, Filmmaking," Harvard Crimson (April 26, 2016): http://www.thecrimson.com/article/2016/4/26/galison-profile/.

7. T. Moroney, "MIT Hobby Shop Spawns Offbeat Creations Like 'Hairball,' " Bloomberg (May 21, 2014): http://www.bloomberg.com/news/articles/2014-05-21/mit-hobby-shop-spawns-offbeat-creations-like-hairball-.

8. A. Bryant, "In Head-Hunting, Big Data May Not Be Such a Big Deal," New York Times, June 19, 2013: http://www.nytimes.com/2013/06/20/business/in-head-hunting-big-data-may-not-be-such-a-big-deal.html?partner=socialflow&smid=tw-nytimes bus iness&_r=0.

9. M. E. Raichle, "The Restless Brain: How Intrinsic Activity Organizes Brain Function," Philosophical Transactions of the Royal Society of London. Series B: Biological Sciences 370, no. 1668 (May 19, 2015).

10. J. Andrade, "What Does Doodling Do?" Applied Cognitive Psychology 24, no. 1 (2008): 100–106.

11. D. Talbot, "Given Tablets but No Teachers, Ethiopian Children Teach Themselves," MIT Technology Review (October 29, 2012): https://www.technologyreview.com/s/506466/given-tablets-but-no-teachers-ethiopian-children-teach-themselves/.

12. K. Tannenbaum, "Interview with Jonathan Waxman," Institute of Culinary Education (January 2013): http://www.ice.edu/press/the-ice-interviews/interview-with-jonathan-waxman.

13. C. Bell, "Jonathan Waxman," Prezi (September 17, 2014): https://prezi.com/2cfsgdsdj0nz/jonathan-waxman/.

14. "Jonathan Waxman," Music City Food + Wine (September 17 and 18, 2016): http://www.musiccityfoodandwinefestival.com/2015-talent/jonathan-waxman/.

15. M. Rogers, "Barbuto' s Jonathan Waxman Talks Music City Eats, Maintaining Momentum," Nashville Eater (September 16, 2013): http://nashville.eater.com/2013/9/16/6371261/barbutos-jonathan-waxman-talks-music-city-eats-maintaining-momentum.

16. C. Lucas-Zenk, "Celebrity Chefs Gather to Cook, Raise Money," West Hawaii Today (January 17, 2013): http://westhawaiitoday.com/sections/news/local-news/celebrity-chefs-gather-cook-raise-money.html.

17. L. McLaughlin, "Decades Later, Jonathan Waxman' s Barbuto Is Still Ingredients Crazy," Edible Manhattan (September 2, 2010): http://www.ediblemanhattan.com/z/topics/back-of-the-house/jonathan-waxmans-barbuto/; "Jonathan Waxman," Austin Food and Wine Festival (April 22–24, 2016): http://www.austinfoodandwinefestival.com/2016-talent/jonathan-waxman/.

18. Rogers, “Barbuto’ s Jonathan Waxman.”

19. O. Stren, “Rock Star Chef Minus the Ego Brings Success in the Kitchen,” Globe and Mail (October 14, 2012): http://www.theglobeandmail.com/life/food-and-wine/food-trends/rock-star-chef-minus-the-ego-brings-success-in-the-kitchen/article 21089862/.

20. “Jonathan Waxman,” Music City Food + Wine.

21. D. C. Hamilton, “Episode 17: Jonathan Waxman,” Chef’ s Story (September 5, 2012): http://heritageradionetwork.org/podcast/chef-039-s-story-episode-17-jonathan-waxman/.

22. R. Sietsema, “Jonathan Waxman Rides Again at Jams and Barbuto,” New York Eater (October 20, 2015): http://ny.eater.com/2015/10/20/9544087/jams-midtown-review.

23. B. Landman, “Why This NYC Chef Turned Down Being Painted by Andy Warhol,” New York Post (September 19, 2015): http://nypost.com/2015/09/19/why-this-nyc-chef-turned-down-being-painted-by-andy-warhol/

24. McLaughlin, “Decades Later, Waxman’ s Barbuto.”

25. “Jonathan Waxman,” Music City Food + Wine.

26. McLaughlin, “Decades Later, Waxman’ s Barbuto.”

27. A. Friedman, “Jonathan Waxman Looks Back on 10 Years of Barbuto,” New York Eater (February 11, 2014): http://ny.eater.com/2014/2/11/6281721/jonathan-waxman-looks-back-on-10-years-of-barbuto; F. Bruni, “The Secret of the Humble Chickens,” New York Times (January 9, 2008): http://www.nytimes.com/2008/01/09/dining/reviews/09rest.html.

28. C. Chamberlain, “Jonathan Waxman Opens Up Adele’ s in Music City,” Nashville Lifestyles, n.d.: http://www.nashvillelifestyles .com/restaurants/jonathan-waxman-opens-adeles-in-music-city.

29. M. Benedek, E. Jauk, et al., “Brain Mechanisms Associated with Internally Directed Attention and Self-Generated Thought,” Scientific Reports 6 (2016): 22959.

30. M. Benedek, E. Jauk, et al., “To Create or to Recall? Neural Mechanisms Underlying the Generation of Creative New Ideas,” NeuroImage 88 (March 2014): 125–33; R. Puente-Diaz, “Creative Self-Efficacy: An Exploration of Its Antecedents, Consequences, and Applied Implications,” Journal of Psychology 150, no. 2 (2016): 175–95.

31. A. Peine, K. Kabino, and C. Spreckelsen, “Self-Directed Learning Can Outperform Direct Instruction in the Course of a Modern German Medical Curriculum—Results of a Mixed Methods Trial,” BMC Medical Education 16 (2016): 158; R. Kaplan, C. F. Doeller, et al., “Movement-Related Θ Rhythm in Humans: Coordinating Self-Directed Hippocampal Learning,” PLoS Biology 10, no. 2 (2012): e1001267; D. Markant, S. DuBrow, et al., “Deconstructing the Effect of Self-Directed Study on Episodic Memory,” Memory and Cognition 42, no. 8 (November 2014): 1211–24; Benedek, Jauk, et al., “Brain Mechanisms Associated.”

32. J. Bolois, “Jonathan Waxman on the Perils of NYC Dining Culture and Surrendering Ego,” First We Feast (April 21, 2016): http://firstwefeast.com/eat/2016/04/jonathan-waxman-soapbox-interivew.

33. A. Betker, “Jonathan Waxman’ s Jams Opens in New York,” WWD (August 17, 2015): http://wwd.com/eye/food/jonathan-waxmans-jams-10203118/.

34. McLaughlin, “Decades Later, Waxman’ s Barbuto.”

35. P. Lynch, One Up on Wall Street: How to Use What You Already Know to Make Money in the Market (New York: Simon & Schuster, 1989).

36. C. G. Davey, J. Pujol, and B. J. Harrison, “Mapping the Self in the Brain’ s Default Mode Network,” NeuroImage 132 (May 15 2016): 390–97; P. Qin, S. Grimm, et al., “Spontaneous Activity in Default-Mode Network Predicts Ascription of Self-Relatedness to Stimuli,” Social Cognitive and Affective Neuroscience 11, no. 4 (April 2016): 693–702.

37. J. Xu, A. Vik, et al., "Nondirective Meditation Activates Default Mode Network and Areas Associated with Memory Retrieval and Emotional Processing," Frontiers in Human Neuroscience 8 (2014): 86; V. A. Taylor, V. Daneault, et al., "Impact of Meditation Training on the Default Mode Network During a Restful State," Social Cognitive and Affective Neuroscience 8, no. 1 (January 2013): 4–14; E. A. Vessel, G. G. Starr, and N. Rubin, "Art Reaches Within: Aesthetic Experience, the Self and the Default Mode Network," Frontiers in Neuroscience 7 (2013): 258; E. A. Vessel, G. G. Starr, and N. Rubin, "The Brain on Art: Intense Aesthetic Experience Activates the Default Mode Network," Frontiers in Human Neuroscience 6 (2012): 66; L. K. Miles, K. Karpinska, et al., "The Meandering Mind: Vection and Mental Time Travel," PLoS One 5, no. 5 (2010): e10825.

38. C. E. Krafft, J. E. Pierce, et al., "An Eight Month Randomized Controlled Exercise Intervention Alters Resting State Synchrony in Overweight Children," Neuroscience 256 (January 3, 2014): 445–55; M. W. Voss, R. S. Prakash, et al., "Plasticity of Brain Networks in a Randomized Intervention Trial of Exercise Training in Older Adults," Frontiers in Aging Neuroscience 2 (2010).

39. Davey, Pujol, and Harrison, "Mapping the Self."

40. M. E. Seligman, "Learned Helplessness," Annual Review of Medicine 23 (1972): 407–1 2.

41. C. S. Dweck and E. L. Leggett, "A Social-Cognitive Approach to Motivation and Personality," Psychological Review 95, no. 2 (1988): 256.

42. D. W. Franklin and D. M. Wolpert, "Computational Mechanisms of Sensorimotor Control," Neuron 72, no. 3 (November 3, 2011): 425–4 2.

43. Pill_9781101883655_3p_all_r3.e.indd 229 3/7/17 3:07 PM 230 NOTES

44. J. A. Mangels, B. Butterfield, et al., "Why Do Beliefs About Intelligence Influence Learning Success? A Social Cognitive Neuroscience Model," Frontiers in Aging Neuroscience 1, no. 2 (September 2006): 75–86.

45. J. M. Stogner, "Predictions Instead of Panics: The Framework and Utility of Systematic Forecasting of Novel Psychoactive Drug Trends," American Journal of Drug and Alcohol Abuse 41, no. 6 (2015): 519–26.

46. "The Proactive Brain: Memory for Predictions," Philosophical Transactions of the Royal Society B 364, no. 1521 (May 12, 2009): 1235–43.

47. D. Maurer, "Waxman Fails to Wax Competition on Top Chef: Masters," Grubstreet (July 23, 2009): http://www.grubstreet.com/2009/07/waxman_fails_to_wax_competitio.html.

48. J. M. Hirsh, "Tips for Building a Better BLT: More Fat, More Contrasting Flavors," StarNews Online (January 30, 2008): http://www.starnewsonline.com/lifestyle/20080130/tips-for-building-a-better-blt-more-fat-more-contrasting-flavors.

49. McLaughlin, "Decades Later, Waxman' s Barbuto."

50. R. Martin, "12 Things You Can and Should Learn from Jonathan Waxman," Food Republic (September 3, 2014): http://www.foodrepublic.com/2014/09/03/12-things-you-can-and-should-learn-from-jonathan-waxman/.

51. R. E. Beaty, S. B. Kaufman, et al., "Personality and Complex Brain Networks: The Role of Openness to Experience in Default Network Efficiency," Human Brain Mapping 37, no. 2 (February 2016): 773–79.

52. M. J. Gruber, B. D. Gelman, and C. Ranganath, "States of Curiosity Modulate Hippocampus-Dependent Learning via the Dopaminergic Circuit," Neuron 84, no. 2 (October 22, 2014): 486–96.

53. D. Mobbs, C. C. Hagan, et al., "Reflected Glory and Failure: The Role of the Medial Prefrontal Cortex and Ventral Striatum in Self vs Other Relevance During Advice-Giving Outcomes," Social Cognitive and Affective Neuroscience 10, no. 10 (October 2015): 1323–28.

54. J. B. Engelmann, C. M. Capra, et al., “Expert Financial Advice Neurobiologically ‘Offloads’ Financial Decision-Making Under Risk,” PLoS One 4, no. 3 (2009): e4957.
55. V. Khosla, “ ‘20-Percent Doctor Included’ & Doctor Algorithm: Speculations and Musings of a Technology Optimist,” Khosla Ventures (August 1, 2015): http://www.khoslaventures .com/20-percent-doctor-included-speculations-and-musings-of-a-technology-optimist.
56. M. Winter, J. Kam, et al., “The Use of Portable Video Media (Pvm) Versus Standard Verbal Communication (Svc) in the Urological Consent Process: A Multicentre, Randomised Controlled, Crossover Trial,” BJU International (July 21, 2016), epub ahead of print.
57. C. B. Frey and M. A. Osborne, “The Future of Employment: How Susceptible Are Jobs to Computerisation?” Oxford Martin (Oxford, U.K.: Oxford Martin Programme on Technology and Employment, 2013): http://www.oxfordmartin.ox.ac.uk/downloads/academic/future-of-employment.pdf.
58. “The Future of Jobs: Employment, Skills and Workforce Strategy for the Fourth Industrial Revolution,” World Economic Forum (2016): 13–15: http://www3.weforum.org/docs/Media/WEF_Future_of_Jobs_embargoed.pdf.
59. “The Robotic Private Chef that Frees Your Cooking Time,” One Cook, n.d.: http://onecook4.me.
60. M. McNeal, “Rise of the Machines: The Future Has Lots of Robots, Few Jobs for Humans” Wired (April 2015): http://www.wired.com/brandlab/2015/04/rise-machines-future-lots-robots-jobs-humans/.
61. A. Wood, “The Internet of Things Is Revolutionising Our Lives, but Standards Are a Must,” Guardian (March 31, 2015): https://www.theguardian.com/media-network/2015/mar/31/the-internet-of-things-is-revolutionising-our-lives-but-standards-are-a-must.
62. Google 與 N. Saint, “Google Launches Google Instant, Search Results That Stream Instantly As You Type,” Business Insider (September 8, 2010): http://www.businessinsider.com/google-search-event-live-2010-9.

第四章　熟習多工作業

1. W. C. Clapp, M. T. Rubens, et al., “Deficit in Switching Between Functional Brain Networks Underlies the Impact of Multitasking on Working Memory in Older Adults,” Proceedings of the National Academy of Sciences 108, no. 17 (April 26, 2011): 7212–17.
2. K. K. Loh and R. Kanai, “Higher Media Multi-Tasking Activity Is Associated with Smaller Gray-Matter Density in the Anterior Cingulate Cortex,” PLoS One 9, no. 9 (2014): e106698.
3. J. M. Watson and D. L. Strayer, “Supertaskers: Profiles in Extraordinary Multitasking Ability,” Psychonomic Bulletin and Review 17, no. 4 (August 2010): 479–85.
4. L. McKenzie, “Ryan Seacrest to Launch Clothing, Hollywood Reporter,” Randa (August 12, 2014): http://www.randa.net/news/press-article/ryan-seacrest-to-launch-clothing-hollywood-reporter.
5. L. Melton, “Ryan Seacrest: Portrait of a Multi-Tasking Media Master,” Axs (August 23, 2014): http://www.axs.com/ryan-seacrest-portrait-of-a-multi-tasking-media-master-17462; J. Patterson, “The King of Multitasking the Entertainment Industry,” Taipei Times (June 28, 2007): http://www.taipeitimes.com/News/feat/archives /2007/06/28/2003367248.
6. J. Duncan and D. J. Mitchell, “Training Refines Brain Representations for Multitasking,” Proceedings of the National Academy of Sciences 112, no. 46 (November 17, 2015): 14127–28; M. K. Rothbart and M. I. Posner, “The Developing Brain in a Multitasking World,” Developmental Review 35 (March 1, 2015): 42–63; A. Verghese, K. G. Garner, et al., “Prefrontal Cortex Structure Predicts Training-Induced Improvements in Multitasking Performance,” Journal of Neuroscience 36, no. 9 (March 2, 2016): 2638–45.

7. H. Koshino, T. Minamoto, et al., "Anterior Medial Prefrontal Cortex Exhibits Activation During Task Preparation but Deactivation During Task Execution," PLoS One 6, no. 8 (2011): e22909; M. Moayedi, T. V. Salomons, et al., "Connectivity-Based Parcellation of the Human Frontal Polar Cortex," Brain Structure and Function 220, no. 5 (September 2015): 2603–16.

8. M. Kumar, S. Sharma, et al., "Effect of Stress on Academic Performance in Medical Students: A Cross Sectional Study," Indian Journal of Physiology and Pharmacology 58, no. 1 (January–March 2014): 81–86.

9. J. M. Soares, A. Sampaio, et al., "Stress Impact on Resting State Brain Networks," PLoS One 8, no. 6 (2013): e66500.

10. J. E. van der Zwan, W. de Vente, et al., "Physical Activity, Mindfulness Meditation, or Heart Rate Variability Biofeedback for Stress Reduction: A Randomized Controlled Trial," Applied Psychophysiology and Biofeedback 40, no. 4 (December 2015): 257–68.

11. J. Xu, A. Vik, et al., "Nondirective Meditation Activates Default Mode Network and Areas Associated with Memory Retrieval and Emotional Processing," Frontiers in Human Neuroscience 8 (2014): 86; C. J. Boraxbekk, A. Salami, et al., "Physical Activity over a Decade Modifies Age-Related Decline in Perfusion, Gray Matter Volume, and Functional Connectivity of the Posterior Default-Mode Network: A Multimodal Approach," NeuroImage 131 (May 1, 2016): 133–41.

12. Y. Kivity and J. D. Huppert, "Does Cognitive Reappraisal Reduce Anxiety? A Daily Diary Study of a Micro-Intervention with Individuals with High Social Anxiety," Journal of Consulting and Clinical Psychology 84, no. 3 (March 2016): 269–83; T. Shore, K. C. Kadosh, et al., "Investigating the Effectiveness of Brief Cognitive Reappraisal Training to Reduce Fear in Adolescents," Cognition and Emotion (June 13, 2016): 1–10.

13. A. Zilverstand, M. A. Parvaz, and R. Z. Goldstein, "Neuroimaging Cognitive Reappraisal in Clinical Populations to Define Neural Targets for Enhancing Emotion Regulation. A Systematic Review," NeuroImage (June 8, 2016); X. Xie, S. Mulej Bratec, et al., "How Do You Make Me Feel Better? Social Cognitive Emotion Regulation and the Default Mode Network," NeuroImage 134 (July 1, 2016): 270–80; J. Ferri, J. Schmidt, et al., "Emotion Regulation and Amygdala-Precuneus Connectivity: Focusing on Attentional Deployment," Cognitive, Affective and Behavioral Neuroscience (July 21, 2016); M. Quirin, M. Kent, et al., "Integration of Negative Experiences: A Neuropsychological Framework for Human Resilience," Behavioral and Brain Sciences 38 (2015): e116.

14. G. L. Poerio, P. Totterdell, et al., "Social Daydreaming and Adjustment: An Experience-Sampling Study of Socio-Emotional Adaptation During a Life Transition," Frontiers in Psychology 7 (2016): 13; J. B. Banks and A. Boals, "Understanding the Role of Mind Wandering in Stress-Related Working Memory Impairments," Cognition and Emotion (May 4, 2016): 1–8; W. C. Taylor, K. E. King, et al., "Booster Breaks in the Workplace: Participants' Perspectives on Health-Promoting Work Breaks," Health Education Research 28, no. 3 (June 2013): 414–25; B. W. Mooneyham and J. W. Schooler, "Mind Wandering Minimizes Mind Numbing: Reducing Semantic-Satiation Effects through Absorptive Lapses of Attention," Psychonomic Bulltin and Review 23, no. 4 (August 2016): 1273–79.

15. J. B. Stewart, "Looking for a Lesson in Google' s Perks," The New York Times (March 15, 2013): http://www.nytimes.com/2013/03/16/business/at-google-a-place-to-work-and-play.html.

16. E. L. Maclin, K. E. Mathewson, et al., "Learning to Multitask: Effects of Video Game Practice on Electrophysiological Indices of Attention and Resource Allocation," Psychophysiology 48, no. 9 (September 2011): 1173–83.

17. J. A. Anguera, J. Boccanfuso, et al., "Video Game Training Enhances Cognitive Control in Older Adults," Nature 501, no. 7465 (September 5, 2013): 97–101.

18. H. Pashler and J. C. Johnston, "Attentional Limitations in Dual Task Performance," in H. Pashler, ed., Attention (Studies in Cognition) (New York: Psychology Press, 1998), p. 155.

19. R. Ellman, Yeats: The Man and The Masks (New York: W. W. Norton, 1948), p. 224.

20. A. Conan Doyle, The New Revelation (Auckland, New Zealand: Floating Press, 2010).

21. W. Koutstaal, "Skirting the Abyss: A History of Experimental Explorations of Automatic Writing in Psychology," Journal of the History of the Behavioral Sciences 28 (1992): 5–27.

22. Z. Lin and S. He, "Seeing the Invisible: The Scope and Limits of Unconscious Processing in Binocular Rivalry," Progress in Neurobiology 87, no. 4 (April 2009): 195–211; J. Lisman and E. J. Sternberg, "Habit and Nonhabit Systems for Unconscious and Conscious Behavior: Implications for Multitasking," Journal of Cognitive Neuroscience 25, no. 2 (February 2013): 273–83.

23. V. van Polanen and M. Davare, "Interactions Between Dorsal and Ventral Streams for Controlling Skilled Grasp," Neuropsychologia 79, pt. B (December 2015): 186–91.

24. J. A. Bargh and E. Morsella, "The Unconscious Mind," Perspectives on Psychological Science 3, no. 1 (January 2008): 73–79; W. Meredith-Owen, "Jung' s Shadow: Negation and Narcissism of the Self," Journal of Analytical Psychology 56, no. 5 (November 2011): 674–91.

25. J. Schimel, T. Psyszczynski, et al., "Running from the Shadow: Psychological Distancing from Others to Deny Characteristics People Fear in Themselves," Journal of Personality and Social Psychology 78, no. 3 (March 2000): 446–62.

26. J. Sayers, "Marion Milner, Mysticism and Psychoanalysis," International Journal of Psycho-Analysis 83, pt. 1 (February 2002): 105–20.

27. M. Milner, On Not Being Able to Paint (New York: Routledge, 2010).

28. S. Juan, "Why Do We Doodle?" Register (October 13, 2006): http://www.theregister.co.uk/2006/10/13/the_odd_body_doodling/.

29. C. Magazine and D. Greenberg, Presidential Doodles: Two Centuries of Scribbles, Scratches, Squiggles, and Scrawls from the Oval Office (New York: Basic Books, 2006).

30. G. D. Schott, "Doodling and the Default Network of the Brain," Lancet 378, no. 9797 (September 24, 2011): 1133–34.

31. T. Dostoyevsky and D. Patterson, Winter Notes on Summer Impressions (Evanston, IL: Northwestern University Press, 1997), p. 49.

32. D. M. Wegner, "Ironic Processes of Mental Control," Psychological Review 101, no. 1 (January 1994): 34–52.

33. S. Seinfeld, H. Figueroa, et al., "Effects of Music Learning and Piano Practice on Cognitive Function, Mood and Quality of Life in Older Adults," Frontiers in Psychology 4 (2013): 810.

34. E. A. Miendlarzewska and W. J. Trost, "How Musical Training Affects Cognitive Development: Rhythm, Reward and Other Modulating Variables," Frontiers in Neuroscience 7 (2013): 279; K. Hille, K. Gust, et al., "Associations between Music Education, Intelligence, and Spelling Ability in Elementary School," Advances in Cognitive Psychology 7 (2011): 1–6.

35. C. Y. Wan and G. Schlaug, "Music Making as a Tool for Promoting Brain Plasticity Across the Life Span," Neuroscientist 16, no. 5 (October 2010): 566–77; L. Jancke, "Music Drives Brain Plasticity," F1000 Biology Reports 1 (2009): 78.

36. R. Fischer and F. Plessow, "Efficient Multitasking: Parallel Versus Serial Processing of Multiple Tasks," Frontiers in Psychology 6 (2015): 1366.

37. O. Al-Hashimi, T. P. Zanto, and A. Gazzaley, "Neural Sources of Performance Decline During Continuous Multitasking," Cortex 71 (2015): 49–57.

38. H. Neth, S. S. Khemlani, and W. D. Gray, "Feedback Design for the Control of a Dynamic Multitasking System: Dissociating Outcome Feedback from Control Feedback," Human Factors 50, no. 4 (2008): 643–51.

39. T. A. Kelley and S. Yantis, "Neural Correlates of Learning to Attend," Frontiers in Human Neuroscience 4 (2010): 216.

40. W. C. Clapp, M. T. Rubens, and A. Gazzaley, "Mechanisms of Working Memory Disruption by External Interference," Cerebral Cortex 20, no. 4 (2010): 859–72.

41. J. Panksepp, “Can PLAY Diminish ADHD and Facilitate the Construction of the Social Brain?” Journal of the Canadian Academy of Child and Adolescent Psychiatry 16, no. 2 (2007): 57–66.

42. A. W. Kruglanski and G. Gigerenzer, “Intuitive and Deliberate Judgments Are Based on Common Principles,” Psychological Review 118, no. 1 (2011): 97–109.

第五章 擺脫困局

1. L. Kvavilashvili and G. Mandler, “Out of One’s Mind: A Study of Involuntary Semantic Memories,” Cognitive Psychology 48, no. 1 (January 2004): 47–94.

2. J. H. Mace, “Involuntary Autobiographical Memory Chains: Implications for Autobiographical Memory Organization,” Frontiers in Psychiatry 5 (2014): 183; J. H. Mace, Involuntary Memory (Malden, MA: Wiley-Blackwell, 2007).

3. J. K. Zubieta, J. A. Bueller, et al., “Placebo Effects Mediated by Endogenous Opioid Activity on Mu-Opioid Receptors,” Journal of Neuroscience 25, no. 34 (August 24, 2005): 7754–62; A. Piedimonte, F. Benedetti, and E. Carlino, “Placebo-Induced Decrease in Fatigue: Evidence for a Central Action on the Preparatory Phase of Movement,” European Journal of Neuroscience 41, no. 4 (February 2015): 492–97; F. Benedetti, E. Carlino, and A. Pollo, “How Placebos Change the Patient’s Brain,” Neuropsychopharmacology 36, no. 1 (January 2011): 339–54; A. Pollo, E. Carlino, et al., “Preventing Motor Training Through Nocebo Suggestions,” European Journal of Applied Physiology and Occupational Physiology 112, no. 11 (November 2012): 3893–903.

4. D. R. Johnson, “Emotional Attention Set-Shifting and Its Relationship to Anxiety and Emotion Regulation,” Emotion 9, no. 5 (October 2009): 681–90; D. Di Nocera, A. Finzi, et al., “The Role of Intrinsic Motivations in Attention Allocation and Shifting,” Frontiers in Psychology 5 (2014): 273.

5. J. Groopman, “The Anatomy of Hope,” Permanente Journal 8, no. 2 (Spring 2004): 43–47.

6. E. Constantinou, M. Van Den Houte, et al., “Can Words Heal? Using Affect Labeling to Reduce the Effects of Unpleasant Cues on Symptom Reporting,” Frontiers in Psychology 5 (2014): 807; S. H. Hemenover, A. A. Augustine, et al., “Individual Differences in Negative Affect Repair,” Emotion 8, no. 4 (August 2008): 468–78.

7. M. D. Lieberman, N. I. Eisenberger, et al., “Putting Feelings into Words: Affect Labeling Disrupts Amygdala Activity in Response to Affective Stimuli,” Psychological Science 18, no. (May 2007): 421–28; S. J. Torrisi, M. D. Lieberman, et al., “Advancing Understanding of Affect Labeling with Dynamic Causal Modeling,” NeuroImage 82 (November 15, 2013): 481–88.

8. J. M. Cisler, B. A. Sigel, et al., “Changes in Functional Connectivity of the Amygdala During Cognitive Reappraisal Predict Symptom Reduction During Trauma-Focused Cognitive-Behavioral Therapy Among Adolescent Girls with Post-Traumatic Stress Disorder,” Psychological Medicine (August 15, 2016): 1–11; J. Ferri, J. Schmidt, et al., “Emotion Regulation and Amygdala-Precuneus Connectivity: Focusing on Attentional Deployment,” Cognitive, Affective and Behavioral Neuroscience (July 21, 2016); C. E. Waugh, P. Zarolia, et al., “Emotion Regulation Changes the Duration of the Bold Response to Emotional Stimuli,” Social, Cognitive and Affective Neuroscience (May 19, 2016).

9. Y. Zhai and Y. Zhu, “Study of Effect on Solution-Focused Approach in Improving the Negative Emotion of Surgical Patients in Department of Vascular Surgery,” Pakistan Journal of Pharmaceutical Sciences 29, 2 Suppl. (March 2016): 719–22; M. J. Rohrbaugh and V. Shoham, “Brief Therapy Based on Interrupting Ironic Processes: The Palo Alto Model,” Clinical Psychology (New York) 8, no. 1 (2001): 66–81.

10. C. Schuster, S. E. Martiny, and T. Schmader, “Distracted by the Unthought: Suppression and Reappraisal of Mind Wandering under Stereotype Threat,” PLoS One 10, no. 3 (2015): e0122207; K. C. Oleson, K. M. Poehlmann, et al., “Subjective Overachievement: Individual Differences in Self-Doubt and Concern with Performance,” Journal of Personality 68, no. 3 (June 2000): 491–524.

11. U. Bingel, V. Wanigasekera, et al., "The Effect of Treatment Expectation on Drug Efficacy: Imaging the Analgesic Benefit of the Opioid Remifentanil," Science Translational Medicine 3, no. 70 (February 16, 2011): 70ra14.

12. "Fisher Sees Stocks Permanently High," New York Times (October 16, 1929): http://query.nytimes.com/gst/abstract.html?res=9806E6DF1639E03ABC4E52DFB6678382639EDE&legacy=true; V. Navasky, "Tomorrow Never Knows," New York Times Magazine (September 29, 1996): http://www.nytimes.com/1996/09/29/magazine/tomorrow-never-knows.html; J. Sanburn, "Top 10 Failed Predictions: Four-Piece Groups with Guitars Are Finished," Time (October 21, 2011): http://content.time.com/time/specials/packages/article/0,28804,2097462 _2097456 _2097466,00.html; H. Davies, The Beatles: The Authorized Biography (New York: McGraw-Hill, 1968); U. Saiidi, "Here' s Why the Majority of Brexit Polls Were Wrong," CNBC (July 4, 2016): http://www.cnbc.com/2016/07/04/why-the-majority-of-brexit-polls-were-wrong.html; J. Edwards, "Pollsters Now Know Why They Were Wrong About Brexit," Business Insider (July 24, 2016): http://www.businessinsider.com/pollsters-know-why-they-were-wrong-about-brexit-2016-7; S. Lohr and N. Singer, "How Data Failed Us in Calling an Election," New York Times (November 10, 2016): https://www.nytimes.com/2016/11/10/technology/the-data-said-clinton-would-win-why-you-shouldnt-have-believed-it.html.

13. E. A. Voigt, R. B. Kennedy, and G. A. Poland, "Defending Against Smallpox: A Focus on Vaccines," Expert Review of Vaccines (April 28, 2016): 1–15; D. A. Koplow, Smallpox: The Fight to Eradicate a Global Scourge (Berkeley: University of California Press, 2003).

14. A. M. Behbehani, "The Smallpox Story: Life and Death of an Old Disease," Microbiological Reviews 47, no. 4 (December 1983): 455–509.

15. "Smallpox Epidemic Strikes at the Cape," South African History Online, 2014: http://www.sahistory.org.za/dated -event/smallpox-epidemic-strikes-cape.

16. "Smallpox Blankets," Cherokee Heritage Documentation Center, n.d.: http://cherokeeregistry.com/index.php?option=com_content&view=article&id=407&Itemid=617.

17. M. Becker, "Smallpox in Washington' s Army: Strategic Implications of the Disease During the American Revolutionary War," Journal of Military History 68, no. 2 (April 2004): 381–430.

18. S. Riedel, "Edward Jenner and the History of Smallpox and Vaccination," Proceedings (Baylor University Medical Center) 18, no. 1 (January 2005): 21–25; E. A. Belongia and A. L. Naleway, "Smallpox Vaccine: The Good, the Bad, and the Ugly," Clinical Medicine and Research 1, no. 2 (April 2003): 87–9 2.

19. T. D. Wager, D. J. Scott, and J. K. Zubieta, "Placebo Effects on Human Mu-Opioid Activity During Pain," Proceedings of the National Academy of Sciences 104, no. 26 (June 26, 2007): 11056–61.

20. S. Freeman, R. Yu, et al., "Distinct Neural Representations of Placebo and Nocebo Effects," NeuroImage 112 (May 15, 2015): 197–207.

21. C. S. Carver and S. L. Johnson, "Authentic

22. Differential Relations to Aspects of Goal Regulation, Affect, and Self-Control," Journal of Research in Personality 44, no. 6 (December 2010): 698–703.

23. J. Boedecker, T. Lampe, and M. Riedmiller, "Modeling Effects of Intrinsic and Extrinsic Rewards on the Competition between Striatal Learning Systems," Frontiers in Psychology 4 (2013): 739.

24. J. S. Carton, "The Differential Effects of Tangible Rewards and Praise on Intrinsic Motivation: A Comparison of Cognitive Evaluation Theory and Operant Theory," Behavior Analysis 19, no. 2 (Fall 1996): 237–55.

25. K. Murayama, M. Matsumoto, et al., "Neural Basis of the Undermining Effect of Monetary Reward on Intrinsic Motivation," Proceedings of the National Academy of Sciences 107, no. 49 (December 7, 2010): 20911–16.

26. S. Reiss, "Extrinsic and Intrinsic Motivation at 30: Unresolved Scientific Issues," Behavior Analysis 28, no. 1 (2005): 1–14.

27. Y. Ostby, K. B. Walhovd, et al., "Mental Time Travel and Default-Mode Network Functional Connectivity in the Developing Brain," Proceedings of the National Academy of Sciences 109, no. 42 (October 16, 2012): 16800–4.

28. J. R. Andrews-Hanna, "The Brain' s Default Network and Its Adaptive Role in Internal Mentation," Neuroscientist 18, no. 3 (June 2012): 251–70.

29. A. Berkovich-Ohana and J. Glicksohn, "The Consciousness State Space (Css): A Unifying Model for Consciousness and Self," Frontiers in Psychology 5 (2014): 341.

30. B. J. Baars, "Spontaneous Repetitive Thoughts Can Be Adaptive: Postscript on 'Mind Wandering,' " Psychological Bulletin 136, no. 2 (March 2010): 208–10.

31. C. E. Giblin, C. K. Morewedge, and M. I. Norton, "Unexpected Benefits of Deciding by Mind Wandering," Frontiers in Psychology 4 (2013): 598.

32. T. Nørretranders, The User Illusion: Cutting Consciousness Down to Size (New York: Viking, 1998); T. D. Wilson, Strangers to Ourselves: Discovering the Adaptive Unconscious (Cambridge, MA: Harvard University Press, 2002); A. Dijksterhuis, "Think Different: The Merits of Unconscious Thought in Preference Development and Decision Making," Journal of Personality and Social Psychology 87, no. 5 (November 2004): 586–98.

33. L. M. Augusto, "Unconscious Knowledge: A Survey," Advances in Cognitive Psychology 6 (2010): 116–41; P. C. Trimmer, A. I. Houston, et al., "Mammalian Choices: Combining Fast-but-Inaccurate and Slow-but-Accurate Decision-Making Systems," Proceedings of the Royal Society B Biological Sciences 275, no. 1649 (October 22, 2008): 2353–61.

34. A. Foege, "Guest Column: America' s 'Tinkering' Spirit: Alive and Well, and Making Our Nation Great," Northwest Georgia News (June 12, 2013): http://www.northwestgeorgianews.com/rome/guest-column-america-s-tinkering-spirit-alive-and-well-and/article_b62f2334-8c18-53b6-863d-e140ab7dbb96.html.

35. N. N. Taleb, Antifragile (New York: Random House, 2012).

36. L. F. Agnati, D. Guidolin, et al., "The Neurobiology of Imagination: Possible Role of Interaction-Dominant Dynamics and Default Mode Network," Frontiers in Psychology 4 (2013): 296.

37. M. Jepma, R. G. Verdonschot, et al., "Neural Mechanisms Underlying the Induction and Relief of Perceptual Curiosity," Frontiers in Behavioral Neuroscience 6 (2012): 5.

38. S. Jobs, " 'You' ve Got to Find What You Love,' Jobs Says," News Stanford (June 14, 2005): http://news.stanford.edu/2005/06/14/jobs-061505/.

39. A. Gowen, "Inside the Indian Temple That Draws America' s Tech Titans," Washington Post (October 31, 2015): https://www.washingtonpost.com/world/asia_pacific/inside-the-indian-temple-that-draws-americas-tech-titans/2015/10/30/03b64 6d8 -7cb9 -11e5-bfb6-65300a5ff562_story.html.

40. N. Rawlinson, "History of Apple, 1976–2016: The Story of Steve Jobs and the Company He Founded," Macworld (April 1, 2016): http://www.macworld.co.uk/feature/apple/history-of-apple-steve-jobs-what-happened-mac-computer-3606104/.

41. Gowen, "Inside the Indian Temple."

42. R. A. Guth, "In Secret Hideaway, Bill Gates Ponders Microsoft' s Future," Wall Street Journal (March 28, 2005): http://www.wsj.com/articles/SB111196625830690477.

43. B. Huebner and R. D. Rupert, "Massively Representational Minds Are Not Always Driven by Goals, Conscious or Otherwise," Behavioral and Brain Sciences 37, no. 2 (April 2014): 145–46.

44. M. Bar, "The Proactive Brain: Memory for Predictions," Philosophical Transactions of the Royal Society of London. Series B: Biological Sciences 364, no. 1521 (May 12, 2009): 1235–43; S. L. Mullally and E. A. Maguire, "Memory, Imagination, and Predicting the Future: A Common Brain Mechanism?" Neuroscientist 20, no. 3 (June 2014): 220–34.

45. C. G. Davey, J. Pujol, and B. J. Harrison, "Mapping the Self in the Brain' s Default Mode Network," NeuroImage 132 (May 15, 2016): 390–97.

46. J. F. Cornwell, B. Franks, and E. T. Higgins, "Truth, Control, and Value Motivations: The 'What,' 'How,' and 'Why' of Approach and Avoidance," Frontiers in Systems Neuroscience 8 (2014): 194.

47. L. Tze, Tao Te Ching (New York: Dover, 1997).

48. "Discovery and Development of Penicillin," American Chemical Society, n.d.: http://www.acs.org/content /acs/en/education/whatischemistry/landmarks/flemingpeni cillin.html; B. L. Ligon, "Penicillin: Its Discovery and Early Development," Seminars in Pediatric Infectious Disease 15, no. 1 (January 2004): 52–57.

49. T. A. Ban, "The Role of Serendipity in Drug Discovery," Dialogues in Clinical Neuroscience 8, no. 3 (2006): 335–44.

50. H. van Steenbergen, G. P. Band, et al., "Hedonic Hotspots Regulate Cingulate-Driven Adaptation to Cognitive Demands," Cerebral Cortex 25, no. 7 (July 2015): 1746–56.

51. J. W. Brehm, "Postdecision Changes in the Desirability of Alternatives," Journal of Abnormal Psychology 52, no. 3 (May 1956): 384–89.

52. R. E. Knox and J. A. Inkster, "Postdecision Dissonance at Post Time," Journal of Personality and Social Psychology 8, no. 4 (April 1968): 319–23.

53. E. Kross, E. Bruehlman-Senecal, et al., "Self-Talk as a Regulatory Mechanism: How You Do It Matters," Journal of Personality and Social Psychology 106, no. 2 (February 2014): 304–24.

54. R. P. Ebstein and R. H. Belmaker, "Saga of an Adventure Gene: Novelty Seeking, Substance Abuse and the Dopamine D4 Receptor (D4DR) Exon III Repeat Polymorphism," Molecular Psychiatry 2, no. 5 (September 1997): 381–84; J. Benjamin, L. Li, et al., "Population and Familial Association Between the D4 Dopamine Receptor Gene and Measures of Novelty Seeking," Nature Genetics 12, no. 1 (January 1996): 81–84.

55. L. Schwabe and O. T. Wolf, "Stress Prompts Habit Behavior in Humans," Journal of Neuroscience 29, no. 22 (June 3, 2009): 7191–98.

56. C. P. West, L. N. Dyrbye, et al., "Intervention to Promote Physician Well-Being, Job Satisfaction, and Professionalism: A Randomized Clinical Trial," JAMA Internal Medicine 174, no. 4 (April 2014): 527–33.

57. N. P. Spanos, R. J. Stenstrom, and J. C. Johnston, "Hypnosis, Placebo, and Suggestion in the Treatment of Warts," Psychosomatic Medicine 50, no. 3 (May–June 1988): 245–60.

58. T. S. Sathyanarayana Rao, M. R. Asha, et al., "The Biochemistry of Belief," Indian Journal of Psychiatry 51, no. 4 (October–December 2009): 239–41.

59. S. Yoshimura, Y. Okamoto, et al., "Neural Basis of Anticipatory Anxiety Reappraisals," PLoS One 9, no. 7 (2014): e102836.

60. R. L. McMillan, S. B. Kaufman, and J. L. Singer, "Ode to Positive Constructive Daydreaming," Frontiers in Psychology 4 (2013): 626.

61. M. A. Killingsworth and D. T. Gilbert, "A Wandering Mind Is an Unhappy Mind," Science 330, no. 6006 (November 12, 2010): 93 2

62. P. Feng, Y. Zheng, and T. Feng, "Resting-State Functional Connectivity between Amygdala and the Ventromedial Prefrontal Cortex Following Fear Reminder Predicts Fear Extinction," Social Cognitive and Affective Neuroscience 11, no. 6 (June 2016): 991–1001; C. J. Reppucci and G. D. Petrovich, "Organization of Connections between the Amygdala, Medial Prefrontal Cortex, and Lateral Hypothalamus: A Single and Double Retrograde Tracing Study in Rats," Brain Structure and Function 221, no. 6 (July 2016): 2937–6 2

63. A. Damasio, Descartes' Error: Emotion, Reason, and the Human Brain (New York: Penguin, 1995).

64. J. Loewen, "John Cassavetes from A Personal Journey with Martin Scorsese Through American Movies," YouTube: https://www.youtube.com/watch?v=UR3jKqsMI_c.

第六章　從潰散到偉大

1. "Jeff Bezos Biography," Biography, n.d.: http://www.biography.com/people/jeff-bezos-9542209.
2. "Jeff Bezos Biography," Famous People, n.d.: http://www.thefamouspeople.com/profiles/jeff-bezos-4868.php.
3. J. Yarow, "The Astonishing Story of Jeff Bezos' Biological Father Who Didn' t Even Know Bezos Existed Until the End of Last Year," Business Insider (October 10, 2013): http://www.businessinsider.com/jeff-bezos-biological-father-2013-10.
4. K. Russell, "The 9 Most Interesting Facts About Jeff Bezos from the Big New Amazon Book," Business Insider (November 18, 2013): http://www.businessinsider.in/The-9-Most-Interesting-Facts-About-Jeff-Bezos-From-The-Big-New-Amazon-Book/arti cleshow/25996451.cms?format=slideshow.
5. "Jeff Bezos Fun Facts," Celebrity Fun Facts (August 20, 2016): http://www.celebrityfunfacts.com/jeff-bezos/f67m89/.
6. J. Ostdick, "e-vangelist," Success (June 30, 2011): http://www.success.com/article/e-vangelist.
7. N. Carlson, "Jeff Bezos: Here' s Why He Won," Business Insider (May 16, 2011): http://www.businessinsider.com/jeff-bezos-visionary-2011-4.
8. "Bezos Biography," Biography.
9. "Bezos Biography," Famous People.
10. D. LaGasse, "America' s Best Leaders: Jeff Bezos, Amazon.com CEO," U.S. News & World Report (November 19, 2008): http://www.usnews.com/news/best-leaders/articles/2008/11/19/americas-best-leaders-jeff-bezos-amazoncom-ceo.
11. "2012 Business Person of the Year," Fortune (November 16, 2012): http://fortune.com/2012/11/16/2012-businessperson-of-the-year/.
12. "The Richest People in America," Forbes (August 20, 2016): http://www.forbes.com/forbes-400/gallery/jeff-bezos.
13. "The Best Performing CEOs," Harvard Business Review (November 2015): 49–59.
14. A. W. Kosner, "Jeff Bezos on How to Change Your Mind," Forbes (October 19, 2012): http://www.forbes.com/sites/anthonykosner/2012/10/19/jeff-bezos-on-people-who-are-right-a-lot-vs-wrong-a-lot-has-he-got-it-right/#92c790762ed3.
15. C. M. van Heugten, R. W. Ponds, and R. P. Kessels, "Brain Training: Hype or Hope?" Neuropsychological Rehabilitation 26, nos. 5–6 (October 2016): 639–44.
16. Ibid.; A. P. Jha, J. Krompinger, and M. J. Baime, "Mindfulness Training Modifies Subsystems of Attention," Cognitive, Affective and Behavioral Neuroscience 7, no. 2 (June 2007): 109–19.
17. P. Dey, "9 Most Generous CEOs of Our Time," Best Mankind, n.d.: http://www.bestmankind.com/most-generous-ceos-of-our-time/; J. Kantor and D. Streitfeld, "Inside Amazon: Wrestling Big Ideas in a Bruising Workplace," New York Times (August 16, 2015): http://www.nytimes.com/2015/08/16/technology/inside-amazon-wrestling-big-ideas-in-a-bruising-workplace.html.
18. A. Deutschman, "Inside the Mind of Jeff Bezos," Fast Company (August, 1, 2004): http://www.fastcompany.com/50106 /inside-mind-jeff-bezos.
19. A. S. Sprouse-Blum, G. Smith, et al., "Understanding Endorphins and Their Importance in Pain Management," Hawaii Medical Journal 69, no. 3 (March 2010): 70–71.
20. B. Salehi, M. I. Cordero, and C. Sandi, "Learning Under Stress: The Inverted-U-Shape Function Revisited," Learning and Memory 17, no. 10 (October 2010): 522–30.

21. E. Meaux and P. Vuilleumier, "Facing Mixed Emotions: Analytic and Holistic Perception of Facial Emotion Expressions Engages Separate Brain Networks," NeuroImage 141 (July 5, 2016): 154–73; H. E. Heshfield, S. Scheibe, et al., "When Feeling Bad Can Be Good: Mixed Emotions Benefit Physical Health across Adulthood," Social Psychological and Personality Science 4, no. 1 (January 2013): 54–61; S. Zeki and J. P. Romaya, "Neural Correlates of Hate," PLoS One 3, no. 10 (2008): e3556.

22. I. Molnar-Szakacs and L. Q. Uddin, "Self-Processing and the Default Mode Network: Interactions with the Mirror Neuron System," Frontiers in Human Neuroscience 7 (2013): 571.

23. A. S. Heller, C. M. van Reekum, et al., "Sustained Striatal Activity Predicts Eudaimonic Well-Being and Cortisol Output," Psychological Science 24, no. 11 (November 1, 2013): 2191–200.

24. "The 100 Most Influential People," Time (April 21, 2016): http://time.com/collection/2016-time-100/.

25. M. Zuckerman and F. F. Tsai, "Costs of Self-Handicapping," Journal of Personality 73, no. 2 (April 2005): 411–42.

26. H. Takeuchi, Y. Taki, et al., "Anatomical Correlates of Self-Handicapping Tendency," Cortex 49, no. 4 (April 2013): 1148–54.

27. K. Dabrowski, "[On Positive Disintegration. An Outline of the Theory Concerning the Psychological Development of Man through Unbalanced States, Nervous States, Neuroses and Psychoses]," Annales Medico-Psychologiques 117, no. 2 (November 1959): 643–68; K. Dabrowski, "[Remarks on Typology Based on the Theory of Positive Disintegration]," Annales Medico-Psychologiques 118, no. 2 (October 1960): 401–6.

28. B. J. King, Pressure Is a Privilege: Lessons I' ve Learned from Life and the Battle of the Sexes (New York: LifeTime Media, 2008).

29. W. Tillier, "The Basic Concepts of Dabrowski' s Theory of Positive Disintegration," in W. Tillier, ed., Perspectives on the Self: Proceedings of the Second Biennial Conference on Dabrowski' s Theory of Positive Disintegration (unpublished, 1996): 5–14.

30. S. Mendaglio, "Dabrowski' s Theory of Positive Disintegration: Some Implications for Teachers of Gifted Students," AGATE 15, no. 2 (Fall 2002): 14–2 2

31. W. Tillier, "Dabrowski 101: The Theory of Positive Disintegration," Positive Disintegration (December 6, 2014): http://positivedisintegration.com/Dabrowski101.pdf.

32. A. Berger, G. Tzur, and M. I. Posner, "Infant Brains Detect Arithmetic Errors," Proceedings of the National Academy of Sciences 103, no. 33 (August 15, 2006): 12649–53.

33. C. J. Limb and A. R. Braun, "Neural Substrates of Spontaneous Musical Performance: An fMRI Study of Jazz Improvisation," PLoS One 3, no. 2 (2008): e1679; M. C. Anderson, K. N. Ochsner, et al., "Neural Systems Underlying the Suppression of Unwanted Memories," Science 303, no. 5655 (January 9, 2004): 232–35.

34. A. Engel and P. E. Keller, "The Perception of Musical Spontaneity in Improvised and Imitated Jazz Performances," Frontiers in Psychology 2 (2011): 83.

35. R. E. Beaty, "The Neuroscience of Musical Improvisation," Neuroscience and Biobehavioral Reviews 51 (April 2015): 108–17.

36. U. Debarnot, M. Sperduti, et al., "Experts Bodies, Experts Minds: How Physical and Mental Training Shape the Brain," Frontiers in Human Neuroscience 8 (2014): 280.

37. G. Bernardi, L. Cecchetti, et al., "It' s Not All in Your Car: Functional and Structural Correlates of Exceptional Driving Skills in Professional Racers," Frontiers in Human Neuroscience 8 (2014): 888; G. Bernardi, E. Ricciardi, et al., "How Skill Expertise Shapes the Brain Functional Architecture: An fMRI Study of Visuo-Spatial and Motor Processing in Professional Racing-Car and Naive Drivers," PLoS One 8, no. 10 (2013): e77764.

38. J. Seo, Y. T. Kim, et al., "Stronger Activation and Deactivation in Archery Experts for Differential Cognitive Strategy in Visuospatial Working Memory Processing," Behavioural Brain Research 229, no. 1 (April 1, 2012): 185–93.

39. S. Wolf, E. Brolz, et al., "Winning the Game: Brain Processes in Expert, Young Elite and Amateur Table Tennis Players," Frontiers in Behavioral Neuroscience 8 (2014): 370.

40. A. Campbell, J. Whitehead, and S. Finkelstein, "Why Good Leaders Make Bad Decisions," Harvard Business Review 87, no. 2 (February 2009): 60–66, 109.
41. C. S. Dodson and L. E. Krueger, "I Misremember It Well: Why Older Adults Are Unreliable Eyewitnesses," Psychonomic Bulletin Review 13, no. 5 (October 2006): 770–75.
42. D. R. Cann, K. McRae, and A. N. Katz, "False Recall in the Deese-Roediger-McDermott Paradigm: The Roles of Gist and Associative Strength," Quarterly Journal of Experimental Psychology (Hove) 64, no. 8 (August 2011): 1515–42.
43. J. Storbeck and G. L. Clore, "With Sadness Comes Accuracy; with Happiness, False Memory: Mood and the False Memory Effect," Psychological Science 16, no. 10 (October 2005): 785–91.
44. Y. Ezzyat and L. Davachi, "Similarity Breeds Proximity: Pattern Similarity Within and Across Contexts Is Related to Later Mnemonic Judgments of Temporal Proximity," Neuron 81, no. 5 (March 5, 2014): 1179–89.
45. J. Y. Kang, K. G. Yeoh, et al., "Chili—Protective Factor Against Peptic Ulcer?" Digestive Diseases and Sciences 40, no. 3 (March 1995): 576–79.
46. M. N. Satyanarayana, "Capsaicin and Gastric Ulcers," Critical Reviews in Food Science and Nutrition 46, no. 4 (2006): 275–328.
47. M. J. Mulder, E. J. Wagenmakers, et al., "Bias in the Brain: A Diffusion Model Analysis of Prior Probability and Potential Payoff," Journal of Neuroscience 32, no. 7 (February 15, 2012): 2335–43.
48. M. Jaskelioff, F. L. Muller, et al., "Telomerase Reactivation Reverses Tissue Degeneration in Aged Telomerase-Deficient Mice," Nature 469, no. 7328 (January 6, 2011): 102–6.
49. A. P. Gomes, N. L. Price, et al., "Declining Nad(+) Induces a Pseudohypoxic State Disrupting Nuclear-Mitochondrial Communication During Aging," Cell 155, no. 7 (December 19, 2013): 1624–38.
50. G. Church, "Where Do We Go from Here?" Future of Genetic Medicine IX (March 3, 2016): https://www.scripps.org/sparkle-assets/documents/brochure_future_of _genomic_medicine_ix.pdf.
51. D. Aisenberg, N. Cohen, et al., "Social Priming Improves Cognitive Control in Elderly Adults—Evidence from the Simon Task," PLoS One 10, no. 1 (2015): e0117151.
52. D. A. Robertson, G. M. Savva, et al., "Negative Perceptions of Aging and Decline in Walking Speed: A Self-Fulfilling Prophecy," PLoS One 10, no. 4 (2015): e0123260.
53. M. Gocłowska, "Can Counter-Stereotypes Boost Flexible Thinking?" Group Processes and Intergroup Relations 16, no. 2 (2013): 217–31.
54. D. M. Webster and A. W. Kruglanski, "Individual Differences in Need for Cognitive Closure," Journal of Personality and Social Psychology 67, no. 6 (December 1994):1049–62.
55. Y. Tanaka, J. Fujino, et al., "Are Ambiguity Aversion and Ambiguity Intolerance Identical? A Neuroeconomics Investigation," Frontiers in Psychology 5 (2014): 1550.
56. M. Jeannerod and J. Decety, "Mental Motor Imagery: A Window into the Representational Stages of Action," Current Opinion in Neurobiology 5, no. 6 (December 1995): 727–32; M. Jeannerod, "Mental Imagery in the Motor Context," Neuropsychologia 33, no. 11 (November 1995): 1419–32.
57. C. H. Park, W. H. Chang, et al., "Which Motor Cortical Region Best Predicts Imagined Movement?" NeuroImage 113 (June 2015): 101–10.
58. F. Pichiorri, G. Morone, et al., "Brain-Computer Interface Boosts Motor Imagery Practice During Stroke Recovery," Annals of Neurology 77, no. 5 (May 2015): 851–65.
59. K. Iseki, T. Hanakawa, et al., "Neural Mechanisms Involved in Mental Imagery and Observation of Gait," NeuroImage 41, no. 3 (July 1, 2008): 1021–31.
60. H. J. Rice and D. C. Rubin, "I Can See It Both Ways: First-and Third-Person Visual Perspectives at Retrieval," Consciousness and Cognition 18, no. 4 (December 2009): 877–90; A. R. Sutin and R. W. Robins, "Correlates and Phenomenology of First and Third Person Memories," Memory 18, no. 6 (August 2010): 625–37.

61. A. P. Lameira, L. G. Gawryszewski, et al., “Hand Posture Effects on Handedness Recognition as Revealed by the Simon Effect,” Frontiers in Human Neuroscience 3 (2009): 59.

62. B. Knäuper, A. McCollam, et al., “Fruitful Plans: Adding Targeted Mental Imagery to Implementation Intentions Increases Fruit Consumption,” Psychological Health 26, no. 5 (May 2011): 601–17.

63. C. R. Hall, K. J. Munroe-Chandler, et al., “Imagery and Observational Learning Use and Their Relationship to Sport Confidence,” Journal of Sports Sciences 27, no. 4 (2009): 327–37.

64. L. F. Agnati, D. Guidolin, et al., “The Neurobiology of Imagination: Possible Role of Interaction-Dominant Dynamics and Default Mode Network,” Frontiers in Psychology 4 (2013): 296.

65. J. Andrade, M. Khalil, et al., “Functional Imagery Training to Reduce Snacking: Testing a Novel Motivational Intervention Based on Elaborated Intrusion Theory,” Appetite 100 (May 1, 2016): 256–62; C. McNorgan, “A Meta-Analytic Review of Multisensory Imagery Identifies the Neural Correlates of Modality-Specific and Modality-General Imagery,” Frontiers in Human Neuroscience 6 (2012): 285.

66. B. Khoury, M. Sharma, et al., “Mindfulness-Based Stress Reduction for Healthy Individuals: A Meta-Analysis,” Journal of Psychosomatic Research 78, no. 6 (June 2015): 519–28.

67. A. Knapp, “Ray Kurzweil Defends His 2009 Predictions,” Forbes (March 21, 2012): http://www.forbes.com/sites/alexknapp/2012/03/21/ray-kurzweil-defends-his-2009-predictions/.

68. D. Baer, “5 Amazing Predictions by Futurist Ray Kurzweil That Came True—And 4 That Haven’t,” Tech Insider (October 20, 2015): http://til.ink/2cY5gia.

69. S. Rosenbush, “Google’s Ray Kurzweil Envisions New Era of Search,” Wall Street Journal blogs (February 4, 2014): http://blogs.wsj.com/cio/2014/02/04/googles-ray-kurzweil-envisions-new-era-of-search/.

70. K. Miles, “Ray Kurzweil: In the 2030s, Nanobots in Our Brains Will Make Us ‘Godlike,’ ” Huffington Post (October 1, 2015): http://www.huffingtonpost.com/entry/ray-kurzweil-nanobots-brain-godlike_us_560555a0e4b0af3706dbe1e 2

71. F. M. Carvalho, K. T. Chaim, et al., “Time-Perception Network and Default Mode Network Are Associated with Temporal Prediction in a Periodic Motion Task,” Frontiers in Human Neuroscience 10 (2016): 268; S. Sandrone, “The Brain as a Crystal Ball: The Predictive Potential of Default Mode Network,” Frontiers in Human Neuroscience 6 (2012): 261.

72. J. Kagan, “Review: The Future of the Mind: The Scientific Quest to Understand, Enhance, and Empower the Mind,” Cerebrum 2014 (May–June 2014): 7.

73. M. Thompson, “Jeff Bezos—Regret Minimization Framework,” YouTube (December 20, 2008): https://www.youtube.com/watch?v=jwG_qR6XmDQ.

74. Sandrone, “Brain as a Crystal Ball.”

75. D. R. Vago and D. A. Silbersweig, “Self-Awareness, Self-Regulation, and Self-Transcendence (S-Art): A Framework for Understanding the Neurobiological Mechanisms of Mindfulness,” Frontiers in Human Neuroscience 6 (2012): 296.

76. C. Noone, B. Bunting, and M. J. Hogan, “Does Mindfulness Enhance Critical Thinking? Evidence for the Mediating Effects of Executive Functioning in the Relationship Between Mindfulness and Critical Thinking,” Frontiers in Psychology 6 (2015): 2043.

77. D. P. Lippelt, B. Hommel, and L. S.

78. Open Monitoring and Loving Kindness Meditation: Effects on Attention, Conflict Monitoring, and Creativity— a Review,” Frontiers in Psychology 5 (2014): 1083; H. Uusberg, A.

Uusberg, et al., "Mechanisms of Mindfulness: The Dynamics of Affective Adaptation During Open Monitoring," Biological Psychology 118 (July 2016): 94–106.

79. K. W. Chen, C. C. Berger, et al., "Meditative Therapies for Reducing Anxiety: A Systematic Review and Meta-Analysis of Randomized Controlled Trials," Depression and Anxiety 29, no. 7 (July 2012): 545–6 2.

80. app A. Puddicome, "10 Minutes Could Change Your Whole Day," Headspace, n.d.: https://www.headspace.com/headspace-meditation-app.

81. T. Geller, "Jared Leto, Ryan Seacrest, Jessica Alba Invest in Headspace with the Chernin Group," Wrap (September 16, 2015): http://www.thewrap.com/jared-leto-ryan-seacrest-jessica-alba-invest-in-headspace-with-the-chernin-group/.

82. Vago and Silbersweig, "Self-Awareness, Self-Regulation" ; E. Mohandas, "Neurobiology of Spirituality," Mens Sana Monographs 6, no. 1 (January 2008): 63–80; F. Travis, D. A. Haaga, et al., "A Self-Referential Default Brain State: Patterns of Coherence, Power, and Eloreta Sources During Eyes-Closed Rest and Transcendental Meditation Practice," Cognitive Processing 11, no. 1 (February 2010): 21–30.

83. N. A. Farb, A. K. Anderson, and Z. V. Segal, "The Mindful Brain and Emotion Regulation in Mood Disorders," Canadian Journal of Psychiatry/Revue Canadienne de Psychiatrie 57, no. 2 (February 2012): 70–77; R. Simon and M. Engstrom, "The Default Mode Network as a Biomarker for Monitoring the Therapeutic Effects of Meditation," Frontiers in Psychology 6 (2015): 776.

84. J. T. Mitchell, L. Zylowska, and S. H. Kollins, "Mindfulness Meditation Training for Attention-Deficit/Hyperactivity Disorder in Adulthood: Current Empirical Support, Treatment Overview, and Future Directions," Cognitive and Behavioral Practice 22, no. 2 (May 2015): 172–91; L. Zylowska, D. L. Ackerman, et al., "Mindfulness Meditation Training in Adults and Adolescents with ADHD: A Feasibility Study," Journal of Attention Disorders 11, no. 6 (May 2008): 737–46.

85. S. Satchidananda, The Yoga Sutras of Patanjali (Buckingham, VA: Integral Yoga Publications, 1990): 171–75.

86. P. H. Canter, "The Therapeutic Effects of Meditation," British Medical Journal 326, no. 7398 (May 17, 2003): 1049–50; H. Sharma, "Meditation: Process and Effects," Ayu 36, no. 3 (July–September 2015): 233–37.

87. K. Harmon, "Work on Telomeres Wins Nobel Prize in Physiology or Medicine for 3 U.S. Genetic Researchers [Update]," Scientific American (October 5, 2009): http://www.scientificamerican.com/article/nobel-prize-medicine-2009-genetics/.

88. Q. Conklin, B. King, et al., "Telomere Lengthening After Three Weeks of an Intensive Insight Meditation Retreat," Psychoneuroendocrinology 61 (November 2015): 26–27.

89. R. A. Josephs, J. K. Bosson, and C. G. Jacobs, "Self-Esteem Maintenance Processes: Why Low Self-Esteem May Be Resistant to Change," Personality and Social Psychology Bulletin 29, no. 7 (July 2003): 920–33; A. D. Hermann, G. Leonardelli, and R. M. Arkin, "Self-Doubt and Self-Esteem: A Threat from Within," Personality and Social Psychology Bulletin 28 (2002): 395–408.

90. R. Huang, M. Lu, et al., "Long-Term Intensive Training Induced Brain Structural Changes in World Class Gymnasts," Brain Structure and Function 220, no. 2 (March 2015): 625–44; B. Wang, Y. Fan, et al., "Brain Anatomical Networks in World Class Gymnasts: A DTI Tractography Study," NeuroImage 65 (January 15, 2013): 476–87; J. Wang, M. Lu, et al., "Exploring Brain Functional Plasticity in World Class Gymnasts: A Network Analysis," Brain Structure and Function (September 29, 2015).

結語　修補匠宣言

1. G. E. Rawlinson, "The Significance of Letter Position in Word Recognition," unpublished Ph.D. thesis, University of Nottingham, U.K., 1976.
2. R. H. Lehto and K. F. Stein, "Death Anxiety: An Analysis of an Evolving Concept," Research and Theory for Nursing Practice 23, no. 1 (2009): 23–41; L. Razinsky, Freud, Psychoanalysis and Death (Cambridge, U.K.: Cambridge University Press, 2014).
3. D. E. Davis, M. Y. Ho, et al., "Forgiving the Self and Physical and Mental Health Correlates: A Meta-Analytic Review," Journal of Counseling Psychology 62, no. 2 (April 2015): 329–35.
4. A. G. Messenger and J. Rundegren, "Minoxidil: Mechanisms of Action on Hair Growth," British Journal of Dermatology 150, no. 2 (February 2004): 186–94.
5. D. Wardrop and D. Keeling, "The Story of the Discovery of Heparin and Warfarin," British Journal of Haematology 141, no. 6 (June 2008): 757–63.
6. M. C. Stevens, K. A. Kiehl, et al., "Brain Network Dynamics During Error Commission," Human Brain Mapping 30, no. 1 (January 2009): 24–37.
7. S. Kierkegaard, The Concept of Anxiety (Princeton, NJ: Princeton University Press, 1981).
8. E. Filevich, P. Vanneste, et al., "Brain Correlates of Subjective Freedom of Choice," Consciousness and Cognition 22, no. 4 (December 2013): 1271–84.
9. I. Molnar-Szakacs and L. Q. Uddin, "Self-Processing and the Default Mode Network: Interactions with the Mirror Neuron System," Frontiers in Human Neuroscience 7 (2013): 571; S. Sandrone, "Self Through the Mirror (Neurons) and Default Mode Network: What Neuroscientists Found and What Can Still Be Found There," Frontiers in Human Neuroscience 7 (2013): 383; F. Travis, D. A. Haaga, et al., "A Self-Referential Default Brain State: Patterns of Coherence, Power, and Eloreta Sources During Eyes-Closed Rest and Transcendental Meditation Practice," Cognitive Processing 11, no. 1 (February 2010): 21–30.
10. S. S. Godil, M. S. Shamim, et al., "Fuzzy Logic: A 'Simple' Solution for Complexities in Neurosciences?" Surgical Neurology International 2 (2011): 24.
11. N. Wade, "Scientist at Work/Kary Mullis; After the 'Eureka,' a Nobelist Drops Out," New York Times (September 15, 1998): http://www.nytimes.com/1998/09/15/science/scientist-at-work-kary-mullis-after-the-eureka-a-nobelist-drops-out.html ?page wanted =all&_r=0.
12. P. Dayan, "Simple Substrates for Complex Cognition," Frontiers in Neuroscience 2, no. 2 (December 2008): 255–63.
13. S. Uithol, D. C. Burnston, and P. Haselager, "Why We May Not Find Intentions in the Brain," Neuropsychologia 56 (April 2014): 129–39.
14. J. A. Mangels, B. Butterfield, et al., "Why Do Beliefs About Intelligence Influence Learning Success? A Social Cognitive Neuroscience Model," Social Cognitive and Affective Neuroscience 1, no. 2 (September 2006): 75–86.
15. B. Libet, "The Neural Time Factor in Conscious and Unconscious Events," Ciba Foundation Symposium 174 (1993): 123–37, discussion 37–46; B. Libet, C. A. Gleason, et al., "Time of Conscious Intention to Act in Relation to Onset of Cerebral Activity (Readiness-Potential): The Unconscious Initiation of a Freely Voluntary Act," Brain 106, pt. 3 (September 1983): 623–42.
16. B. Huebner and R. D. Rupert, "Massively Representational Minds Are Not Always Driven by Goals, Conscious or Otherwise," Behavioral and Brain Sciences 37, no. 2 (April 2014): 145–46.
17. A. R. Liboff, "Magnetic Correlates in Electromagnetic Consciousness," Electromagnetic Biology and Medicine 35, no. 3 (2016): 228–36.

18. I. Orion and M. Laitman, "The Double-Slit Experiment and Particle-Wave Duality: Toward a Novel Quantum Interpretation," Journal of Modern Physics 1, no. 1 (2010): 90–92; E. Strambini, K. S. Makarenko, et al., "Geometric Reduction of Dynamical Nonlocality in Nanoscale Quantum Circuits," Scientific Reports 6 (2016): 18827.

19. "This Will Mindfuck You: The Double-Slit Experiment," High Existence, n.d.: http://highexistence.com/this-will-mindfuck-you-the-double-slit-experiment/.

20. R. S. Bobrow, "Evidence for a Communal Consciousness," Explore (New York) 7, no. 4 (July–August 2011): 246–48; W. Hirstein, "Mindmelding: Connected Brains and the Problem of Consciousness," Mens Sana Monographs 6, no. 1 (January 2008): 110–30.

21. P. A. Miller, G. Wallis, et al., "Reducing the Size of the Human Physiological Blind Spot through Training," Current Biology 25, no. 17 (August 31, 2015): R747–48.

22. G. A. Gates and J. H. Mills, "Presbycusis," Lancet 366, no. 9491 (September 24–30, 2005): 1111–20; L. Kenney, "Try It: Can You Hear These Sounds Only Young People Hear?" Yahoo (March 3, 2015): https://www.yahoo.com/beauty/try-it-can-you-hear-these-sounds-only-young-112627654778.html.

23. V. Gallese, L. Fadiga, et al., "Action Recognition in the Premotor Cortex," Brain 119, pt. 2 (April 1996): 593–609; V. Gallese, C. Keysers, and G. Rizzolatti, "A Unifying View of the Basis of Social Cognition," Trends in Cognitive Sciences 8, no. 9 (September 2004): 396–403; V. Gallese and C. Sinigaglia, "Understanding Action with the Motor System," Behavioral and Brain Sciences 37, no. 2 (April 2014): 199–200; M. Iacoboni, I. Molnar-Szakacs, et al., "Grasping the Intentions of Others with One's Own Mirror Neuron System," PLoS Biology 3, no. 3 (March 2005): e79.

24. C. Grau, R. Ginhoux, et al., "Conscious Brain-to-Brain Communication in Humans Using Non-Invasive Technologies," PLoS One 9, no. 8 (2014): e105225.

25. Y. Golland, Y. Arzouan, and N. Levit-Binnun, "The Mere Co-Presence: Synchronization of Autonomic Signals and Emotional Responses Across Co-Present Individuals Not Engaged in Direct Interaction," PLoS One 10, no. 5 (2015): e0125804.

26. S. Kaplan, "Grasping at Ontological Straws: Overcoming Reductionism in the Advaita Vedanta—Neuroscience Dialogue," Journal of the American Academy of Religion 77, no. 2 (2009): 238–74.

27. F. Jacob, "Evolution and Tinkering," Science 196, no. 4295 (June 10, 1977): 1161–66.

胡思亂想的爆發力

修補、淺嘗、塗鴉
跳脫框架的練習，讓你的專注力更敏銳，工作更有效率

Tinker Dabble Doodle Try:
Unlock the Power of the Unfocused Mind

作者　斯里尼．皮雷 醫學博士（Srini Pillay M.D.）
譯者　謝樹寬
總監暨總編輯　林馨琴
責任編輯　楊伊琳
編輯協力　金文蕙
行銷企畫　趙揚光
封面設計　陳文德
內頁設計　賴維明
—
發行人　王榮文
出版發行　遠流出版事業股份有限公司
地址　臺北市南昌路 2 段 81 號 6 樓
客服電話　02-2392-6899
傳真　02-2392-6658
郵撥　0189456-1
著作權顧問　蕭雄淋 律師
—
2019 年 10 月 1 日　初版一刷
新台幣 380 元（如有缺頁或破損，請寄回更換）

—
ISBN　978-957-32-8655-4
—
遠流博識網　http://www.ylib.com/
E-mail　ylib@ylib.com

胡思亂想的爆發力 / 斯里尼 . 皮雷 (Srini Pillay) 著；謝樹寬譯 . -- 初版 . -- 臺北市：遠流，2019.10
面；　公分
譯自：Tinker dabble doodle try : unlock the power of the unfocused mind
ISBN 978-957-32-8655-4(平裝)

1. 創造力 2. 自我實現

176.4　　108015142

國家圖書館出版品預行編目 (CIP) 資料

Title: Tinker dabble doodle try : unlock the power of the unfocused mind /Srini Pillay, M.D.